東アジアから
日本へ越境する人々の
「言語」と経験
1980年代後半以降を中心に

"Language" and Experiences of People Crossing the Border from East Asia to Japan:
Focus on the Period from the Late 1980s

市川 章子
Ichikawa Akiko

ひつじ書房

目　次

序章	**1**
1　研究背景と目的	1
越境する人々をとおした言語をめぐる問い	1
「言語」とは	1
1980 年から 1980 年代後半	2
意義	5
2　研究方法	6
3　調査地とインフォーマント	8
調査の概要	8
4　倫理的配慮	9
5　本書の構成	9

第 1 部　日本語指導が必要な児童生徒の「言語」と経験

第 1 章　来日した台湾人女性のアイデンティティと言語学習	**13**
1　課題設定と研究の目的	13
2　研究方法	17
研究デザイン	17
調査時期	19
C さんの概略	20
データ収集方法	20
分析方法	20
倫理的配慮	21
3　結果と考察	21
結果	22
TEM によるモデル作成	22

iv

	1) 来日から中学校卒業まで	22
	2) 高校の三年間	26
	私に対する意味づけの変容（TLMG）	26
	3) 大学入学から 20 代半ば	29
	4) 20 代後半から現在	30
	クローバー分析	32
	考察	34
4	結論	35

第 2 章　中国生まれの朝鮮族女性の日本定住　　　　39

1	課題設定と研究の目的	39
2	研究方法	41
	協力者 D の概略	41
	研究デザイン	42
	分析方法	43
	倫理的配慮	45
	本研究における TEM の用語と意味	45
3	結果	47
	第 I 期　誕生から来日まで（朝鮮語獲得期）	47
	第 II 期　日本生活初期（初めての日本社会・日本語・日本の学校）	48
	第 III 期　日本生活中期（日本での戸惑い発生）	49
	第 IV 期　日本生活後期（日本が嫌になる）	50
	第 V 期　故郷へ帰国（日本語能力の承認体験と中国語能力の低下を実感）	50
	第 VI 期　中学入学（母の帰国と猛勉強）	52
	第 VII 期　重点高校での 3 年間（最後の中国生活）	52
	第 VIII 期　初めてのアルバイトと教師との出会い（再来日から専門学校まで）	54
	第 IX 期　孤独を感じた大学生時代（日本の大学入学後から卒業前まで）	54
	朝鮮語が使えない私に対する意味づけの変容（TLMG）	56
	第 X 期　大学卒業を迎えて（自信回復と将来への希望）	57
4	考察	57
5	結論	59

第3章　外国人集住地域で過ごした中国人青年の日本語学習と 氏名選択　　**63**

1 日本語指導が必要な児童生徒の現状	63
2 当事者の語りを TEA で分析する意義	64
研究目的	65
研究方法	65
研究デザイン	65
調査対象者の概略	66
調査時期・調査地・研究方法	67
倫理的配慮	67
分析方法	68
3 調査概要	69
想像の定義	70
想像を記号として考える	71
TEA で想像する（Imagining TEM）	71
4 結果	73
B さんが発展途上国支援に関わる仕事に就くに至るまでのプロセス	73
第Ⅰ期　両親の愛情を受けてすくすくと成長	73
第Ⅱ期　初来日の戸惑いと新しい出会いの喜び	74
第Ⅲ期　試行錯誤しながら主体的に成長	74
第Ⅳ期　経済的自立と学業の両立に邁進	76
第Ⅴ期　東日本大震災から大学生まで	76
想像を描く発生の三層モデル（TLMG）	76
B さんの選択に影響を与えた SD および SG	82
B さんの選択に影響を与えた OPP	83
5 考察	85
6 結論と課題	86

第4章　就学前に来日した漢族女性の母語学習と留学　　**89**

1 目的と背景	89
2 日本居住中国人の母語学習に関する先行研究	90

3	研究方法	92
	調査方法	92
	調査内容	92
	倫理的配慮	92
	分析方法	92
	Aさんの概略	95
4	結果	95
	第Ⅰ期　誕生から来日（中国での幼少期から来日まで）	95
	第Ⅱ期　中国の伝統文化と言葉の獲得（小学校入学から高学年まで）	96
	第Ⅲ期　環境の変化を学業に結びつける（転校から小学校卒業まで）	97
	第Ⅳ期　充実した日本での学校生活（中学時代）	97
	第Ⅴ期　中国語教師の道を歩み出す（高校から留学）	99
	発生の三層モデル	99
	普通の中国人と思っていた自分自身の意味づけの変容（TLMG）	101
	第Ⅵ期　外国人差別のある日本を客観的に見つめる（日本に戻る）	102
5	考察	104
	Aさんの母語学習の継続要因	104
	Aさんの内面の変化と自己肯定感との関係	105
6	結論	105

第5章　中国生まれの朝鮮族　　107
第1節　私費留学生として来日した中国生まれの朝鮮族男性　　107

1	問題の所在と研究目的	107
2	方法	110
	Gさんの概略	110
	インタビュー	110
	倫理的配慮	113
3	結果（1）　日本への憧れと来日	113
	第Ⅰ期　憧れ	113
	第Ⅱ期　来日を考える	116
4	結果（2）　日本の社会状況に影響を受け新しい空間を見つける	117

第Ⅲ期　素晴らしい日本を守りたい・恩返ししたい		117
第Ⅳ期　日本社会の不足に気づく		117

5　考察　朝鮮族男性の進路選択と日本留学から見えてくるもの　　118

6　おわりに　　119

第2節　文化大革命を経験し来日した中国生まれの朝鮮族女性　　121

1　問題の所在と研究の目的　　121

　　文化大革命期の朝鮮語の問題　　121

2　研究方法　　123

　　調査協力者Kさんの概要　　123

　　調査協力者と筆者との関係　　124

　　データ収集　　125

　　データ作成　　125

　　分析枠組みの設定　　125

3　結果　　127

　　第Ⅰ期　朝鮮族学校　　127

　　第Ⅱ期　学校での漢語の学習開始　　127

　　第Ⅲ期　文化大革命の影響で漢族の学校へ通う　　128

　　第Ⅳ期　朝鮮族学校に戻る　　128

　　第Ⅴ期　大学入学から卒業　　128

　　第Ⅵ期　中国系企業　　128

　　第Ⅶ期　家族形態の変化から別離　　131

　　第Ⅷ期　家族形態の変化から現在　　131

　　クローバー分析　　132

4　考察　　133

5　おわりに　　135

第2部　越境する人々を受け入れる日本企業と地域社会

第6章　教育現場の実際　　141

第1節　小学校高学年で来日した外国人児童の学級参加　　141

1　問題の所在と研究目的　　141

調査概要		143
2 研究方法		143
調査協力者と筆者との関係		143
データ収集		143
分析方法		143
3 結果		144
第Ⅰ期(誕生から両親の来日)		145
第Ⅱ期(来日から公立G小学校)		145
第Ⅲ期(H小学校での初期)		145
第Ⅳ期(H小学校での中期)		146
第Ⅴ期(H小学校での変容期)		146
4 考察		148
5 おわりに		149

第2節　日本語指導が必要な児童に対する教育経験は日本人教師にどのような気づきをもたらしたのか　150

1 日本語指導が必要な児童生徒への教育状況		150
教育経験に関する先行研究		150
2 研究方法		152
調査協力者の概要		152
倫理的配慮		153
データ収集		153
データ分析		154
分析概念		154
質的調査法の飽和への手続き		155
3 結果―日本語指導が必要な児童への教育経験を通じ		
それぞれの気づきに至った4名の経緯		156
T1先生、T2先生、T3先生、T4先生の教師経験と生じた葛藤		156
A小学校での経験と問題意識の変化		156
T1先生		157
T2先生		159
T3先生		161

T4 先生　一つ目の TLMG	163
T4 先生　二つ目の TLMG	164
統合の図 8 からみえてくる今後の教師養成への示唆	168

4　考察　168

5　まとめ　169

第 3 節　当事者意識を育む教育はなぜ必要か　170

1　どのようにして当事者意識を育む平和教育の必要性を認識するのか　170

2　方法　174

調査協力者の概要	174
研究デザイン	175
分析方法	175
TEA の概念説明	175
倫理的配慮	175

3　結果　176

当事者意識を育む平和教育に対する協力者 T の認識	
―TEM 図からの分析結果	176
第 I 期　朝鮮人の親子に出会いマイノリティに関心をもつ	177
第 II 期　マイノリティの生活支援	177
第 III 期　教員として経験を積み批判的に自らの経験を振り返る	178
第 IV 期　当事者意識を育む平和教育の教材作成	178
当事者意識を育む平和教育に対する認識に影響を与えた SD および SG	179

4　考察―教育の場でどのような当事者意識に対する認識がみられるのか　180

まとめ	182

5　おわりに　182

第 7 章　外国人住民の行政サービス申請のプロセス　185

1　問題　185

行政サービス申請と方法	188

2　方法　189

(1) データ収集	189
(2) 調査者の概略	190

（3）倫理的配慮		190
（4）分析方法		190
（5）外国人住民の行政サービス申請の可視化		191

3 結果（1）　Aさんが X 地域で行政サービス申請をするまでのプロセス　193
　　第Ⅰ期　知的障害の判定を受ける　193
　　第Ⅱ期　来日から療育手帳の申請　193
　　第Ⅲ期　韓国語のできる知人の助けを借りる　193
　　第Ⅳ期　言語問題の具体化　193
　　第Ⅴ期　韓国語を理解できる介護者を希望　194

4 結果（2）　Bさんが X 地域で行政サービス申請をするまでのプロセス　194
　　第Ⅰ期　闘病と身体の変化　194
　　第Ⅱ期　介助を要する変容期　194
　　第Ⅲ期　ケアラーの負担の表面化とやりくり　194
　　第Ⅳ期　言語問題の具体化　194
　　第Ⅴ期　韓国語を理解できる介護者を希望　197

5 考察―外国人住民の行政サービス申請のプロセスから導かれた韓国語を
　　理解する介護者を希望する人々の実態　197
　　TEA で可視化する意義　197
　　①径路と援助的介入のポイントの可視化　198
　　②必須通過点から導き出される外国人住民の径路の特徴　199
　　③外国人住民が行政サービス申請に至るまでに阻害・促進する力　201
　　④介護者への支援という視点　201

6 まとめ　203

第8章　越境者のキャリアと将来設計　205
第1節　高度人材のゆくえ　205

1 課題設定と研究の目的　205
　　研究内容　206
2 分析方法　207
　　調査者の概略　207

3 結果―日本企業でのアルバイト経験・就業経験を通じて異なる選択に
　　至った 5 名の経緯　　　　　　　　　　　　　　　　　　　　208

　　第 I 期　　　　　　　　　　　　　　　　　　　　　　　　209

　　第 II 期　　　　　　　　　　　　　　　　　　　　　　　209

　　第 III 期　　　　　　　　　　　　　　　　　　　　　　　210

　　第 IV 期　　　　　　　　　　　　　　　　　　　　　　　210

　　第 V 期　　　　　　　　　　　　　　　　　　　　　　　211

　　第 VI 期　　　　　　　　　　　　　　　　　　　　　　　211

4 考察　　　　　　　　　　　　　　　　　　　　　　　　　213

　　それぞれの経験とキャリア形成　　　　　　　　　　　　　213

5 まとめ　　　　　　　　　　　　　　　　　　　　　　　　216

第 2 節　留学生は日本企業に定着可能か　　　　　　　　217

1 課題設定と研究の目的　　　　　　　　　　　　　　　　　217

2 調査概要　　　　　　　　　　　　　　　　　　　　　　　218

　　研究手続き　　　　　　　　　　　　　　　　　　　　　　219

3 結果と考察　　　　　　　　　　　　　　　　　　　　　　221

　　中国就学期　　　　　　　　　　　　　　　　　　　　　　221

　　中国でのキャリア形成期　　　　　　　　　　　　　　　　221

　　日本留学準備期　　　　　　　　　　　　　　　　　　　　222

　　日本留学期　　　　　　　　　　　　　　　　　　　　　　222

　　日本留学変容期　　　　　　　　　　　　　　　　　　　　223

　　日本キャリア形成期　　　　　　　　　　　　　　　　　　223

　　中国回帰期　　　　　　　　　　　　　　　　　　　　　　223

　　再変容期　　　　　　　　　　　　　　　　　　　　　　　225

4 考察　　　　　　　　　　　　　　　　　　　　　　　　　225

5 結論　　　　　　　　　　　　　　　　　　　　　　　　　226

終章　越境する人々の「言語」と経験―記号のズレ　　229

　　TEA を使うことの意義―日本語教育への示唆　　　　　　231

　　記号のズレ（Misalignment of symbols）と課題　　　　　231

参考文献	235
初出一覧	257
謝辞	259
索引	261

序章

1 研究背景と目的

越境する人々をとおした言語をめぐる問い

　2019 年 9 月 20 日、日本で暮らす外国人の増加をうけて、日本語教師の国家資格を創設すべきだという方針を文部科学省の諮問機関、文化審議会の小委員会がまとめた。これは、公的な基準のなかった日本語教師の社会的地位を高めて、担い手を増やし、日本語を学びやすい環境を創る狙いがあるという（朝日新聞 2019 年 9 月 20 日）。

　外国人の日本語教育にスポットライトがあてられるなかで、外国人や外国にゆかりのある日本人の言葉についての議論が十分になされているとはいえない。

「言語」とは

　「越境する人々の「言語」と経験」という題目は、特定の社会システム内で生きてきた人々が、国境を越える、文化を越える、言語を越えるという意味を持っている。ここで注意すべきことは、越境する人々が人生の径路を描くなかで、どのような「言語」をつかいそれがどのような「経験」と結びついているのかを質的に示すことを目指す。

　本書の目的は、越境する人々の「言語」と経験について明らかにすることである。特に、注目したのは、二点である。一点目は、日本社会がどのように日本語指導が必要な児童生徒や外国人、外国にゆかりのある日本人等を受け入れ、また日本語教育の実践により、どういった心理社会的課題がうかび

あがるのかという点である。二点目は、そのうかびあがった課題に対して、どういった人々の心性の変化があり、越境する人々と受け入れる日本社会の人々がどのような対処をとっているのかという点である。これらに注目した理由は、第一に、既存の研究では日本語指導が必要な児童生徒や外国人、外国にゆかりのある日本人等に対して、日本語を学ぶために必要な環境を整えることに重点がおかれた主張が多く、日本語を学ぶことで抜けおちてしまういわば見えない部分について個別の事例を対象に丁寧に見た研究がほとんどなされてこなかった点にある。第二に、教育機関で働く教師および行政機関で働く行政職員が外国人や外国にゆかりのある日本人と出会ったことで生じる現場の声が社会に十分に届いているとはいえず、苦労し困難を抱える教師像や、外国人や外国にゆかりのある日本人に対して差別的な態度をとる日本人という姿が強調されてきた点にある。こうした文脈では、外国人や外国にゆかりのある人々を社会的に弱い存在として表現し、こうした人々に対応する日本人像を生成しがちである。それは、マジョリティの傲慢な視点を増長させることにつながりかねない。

1980 年から 1980 年代後半

　東アジアの越境する人々について、国際政治史から見ていく。1870 年から 80 年代の東アジアは、中国の外交政策の転換、改革開放政策の実施、韓国や台湾などを含む NIEs の台頭と民主化、新冷戦時代に日米同盟を強化した日本が強大な経済力を背景にアジア太平洋地域での影響力の拡大を計画したことが特徴である。特に、1980 年代の東アジアは、人脈を頼りにした「日中」「日韓」友好交流の時代から、国益重視の関係にかわっていくポイントであった。1980 年代、日本は、日米同盟を強化し、「国際化」というスローガンをかかげ、外交の舞台を世界へ拡げ、経済大国から国際国家への脱皮をはかろうとした。1983 年 1 月には、中曽根康弘総理が電撃訪韓し、日韓両国の間の不幸な歴史について発言し、韓国側の支持を得た (劉・川島, 2007)。

　日本にとって 1980 年代は、第二次世界大戦の敗戦から 35 年が過ぎた時期である。杉田は 1980 年代について次のように述べている。1982 年に中曽根康弘内閣が発足し、国家主義的な「新保守主義」と市場原理を絶対化する

「新自由主義」を同時に推進した。中曽根がおこなった都心一等地の大規模な払い下げや建築規制の緩和は、土地バブルの道を拓いた（杉田, 2016）。

　1989 年に入国管理及び難民認定法の改正が行われ、日系人の血をひく人びとの優遇政策がとられた。その影響で、中国人、日系ブラジル・ペルー人、フィリピン人・タイ人等の東アジアの人々が急増した。中国籍の住民では、中国残留婦人・中国残留孤児の家族が中心であったため、この 1989 年の入国管理及び難民認定法の改正により、日本人の血をひく 2 世・3 世の来日が可能になり、1990 年代に増加した。それらによって、連鎖移民が生じた[1]。中国から日本に渡った人々をとりまく問題は、日本人の血をひく 2 世・3 世の場合、ほとんど支援がなく、日本語の習得の困難や生活保護に依存するという指摘がなされている。さらに、留学生として日本に定住した中国人に対して、最初に定住した一代目の世代では、言葉の壁が低く、学士・修士などの文化資本があるため、自己肯定感が高いと推察される。一方で、留学生として日本に定住した人たちの子弟は、自己肯定感が低いという（田渕, 2013）。このように中国出身の定住者に対しては、社会的に弱い存在としての視点が存在する。

　台湾に対しては、1895 年から 1945 年まで日本が植民地として統治していた。この時期、初等教育を中心に日本語教育が実施され、当時の就学率は、1945 年ごろには 70% に達していた[2]。戒厳令がしかれていた 1949 年から 1987 年までの間[3] は、言語政策によって学校や公的な場所では、中国語が使用されていた。統計「行政院主計総処「民国 99 年人口及住宅普査」」によると、現在の台湾は、人口の 83.5% が国語（中国語）、81.9% が台湾語、6.6% が客家語、1.4% が原住民族語を使用する。

　現在でも中国の一部と考えられているため、大陸の中国から見れば、国家の言葉＝中国語である。しかし、世代によって、故郷の言葉、民族の言葉として規定できない場合もある。

　朝鮮半島や台湾から日本へ移住してきた人々に対しては、オールドカマーとニューカマーという言葉をつかった視点で論じられることがあるが、この分類は、韓国の歴史学や文化人類学、国際関係などを専門とする韓国学の研究者たちや日本の朝鮮史研究者たちから批判されることが多い。それは、オ

ールドカマーとニューカマーという言葉を使うことで、日本の植民地支配の歴史をなかったかのようにする恐れがあるというものである。田渕 (2013) は、オールドカマーについて、「定住外国人」を二つに分けて考えるのが一般的で、一グループがオールドカマーで、「在日コリアン」のうち、1945 年以前の植民地であった朝鮮半島から来航した末裔の人々が中心であると述べている。加えて、ニューカマーについては、1980 年代後半、新たに来航した人々で、そのうちの多数は、在日中国人、日系南米人、フィリピン人等が中心であり、現在では、ニューカマーの数がオールドカマーを上回ると述べている。

　三ツ井 (2014) は、植民地とその前後の日本語について次のように述べている。日本の植民地時代 (1910 ～ 45 年) では、「ツメキリ」「オヤカタ」等の日本語語彙が現在の韓国に流入し、これは日本語・日本文化が政治的・社会的抑圧を背景に朝鮮人の生活文化にまでおよんだ証拠である。その反作用によって、解放後ナショナリズムを土台とした日本語・日本文化が排斥・禁止の対象となった。解放後の日本語の排斥は「国語醇化」といわれ、解放直後によって試みられたが、北朝鮮で比較的早く実現したのに対して、南朝鮮では現在でも常に国家的政策課題として位置付けられている。また、「皇民化」政策時期に幼少時代を送り、学校で日本語を学び、日本語使用が身体化した高齢の男性は、解放後おなじ民族同士が争う朝鮮戦争に絶望し、日本統治時代を懐かしむあまり、周囲や家族との関係が悪化するケースもあるという。

　2019 年 6 月には、NHKBS スペシャルで「北朝鮮への"帰国事業"知られざる外交戦・60 年後の告白」が放送され、9 万を超す在日コリアンと日本人 6 千人が北朝鮮の帰国事業 (1959 ～ 84 年) に参加した様子が放送された。日本と北朝鮮の赤十字の間で「在日コリアン大規模帰国」の話合いが平壌でおこなわれ、北朝鮮は韓国に対する北朝鮮の優位性を示す材料として利用した。日本から北朝鮮への帰還は、社会主義の勝利を表し、韓国のイ・スンマン大統領は強く反発したのである。地上の楽園といわれた北朝鮮で、日本から来たということで監視の対象になった人々もいた。この帰国事業に参加した人々のなかには、日本生まれで 10 代まで日本で過ごし、北朝鮮に渡

ったあと、現在は脱北者として韓国在住の人々（70代）もいる。戦前に生まれたある女性は、今でも日本語を話すことができるが、もとを辿れば日本の植民地支配にあった朝鮮半島から九州に渡った人であり、背景には、朝鮮半島の混乱や財産の持ち出し制限があり、日本に残った経緯がある。

　中国に限定していえば、田渕（2013）は中国人留学生として日本に定住した人々の子どもたちが靖国参拝や南京虐殺などの歴史認識をめぐって周囲の日本人との葛藤が生まれ、毒ギョーザ事件や尖閣列島漁船衝突問題などの日本と中国の政治的な対立やマスメディアの中国観が子どもたちの自己肯定感を低下させると述べており、さらに、元留学生であった両親の期待の高さが子どもたちの自己肯定感を低下させると付け加えている。

　本書で越境する人々を対象にした理由は三つある。第一に、日本を含む東アジアは、国際労働力の移動や国際結婚の増加、高度人材等の新しい人の移動の動きが出てきている。第二に、戦争に伴う記憶に対して、特に日本側に多くの課題が残されており、国際社会から改善の期待がなされている点にある。第三に、台湾、中国、朝鮮半島と日本の間では、複雑な歴史的な背景が絡み合うこと、国際関係が複雑である。そのため、本書の題目に台湾という言葉を使うことを避けた。

　以上のように、1980年代後半以降に来日した人々のなかでも現在の国家間の関係性や支配と被支配の歴史等で戦争にかかわる記憶が影響し、日本社会で社会的に抑圧されがちな東アジアの人々を本書の議論の中心とした。

意義

　本書の意義は、第一に、日本語指導が必要な児童生徒や外国人、外国にゆかりのある日本人等に対して、日本語を学ぶことで抜けおちてしまう、いわば見えない部分について個別の事例を対象に丁寧に見た研究を行っている点にある。第二に、教育機関で働く教師および行政機関で働く行政職員が外国人や外国にゆかりのある日本人と出会った際に生じる現場の声を届けようとするものであり、これまで先行研究で指摘されてきた苦労し困難を抱える教師像や、外国人や外国にゆかりのある日本人に対して差別的な態度をとる日本人という姿とは別の姿を描いている点にある。

2 研究方法

　研究方法には、半構造化インタビューとフィールドワークを採用した。分析方法には、複線径路等至性アプローチ (Trajectory Equifinality Approach: TEA) を採用した。

　鈴木 (2005) は、インタビュー方法について次のようにまとめている。半構造化インタビューは、半構造化面接法 (semi-structured interview) と呼ばれる。別名、探索的半構造化面接法とも呼び、半構造化面接は、構造化面接法と非構造化面接法の中間的な存在で、3つの面接法のなかで最も一般的である。何を質問すればいいのかある程度わかっていて、どのような回答が返ってくるのか不明な場合に使用するのに適している。構造化面接法と同様で、主なシナリオは決まっていて、それに従い面接が進み、客観的に量的データを求めるものである。面接者が必要だと判断した場合、フォローアップの質問を追加したり、インフォーマントの答えの意味を確認したり、面接中に質問を加えたり柔軟な変更が可能である。半構造化面接法は、求めるデータの内容によって、構造化面接法に極めて近いものから非構造化面接法に極めて近いものまである。サンプル・サイズは一般的に構造化面接法より小さい。

　本書は、おもに日本国内で研究を進めている。特に、第6章と第7章は、教育機関と行政機関でのフィールドワークに基づいている。本書では、マジョリティの傲慢な視点を可能な限りとりさるために、次の松嶋 (2012) の方法を参考にした。

　それは、質的心理学において当事者の視点を理解することを重視する方法である。フィールドワークの際に、調査者は、自ら見たものの意味づけを現地の人々と交渉しなければならず、調査者は、周囲の人々と同じく、適切な振る舞いをしなければならないというものである。また、当事者の視点の理解は、長期間現地に留まり自らが当初抱いていた思い込みを脱し、相手の枠組みを体験的に知ることが重要である。質的研究における調査とは、調査者とは切り離された外部にある対象を観察するのではなく、調査者と被調査者が協同で意味を交渉しあっていくプロセスである (松嶋, 2012)。

　本書では松嶋の方法を参考に進め、加えて、分析方法には質的研究と相性

の良い複線径路等至性アプローチ (TEA) を用いた。

　TEA は、デンマーク在住の文化心理学者ヤーン・ヴァルシナー (Jaan Valsiner)[4] と日本の社会心理学者サトウタツヤ、安田裕子の出会いによって生み出された方法論の一つである。不妊と不妊治療に関する研究を安田が 2005 年に執筆[5] して以降、日本を中心に、イギリスやデンマーク、イタリア等のヨーロッパ地域や韓国・中国・モンゴル国等のアジア地域、南米等の研究者や教育者、実践家などにその知見は広まりつつある。

　複線径路等至性アプローチ (TEA) は、複線径路・等至性モデル、複線径路等至性モデリングと名称を変え、複線径路等至性モデルという呼び名に落ち着いている。近年では、論文や書籍で複線径路等至性アプローチ (TEA) という呼び名が使われている。これは、研究者たちが論文を書く際に、新しい分析概念をつくり、それらが社会的な地位を高めてきたため、複線径路等至性モデル (Trajectory Equifinality Model:TEM)、歴史的構造化ご招待 (Historically Structured Inviting:HSI)、発生の三層モデル (Three Layers Model of Genesis:TLMG) を統合・総括する考え方[6] として複線径路等至性アプローチ (TEA) が使われている。

　本書で分析方法として一貫して採用する複線径路等至性アプローチの特徴を一言で表すのならば、それは、「プロセスを描く」という点である。境 (2015) の説明をもとに、詳しくみていきたい。

　質的研究では、50 年以上前からグラウンデッド・セオリー・アプローチ (Grounded Theory Approach:GTA) に関する文献が取り上げられ、実践例も蓄積されている。次の表に GTA と複線径路等至性モデル (TEM) についてまとめた。

8

表0　GTA と TEM

方法論の特徴	説明
GTA の特徴	プロセスの構造に迫るアプローチ
TEM の特徴	構造のプロセスに迫るアプローチ
GTA と TEM の共通点	① GTA も TEM も単なるデータ分析法ではなく、データの収集から分析結果の提示に至るまでの過程がセットにされた方法論。 ② GTA も TEM もデータの内容や解釈の結果をキーワードやラベルで表し、それらを矢印などでつなぎ、現象の流れや関係性をモデルとして可視化する。 ③「プロセス」をキーワードに掲げており、GTA は「現象の構造とプロセス」TEM は、時間が接続するなかでの対象や現象の変容プロセス」

（境, 2015:pp.192-199）をもとに作成。

　以上のように、採用する TEM は個人の経験や現象の動きに関するデータを、意味のまとまりごとに切片化し、実際の時間（非可逆的時間）に沿って、並び替えるもので、対象の変容プロセスをモデル化する方法論である。

3　調査地とインフォーマント

調査の概要

　2013 年から 2021 年にかけて日本国内で文献資料調査とフィールドワーク、半構造化インタビューをおこなった。この期間に多くの人々に出会い、話を聴き、人々の経験や心性に着目した。加えて、日本国内の公立小学校では、中国語をつかった教育実践をおこないながら、教育委員会の主導下で実施される日本語指導が必要な児童に対する教育について考察した。

　具体的な調査協力者は、日本で子ども時代を過ごした台湾生まれの台湾人女性、中国生まれの朝鮮族女性と中国人青年、漢族女性、中国で生まれ子ども時代を中国で過ごした朝鮮族女性と男性、日本の教育機関で外国人児童へ教育をおこなう日本人教師、小学校高学年で来日した外国人児童、日本企業や日本の組織で就労経験のある人々、行政職員である。

4 倫理的配慮

　本研究は、倫理的配慮に基づき調査をおこなった。倫理的配慮とは、プライバシー保護に努め、研究を実施し、研究成果公開前に同意をとる等の手続きである。詳細は、各章で提示した。

5 本書の構成

　本書は、序章と終章のほか、八章から構成されている。以下に、各章の内容について述べる。

　序章では、本研究の理論的背景について論じた。東アジアの状況について論じた後、方法論や本書の構成について述べた。

　第1部では、子ども時代を生きた越境する人々について論じる。

　第1章では、東アジアにおける台湾の位置づけや日本語教育との関連について述べた上で、日本の外国人散在地域で生活した台湾人女性の事例を検討する。

　第2章では、日本の外国人児童生徒をとりまく環境について述べた上で、言語形成期前期と言語形成期後期の微妙な時期に来日した中国生まれの朝鮮族女性の事例を検討する。

　第3章では、国民を育てることを前提としていた日本の学校について述べた後、外国人集住地域で日本語指導を受けた中国人青年の事例を検討する。

　第4章では、就学前に来日した漢族女性の事例をとりあげる。

　第5章では、中国生まれの朝鮮族について2つの事例から検討する。1つ目は、現代中国の経済格差を象徴する地下生活の経験を経た中国生まれの朝鮮族の男性、2つ目は、文化大革命を経験した中国生まれの朝鮮族女性の事例である。

　第2部では、越境する人々を受け入れる日本企業と地域社会をテーマに論じる。

　第6章では、教育現場の実際について3つの事例から検討する。1つ目は、日本語指導が必要な児童への教育体験を有する日本人教師たち、2つ目は、

小学校高学年で来日した外国人児童の事例である。3つ目は、当事者意識を育む教育についての元教師の事例である。

第7章では、外国人住民の行政サービス申請のプロセスについて、日本国内で古くから朝鮮半島にゆかりのある人々が居住し、近年では韓国から移住する人々が増加するX地域でのフィールドワークに基づいて検討する。

第8章では、越境する人々のキャリアと将来設計について2つの事例から検討する。1つ目は、日本企業や日本の組織で就労経験のある人々を対象に、日本企業をやめる・働き続ける要因に着目する。2つ目は、日本語未習で来日した中国人女性を事例に日本企業への定着可能性について検討する。

最後に、終章では各章の議論をまとめたうえで「記号のズレ」について述べた。

注

1 田渕 (2013) pp.40-41 参照。
2 国際交流基金「台湾 (2016年度)」参照。
3 何 (2014)「略年表」参照。
4 ヤーン・ヴァルシナーは、2025年現在現役の研究者である。近年は、日本だけでなく中国や韓国などの東アジア地域に一年間に複数回訪れ、東アジアにおける文化心理学の発展に貢献する人物である。サトウ (2013) によると、ヴァルシナーは、バルト三国のうち、エストニア生まれで大学教育まで同国で受けている。エストニアの複雑な状況がヤーン・ヴァルシナーにロシア語の習得を迫り、それが後に、ロシア出身のヴィゴツキーの原典をヤーン・ヴァルシナーが紹介することにつながった。
5 安田 (2014) pp.17-32 参照。
6 サトウ (2015) p.4 参照。

第 1 部

日本語指導が必要な児童生徒の 「言語」 と経験

第1章　来日した台湾人女性の
アイデンティティと言語学習

　第1章では、幼少期を台湾で過ごし 10 歳で来日した台湾人女性の言語と
経験について、アイデンティティと言語学習に着目し検討する。

1　課題設定と研究の目的

　東アジアで初めて、女性リーダーが誕生した台湾では、1990 年以降「教
育の改革」「社会運動」などが進み社会変革が目まぐるしい。今日では、同
性愛作家のカミングアウトがなされ、「多様性」の受け入れが最も進んでい
る社会の一つといえる。1985 年に村上春樹の作品が頼明珠によって特集が
組まれるなど、文学作品を通しても日本への関心が高い地域である（藤井,
2011）。日本の統治時代には、「日本語」が国語として教育がおこなわれて
いた。若林（1997）は、台湾の人々が用いる言語について三つに分類してい
る。1 つ目は中華民国の国語である中国普通語で、2 つ目はそれぞれのエス
ニック・グループの母語、3 つ目は「日本教育」を受けた世代が話す日本語
である。ここでの「日本教育」は、先述した日本の植民地統治期である
1895 年から 1945 年の間に行われた教育を指す。

　垂水（1992）は、日本の台湾統治について日本語教育を通して台湾人アイ
デンティティを破壊していったと述べ、このことが近年勢いを増す日本語教
育においても忘れてはならない歴史の負債であると述べている。日本におけ
る台湾人の国籍表記に関する法的問題について研究した清河（2007）は、ア
イデンティティについて、「心情的なものであり、事実的な根拠や法的な理
論に依拠し求めるべきではない」と述べる。そして「台湾または台湾人のア

イデンティティの問題は、台湾に住み、台湾における自由・民主、繁栄な社会、豊饒な土地からもたらした物質的または精神的な豊かさを享受しながらも、台湾を郷土として認めようとせず、または深奥に認めても、第三者に強烈に主張できるほど郷土愛を持たない多くの人々が存在すること」と指摘している。

エリクソンは、アイデンティティの形成は生涯にわたり、若者も社会も大部分は気づかないとし、その起源は赤ちゃんの自己認識に遡ることができる（西平・中島, 2013）と述べる。宮下（1999）は、アイデンティティは青年期の危機を示す用語であり、歴史的・民族的・社会的な一個人の存在全体を示す概念でもあると述べる。

日本社会には、戦前戦後ともに日本以外に文化資源を有する人々が居住しており、台湾にルーツを持つ人々もその一つのグループである。特に、台湾につながりがある人々は、日本の植民地統治時代の影響やその後の日本との国交断絶の経緯による国籍の喪失などもあり、複雑な問題が潜んでいる。「台湾人」という概念に対しての清河の次の主張がある。それは、「台湾人という言葉は歴史において公式の名称でもなければ、公簿上の表記でもない」し「通称・俗称でもない」、「台湾人という言葉は、地理的な意味と、心情的・文化的な意味の両方を有している」（清河, 2007）である。一方で、若林（1997）は「戦前世代の台湾人の『日本語人』」「自分のしたいことをするのが台湾人である」と表現している。

浅野（2004）は、政治と台湾人アイデンティティの高揚についてまとめ、台湾選挙民の自己認識が1992年から2003年12月にかけて変化し、「「台湾人である」とする者が11年でおよそ2.5倍となっている一方で、「中国人である」とする者は三分の一以下に減少した」と指摘する。そして、2004年3月20日の台湾の中華民国における選挙結果が、「90年代において一貫して進展してきた、台湾選挙民における台湾アイデンティティの拡大強化の反映であり、台湾は台湾であるとする投票が過半数に及んだことを示している」と述べる。

呉（2007）は、近代の台湾史の発展を分析することで、現在の台湾人のアイデンティティとイデオロギーの形成、変容を研究し「台湾政党また台湾人

のイデオロギーの変化が起こった原因は、台湾人のアイデンティティの変化という土台に基づいて生み出された」と述べ、台湾人アイデンティティが、歴史上の圧迫された統治によって蓄積され、台湾人イデオロギーも台湾人アイデンティティの成長と同時に培われてきたと指摘する。

　渡辺（2007）は、台湾アイデンティティの生成発展と現況について観察し、台湾独立という中台関係の変革に結びつきうるのかについて考察した。それによると、「台湾主体意識と台湾人アイデンティティはもはや当たり前のことになっており、台湾住民に広く受容され、主要な政治勢力はすでにそれに束縛されている」と述べ、「台湾の政治諸勢力は台湾アイデンティティの前提と束縛の下で、より「中味のある」政策提示を有権者から迫られている」と指摘する。

　林（2001）は、1987年の戒厳令解除後に引き起こした人々の言語使用の変化と社会的要因について注目した。林は研究のなかで本省人か外省人かを問わず台湾で生まれた2世や3世を全部含めて「新台湾人」と定義し、近年の台湾と中国の今後の関係に関する世論調査結果をもとに、台湾の将来に対する民意の主流だった「現状維持」派が大きく後退し、「台湾独立」支持者が急増したことを例に挙げ「台湾人アイデンティティの変容は新台湾人人口の増加と共に、台湾における人々の言語使用に影響を及ぼす」と述べる。さらに、新台湾人アイデンティティを表明する手段として、国語と閩南語の切り替えが観察されており、切り替えが本省人に限定された台湾人アイデンティティを越え、新台湾人としての共鳴を求めようとしていると指摘した。

　林（2003）は、台湾の郷土教育が1990年初め頃の地方政府の母語運動と郷土教材編集に醸成されていた点に注目し、各地の郷土教育が自主的な編纂過程を通じて台湾独自のアイデンティティを提起したことを論証した。そして、「歴史観及び郷土意識の形成が、相互作用によるヘゲモニックなものであった」ことや「歴史観及び郷土意識の形成が、新しいアイデンティティの構築へ向かうもの」であると指摘し、「小地域（家庭、学校、居住地）を中心とする郷土科教育は、「台湾の中に郷土がある」という台湾の主体性を強調」し、郷土教育の展開が台湾主体の台湾人アイデンティティの萌芽と人々への浸透を示すものであると述べる。

ここから、他の移民研究も見ていく。トランスナショナルな日常を生きる日系ブラジル人の若者たちの「居場所」について考察した山ノ内（2014）は、ブラジルにおいて、ブラジル生まれブラジル育ちのミドルクラスの日系人の若者たちは日系社会での認知度の高い日系青年たちのグループの一員となることにより日系人としての肯定的なアイデンティティを獲得していることを明らかにした。藤田（2012）は、米国・英国在住の若者の調査から「新二世」のトランスナショナル・アイデンティティとメディアの役割について、ディアスポラ的な経験が高い者には電子メディアがトランスナショナル・アイデンティティの構築を促し、電子メディアが同質性を前提とするナショナル・アイデンティティの抑圧から解放され、新しいアイデンティティを創出するための一つの手段となることを明らかにした。張（2005）は、華僑二世、三世および華僑社会へのリターン者のライフ・ヒストリーを通して、ミクロな視点から在日華僑のエスニック境界の規定及びアイデンティティの獲得について考察し、エスニック・アイデンティティの確立・維持には、何らかの形での華僑社会や中国文化との関わりを持つことが極めて重要であると述べている。

　以上のように、台湾をめぐる人々の「台湾人」という言葉の解釈やアイデンティティ[1]を取り巻く課題は政治学や言語使用、郷土教育についての蓄積があるものの、人の生活や人生に注目し台湾人のアイデンティティの変遷を一人の事例を深く掘り下げて明らかにしたものは見当たらず、移民研究においても発展の余地がある。本研究では、幼少期に台湾から日本語未習で来日した経験を持つ人を対象に歴史的構造化サンプリング（Historically Structured Sampling: 以下 HSS）[2]を行った。日本国は、出入国管理及び難民認定法の改正により 1990 年前後を境にこうした「日本語指導が必要な児童生徒」（文部科学省ＨＰ参照）を取り巻く状況は、教育現場のみならず地域社会でも重要な課題となっている。義務教育課程での不登校や友人の不在、学業不振などが理由の学校からのドロップアウト、家庭が理由の高校での退学者の増加など解決できない問題が残されている。本研究では、アイデンティティを自己認識と定義し、複線径路等至性モデリング（Trajectory Equifinality Modeling：以下 TEM）を用いて分析することで、幼少期に越境する人々が

家庭や教育実施機関、地域社会や国家レベルで必要とする支援について検討する。

2 研究方法

研究デザイン

2013 年秋に予備調査をおこない、質問項目について検討した上で本調査を行った。いずれも日本国内の喫茶店およびファミリーレストランで行った。本研究では、分析方法に複線径路等至性モデリング（TEM）を用いた。TEM はヤーン・ヴァルシナー（Jaan Valsiner）の提唱する文化心理学の流れを組む研究方法である。研究方法に TEM を選んだ理由は、アンケート調査や他の質的研究法では、時間の流れを分断し、見たいことの一部しか見ることができないという研究上の限界を乗り越える可能性を秘めているためである[3]。そこで本研究では、TEM の概念である等至点（Equifinality Point:EFP）、両極化した等至点（Polarized Equifinality Point:P-EFP）、分岐点（Bifurcation Point:BFP）、非可逆的時間（Irreversible Time）、社会的方向づけ（Social Direction）、社会的ガイド（Social Guide）、発生の三層モデル（Three Layers Model of Genesis）、価値変容点（Value Transformation Moment）[4] を用いた。

さらに本研究では、サトウの定義にならい分岐点分析の一つの試みとして、クローバー分析を採用した。サトウ（2015b）は、クローバー分析について「分岐点において、想像についても拾い、想像力の方向を描く」と述べている。本研究におけるクローバー分析の意味は表 1 に示した。

18　第1部　日本語指導が必要な児童生徒の「言語」と経験

表1　クローバー分析の意味

過去志向促進的想像	人が非可逆的時間を生きるなかで、分岐点において過去に対する促進的な想像が働いている状態での語りやつぶやき
過去志向抑制的想像	人が非可逆的時間を生きるなかで、分岐点において過去に対する抑制的な想像が働いている状態での語りやつぶやき
未来志向促進的想像	人が非可逆的時間を生きるなかで、分岐点において未来に対する促進的な想像が働いている状態での語りやつぶやき
未来志向抑制的想像	人が非可逆的時間を生きるなかで、分岐点において未来に対する抑制的な想像が働いている状態での語りやつぶやき
中核の想像	人が非可逆的時間を生きるなかで、分岐点において想像が働いている状態での語りやつぶやき（未来や過去に対しては含まない）

　クローバー分析を進める手順については、市川（2016）の報告があるが十分ではない。本研究では手順について、次の提案をする。まず、サトウ（2015b）の「想像力の方向」を表2に示す。その後、カード化しやすいように、英語でカードの領域に名前をつけた。過去志向促進的想像は、Past Oriented Promotional Imagination（POPI）。過去志向抑制的想像は、Past Oriented Restrain Imagination（PORI）。未来志向促進的想像は、Future Oriented Promotional Imagination（FOPI）。未来志向抑制的想像は、Future Oriented Restrain Imagination（FORI）。中核の想像は、Core Imagination（COIM）である。

表2　サトウ（2015b）の想像力の方向

過去志向促進的想像（POPI） Past Oriented Promotional Imagination	未来志向促進的想像（FOPI） Future Oriented Promotional Imagination
過去志向抑制的想像（PORI） Past Oriented Restrain Imagination	未来志向抑制的想像（FORI） Future Oriented Restrain Imagination

サトウ（2015b）「TEA 研究会」を基に作成、英訳は筆者が追加。

これらに、中核の想像を追加し「クローバーカード」を作成した。

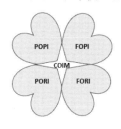

図1 Clover Card

クローバーカード（Clover Card）作成の手順について述べる。クローバーを紙あるいは、パソコンで作成する。紙で作る場合は、文字を書き込めるようスペースを確保する。花びらをつくるのが難しい場合は、正方形や長方形の紙を準備し、二回折り四つの次元を作る。

クローバー分析は、研究使用だけでなく子どもたちが物語を読む際に時間経過や登場人物の心を読み解く道具としても応用できる。一つの材料（同一の文脈）から異なる結果が導かれるプロセスを可視化でき、人間の思考の複線性・多様性を垣間見れる。これまで見落とされてきた子どもたちの想像力や可能性を可視化するツールにもなるだろう。

調査時期

日本で子ども時代を過ごした中国語圏出身者に対してインタビューによる予備調査を終えた後、2014年3月～2016年5月にかけて本調査を行った。TEM図が完成するまでは、対面でのやり取りを重視した。調査協力者Cについて表3と概略に示した。

表3 プロファイル[5]

	性別	インタビュー時の年齢	両親が教育を受けた国	来日理由	来日時の年齢	帰国回数	インタビュー時の職業
C	女性	40代	日本（父）台湾（母）	母の再婚	10歳	長期無 短期2・3年に1回	大学院生

Cさんの概略

小学校4年で来日。一年間、中国残留孤児の集まる日本語教室で、日本語支援をうける。父親が日本で会社を経営していたため母親はCさんが高校生になるまで専業主婦をしていた。父親と母親が婚姻関係を解消することになり、高校生の頃から生活が苦しくなる。母方の祖父が、日本語教育を受けており、Cさんの母親は子ども時代、家庭の使用言語の一つとして、日本語を話していた。台湾生まれ。漢民族。協力者であるCさんは、来日以降日本名を名乗っており、家族を除いては筆者以外に台湾にルーツがあることを打ち明けたことがない。

データ収集方法

インタビューは、鈴木（2005）を参照し進めた。川上ほか（2014）を参考にしたライフストーリーシートをガイドにしながら調査協力者とともにTEM図を描いた。インタビュー概要を表4に示す。

表4　インタビュー概要

	第1回（2014.3）	第2回（2014.11）	第3回（2016.5）[6]
時間[7]	1時間48分	54分	47分
インタビュー項目	半構造化面接 ① 来日の経緯 ② 来日後の生活	半構造化面接、その他 ① 通名・国籍、修正点を尋ねる ② ライフストーリーシートの記入	その他 ① TEM図、論文内容の確認 ② 修正点を尋ねる

分析方法

インタビューで得られた音声データを文字起こしした後、逐次記録を作成。KJ法（川喜田, 1967）の手順を経てTEMを用いてモデル化しクローバー分析を行った。一連の作業は、廣瀬（2012）を参照しクローバー分析の分

類についてはサトウ（2015b）を参照した。

倫理的配慮

　調査協力者に対して、調査内容や音声データの使用方法及び研究協力によって生じる影響などについて事前に説明を行った。協力者の意思を尊重し、プライバシーの保護に努めた。研究内容の公開の際には、事前に確認をとった。

3　結果と考察

　本研究における TEM の用語と意味について表5、表6に記した。

表5　TEM の用語ならびに本研究における意味

用語と基礎概念	本研究における意味
等至点（EFP） 研究者が関心を持った経験（サトウ, 2012）	国際人として生きていく
両極化した等至点（P-EFP）EFP の対極にある点	非国際人として生きていく
分岐点（BFP） 径路が発生・分岐するポイント（安田, 2012b）	BFP1：いじめを止めさせるため決闘を申し込む BFP2：複雑な家庭環境の友人との出会い BFP3：台湾人であることに蓋をする
価値変容点（VTM）価値が変わるポイント	私もやればできるんだと実感する
社会的助勢（SD）[8] 人が何かを行う時に、阻害・抑制的なものとして働く力（安田, 2012b）	SD1：台湾人帰れと罵声を浴びる SD2：劣等感 SD3：就職・選挙権・ビザ取得の不利益
社会的ガイド（SG）人が何かを選択して歩みを進めて行く際に働く何らかの援助的な力（安田, 2012b）	SG1：厳しい父の教育戦略 SG2：大学を出たいという強い思い SG3：具体的な目標 SG4：帰国し就職したいという切実な思い SG5：雑草でも助けが来る

22　第1部　日本語指導が必要な児童生徒の「言語」と経験

表6　本研究における三層の捉え方（TLMG）

最上層	信念・価値観レベル	私に対する意味づけの変容
中間層	促進的記号のレベル	高校での概念の習得
最下層	個別活動レベル	自信への道のり

結果

　本研究では、Cさんの語りを四つの区分にわけ、結果と考察を示す。

TEMによるモデル作成

　Cさんの語りを基にTEM図を作成した。作成した図は図2、図3に示した。なお、等至点は □ で表し、語りから実際に得られた径路は ──▶ で表した。また、理論的に仮定される径路は----▶で、Cさんの語りは「　」で、筆者が命名したカテゴリー名は【　】で記入し、中略部分は……で示した。文中の（C1からC32）は筆者がつけた発話番号である。クローバー分析の該当部分は、＜　＞で記し概念（FOPI, FORI, POPI, PORI, COIM）を付け、図2に示した。（　）は、筆者が補足した。

1）　来日から中学校卒業まで

　Cさんは、台湾で生まれ10歳までを過ごし【母の再婚で来日する】。台湾は2学期制で日本は3学期制なので、日本に来たのは小学校4年の3学期だった。【日本語ゼロで来日】したため、父が探した日本語教室へ通い【残留孤児の孫と日本語を勉強する】。先生は当時2名いて、二人とも【華僑の先生】だった。1年生の教科書を使い教えてもらった。「とんだーとんだー赤い風船がとんだーっていうのが、最初のセンテンス」と当時を振り返る。

　残留孤児の孫とは、「北京語で話したり一緒に遊んで」楽しい日々を送った。日本語教室で友だちができ楽しい時間を過ごす傍ら、SD1【台湾人帰れと罵声を浴びる】ようになる。

　一年間残留孤児の孫の通う日本語教室に通ったのち、家庭の事情でT（都道府県名）に来てからは、「全て日本人で……五年生のときは友人もいなく

て、とっても寂しかった……学校にいってもほぼ誰も、誰とも話さずに一日が終わる生活がずっと」(C1)。家庭の事情で【日本語支援が受けられない学校に転校】し、転校先でも罵声を浴びる日々が続いた。

「学校行くと台湾人帰れ帰れのばっせい(罵声)を浴びながらいつも常時浴びて……＜このまんまじゃ私ここで生きていけないなあと思って＞(FORI1)、決闘を申し込んで忘れもしないEちゃん……裕福なお家の方で、いつもとにかく台湾帰れ台湾人バーカバーカって……四六時中なぜか休み時間になるとそういうばっせい(罵声)がひどくて、決闘を申し込んで……向こうは子分十何人ぐらい連れてきたけど私は箒を片手に、戦いは女の子だからしなかったけど、私もありたけの(ありったけの)その日本語で……＜こんなんじゃやっていけないここ(で)生きていけないなって思って＞(FORI2)……それからはいじめピタッとなくなって」(C2)

転校先の学校で、BFP1【いじめを止めさせるため決闘を申し込む】といじめがなくなった。その頃【担任教師から温かいサポート】を受け、日記を書き、【自己表出】する場を得る。小学校6年になると、【情熱的な教師】が担任になった。

「なんでもいいから、万事においてはビリでもいいから、これだけは人には負けないぞという自信を持ちなさい」(C3)と担任教師から【自信を持つこと】を学ぶ。小学校中学校では、日本語支援者や国際教室などの学ぶ場がないまま過ごした。そうしたなかで、家庭で日本人の父親が熱心に日本語の指導をしてくれた。

「テストペーパーが帰ってくると、いつも父は非常に熱心に……その時は苦痛でたまらなかった……テストが返ってくると、一問ずつ解説を加えながら、でもわからないんです……結局基礎の掛け算も割り算もその前の足し算も引き算もできないと駄目……わからないのにずーっと延々と解説」(C4)このように、学校や地域社会での日本語のサポートの不在を【父の熱心な教育戦略】で補っていた。家庭では、日本語の使用のみ許され、中国語を話したり中国語の本を読むことが禁止された。

「家庭では父とは日本語……兄弟たちとも日本語で、兄弟たちは話せないから、で母とは中国語と台湾語で話していましたが、ただ父がいると中国語

24 第1部 日本語指導が必要な児童生徒の「言語」と経験

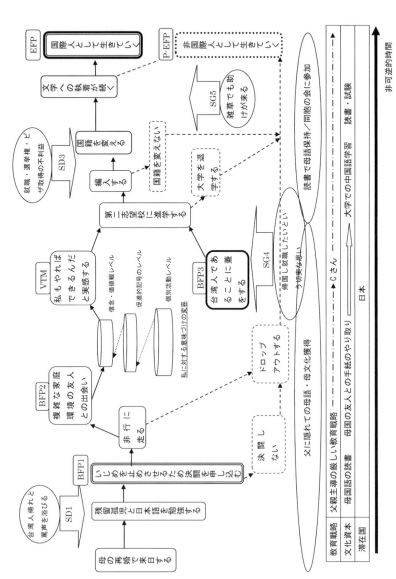

図2 Cさんのライフストーリーの径路

で話すといい顔しないので……＜あからさまには言いません……母と中国語・台湾語を話す時は、父はもう露骨に嫌な顔していましたし……極端に言えば、日本人で生きていくんだからもうそんなのは必要ない＞（FORI3）」（C5）という【同化主義的】な家庭環境だった。そのような環境で【父の目を盗んで中国語の読書】をし、中国語力をキープする日々が続いた。

　「当時父はすごく私の日本語の勉強をしてくれて心配してくれて、周りについていけないと……家で中国語を話すことも止められたり、母はすごく読書が好きで家にも中国語の本がいっぱいあったのですが……読んではいけなかったんです……すごいなんか隠れて……お風呂入りなさいって言われて、でそれをバスタオルにくるんで……とにかく隠れて読むような感じ……中国語をキープしていく上で読書がすごくよかった」（C6）

　台湾の友だちと【書簡を通して母語保持】をおこない、精神面で友だちから励まされ苦しみが文通を通して打ち明けられたのも助けられたことだった。一方で、中学校に入学すると、【非行に走る】ことになる。

　「中学一年生で、寒くてもコートとかセーターを一切着ちゃいけない……中学三年生じゃないとダメよって、それはおかしいと思って、わたし着ていたら、それからもう大変。休み時間になると、ちょっとN（Cさんの日本名）ツラかせって言われて、……先輩の呼び出しがすごくて、そっから（そこから）ちょっとおかしく」（C7）なった。

　「人をいじめるとか卑怯なことはしません。どちらかといえば、自爆型。授業に出ないで遊びに行っちゃうとか」（C8）

　中1の終わりから不良になったことで、【学級委員に任命】される。

　「その先生は私に学級委員になりなさいと、いつも目を光らせ、決して言葉は口数は多くないんです……（学級会の時は）学級委員が議題を決めていいんです……今日はリンチについて話し合いましょうか、といった時はみんなひいていました」（C9）

　非行に走る傍ら、中学校では【美術部に入部】し、好きな絵に打ち込んだ。

　高校受験は、家庭の事情で確実に合格するレベルの学校を探して受験先を決めた。

　「県立だったらオッケーだよっていう条件で……県立一校だけ受けたんで

す……スリルっていうか……＜落ちたらどうしようっていうプレッシャーが非常に大きくて＞（FORI4）……今でも忘れられません」（C10）と振り返る。

2） 高校の三年間

　中学校を卒業し、高校に入学したCさんは、部活と学業に打ち込むようになった。

　「中学は美術部で……＜高校は和菓子が食べたくて＞（FOPI1）、茶道部に入りました。＜浴衣とかも着てすごい楽しかった＞（POPI1）」（C11）と語る。そして、BFP2【複雑な家庭環境の友人との出会い】をする。

　「高校は、T県立J高校っていう偏差値が50あるかないかっていう……＜私はこれまで自分の家庭事情にコンプレックスを抱いて……劣等感とか……あったんです＞（PORI1）」（C12）とSD2【劣等感】があったことを語る。

　次に、Cさんのライフストーリーにおける【私に対する意味づけの変容】について、TLMG（発生の三層モデル）の三層に分けてみていく（図3参照）。TLMGは、分岐点における「自己のモデル」である。分岐点においては、新しい促進的記号が発生していると考えられており、促進的記号の発生が人を新しい選択肢へと誘う（サトウ、2015a）。

私に対する意味づけの変容（TLMG）

　はじめに「個別活動レベル」である【自信への道のり】について述べる。

　これまでCさんは、SG1【厳しい父の教育戦略】とSG2【大学を出たいという強い思い】が根底にあった。高校に入り、BFP2【複雑な家庭環境の友人との出会い】で【みんな一生懸命生きている】ことに気づく。【自分は特別じゃないんだ】と知ることになる。そこで、【自分は一人ではない】と実感する。SD2【劣等感】をこれまで持っていたが、【高校に居場所を見つける】ことにつながる。

　次に、「促進的記号のレベル」である【高校での概念の習得】ならびに「信念・価値観レベル」である【私に対する意味づけの変容】について述べる。

　居場所を見つけ高校が【安心して勉強できる場所】となり、学校では、【基礎から教えてくれる先生】と【席の近いNさんからの支え】で、わからな

かった問題が理解できるようになる。自宅では、Cさん自身が【小学校の教科書を基礎から勉強】し、努力を重ねるうちに、【面白いように点数がとれる】ようになる。そこで、促進的記号【できた・楽しい】という感情が生じ、【肯定感】や【達成感】につながり、VTM【私もやれば出来るんだと実感する】に至る。

「達成感なんでしょうね、人って一つできると、またなんか違う世界見てみたい、なんかそういう達成感が大きかった」(C13)と当時を振り返る。しかし、高校で友だちや先生に恵まれても【日本に馴染めず】台湾に帰りたいと思いを秘めて日々を過ごしていた。

「＜ずーっと台湾に帰りたい＞(FOPI2)家庭にも日本にもあんまり馴染むことはできなくて、とにかく台湾に帰ることが唯一の希望……＜やっぱりなんかこう馴染めない＞(FORI5)……＜自分にとって住む住み家は台湾の方がもっと自分は伸びやかに生きられる感じがして……中国語をなんとか忘れまい＞(FOPI3)」(C14)としていた。

この頃、花屋でアルバイトをしていたCさんはBFP3【台湾人であることに蓋をする】体験をした。「あるとき男性社員がやってきた時に、なんかたまたま母がその餃子を差し入れをしてくれて、で、あのー、みんなでこうワイワイこう、おばちゃんたちと食べてたところにその社員がこんにちはーってやって来て……この子のお母さんは、台湾の出身で、ですごく餃子美味しいから……一緒に食べましょうよって言ったところ、＜中年の男性が、あっ台湾人だったんだってお母さん売春婦してた(と言った)……公衆の面前で、自分が裸にされたぐらいの衝撃を受けて＞(PORI2)、それ以来ちょっともう＜台湾人であるっていうことを……言わない方が、嫌な目に合わずに済むのかなあって＞(FORI6)……台湾人というだけで、やな(嫌な)想いをするんだったら、場合によっては言わないほうがいいんじゃないのって言われたりして……＜それで来てしまって……なんとなく引きずって、ちょっと自分のなかで、こう胸を張ってプライドを持って、肯定できないっていうのも否めない事実＞(PORI3)」(C15)となった。

28 第1部 日本語指導が必要な児童生徒の「言語」と経験

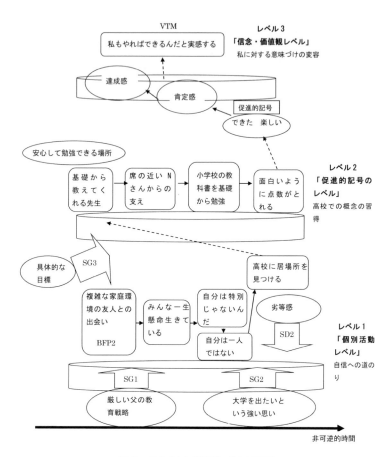

図3　私に対する意味づけの変容

　大学受験を控え、成績を心配した父が家庭教師をお願いし、その先生から母語の大切さと中国語学習の大切さに触れる。

　「大学は家庭教師の先生……私の成績を心配した父が家庭教師をお願いしてくれて……外国語の習得っていうのはとても大変なことで、母国語だし忘れないようにしてねって……先生私は勉強もよくできなくて、中国語を活かして将来仕事に活かしたいんですっていうことを言ったら……T大っていう大学があるから……中国語とか勉強できるよって言われて＜T大だけしっかりインプットして、偏差値度外視で＞(FOPI4)」(C16)

家庭教師の先生との出会いにより新しい目標ができた。

3）　大学入学から 20 代半ば

　大学受験に挑戦したものの、一年目は合格が叶わず、【第二志望校に進学する】。

　「ただ案の上やはり一年目はあのー落ちてしまって、でA大学に入りまして……両親が離婚することになってしまって……経済的にもちょっともう厳しいということで大学を辞めてくれないかということで、言われて……＜唯一の希望が台湾に帰ることだったんです＞（FOPI5）。で、ただ＜台湾帰るのに……やっぱり大学ぐらいは出てないと自分でちょっと……自立して自活をしていくのにはやっぱり学校を出ないと……厳しいんじゃないかなーっていうのが……思っていて＞（FORI7）、……＜何がなんでも大学は出たいっていう想いが非常に強かった＞（FOPI6）……＜どうしようかなって思っていたところ＞（COIM1）に……A大学で、たまたまお会いした先生が……編入学もあるんだよ……もう一回チャレンジしてみたら（と）、アドバイスをしてくださって……タイミングよく……編入学の話を聞いてなので……入学直後から、また編入学に向けて猛勉強を始めて……T大に編入学で受かった」（C17）と当時を振り返る。

　Cさんは、【編入する】ことで勉強を辞めずに済んだ。台湾に帰るために第一志望に掲げていた大学に編入し、好きな語学の勉強に打ち込み、家庭教師をしながら学費を稼ぎ学生生活を過ごした。大学卒業後、社会人一年目で今の夫[9]と結婚した。25歳でSD3【就職・選挙権・ビザ取得の不利益】のため、【国籍を変える】ことになる。

　「25歳からそうですね帰化いたしまして日本国籍です……（日本籍に変えた）理由は、実際のところやはり非常な不便が伴います。例えば就職の時もそのちょっと明言はされませんでしたが、ちょっと国籍がネックになっていたこともあったり、または旅行の時のビザの取得が非常に面倒で、煩わしさを伴っていたので、であとは選挙権など……父の配慮で永住権というのは日本に来て早々と取得してくれたのですが……＜ただやっぱりその国籍が日本でまあ住むのにやっぱりないと非常に不便だということで……帰化を決心し

ました＞（FOPI7）」（C18）と振り返る。

4）　20代後半から現在

　Cさんは、国籍を変えた後も生い立ちがコンプレックスで今日まで過ごしている。

　「＜家庭環境、台湾にいる頃もいろいろとありまして＞（PORI4）、母も波乱万丈な人生を歩んできて……＜生い立ちのコンプレックスというのが、長年の私の課題＞（PORI5）」（C19）と語り、「＜台湾人ということを伏せて……自分の生い立ちと結びつけて生い立ちのコンプレックスと台湾人であることが……コンプレックスであるというのが劣等感の諸悪の根源であった＞（PORI6）」（C20）と自覚している。

　Cさんは【失った自己を取り戻す】過程により、自分の【ルーツを知るための手段】の一つとして【文学への執着が続く】。

　「＜日本にいたからこそ中国文学を（に）対して、台湾文学（に）対してすごい執着があるのかもしれません＞（FOPI8）。もし、＜そのまま台湾にとどまって住んでいたら、ここまでなんかあのやろうかなって思わないかもしれないですね＞（PORI7）。＜日本に行ってからこそ……自分のルーツをもっと知りたいっていう渇望にも似たような熱い気持ちがあるから、こういう道（文学に執着）に進んだのかもしれません＞（FOPI9）。＜日本に来てなかったらやってなかった＞（POPI2）」（C21）と語る。

　ここに至るまでの道は平坦ではなく、文学に没頭するまでは、読書で語学力を維持して過ごした。「主に読書が中心なんですけどもそれでなんとか語学力をキープしつつ…… 文章を読むことに関してはとにかく読書が大好きだったので、語学力というか趣味を、大好きだったので、読んだり読む力っていうのはほぼ衰えていません」（C22）とこれまでの努力を語る。そして、中国文学・台湾文学の探求を通してアイデンティティを取り戻す過程を振り返る。

　「＜葛藤も抱えながら今日まで生きてきて……アイデンティティに背を向けるべきなのか＞（PORI8）……＜中国文学とか哲学とかそういう熱愛はずーっと抱き続けて＞（FOPI10）」（C23）と語る一方で否定する自己の存在に

気づいている。

　幼い時に来日したことで中国とは何かと言われた時にわからないことが多い。母が読書が好きで、家庭に本があったが、父に中国語を禁止され、独学する以外に中国や台湾について「知る手だてがなかった」(C24)と回想する。

　「＜歳を重ねるにつれ、私はこのままだと根なし草になってしまうような気がして＞(FORI8)……＜いつも壁にぶつかる……運命に対して一体どんな解釈しているの……何を根本にたててこの世界を認識しているの……疑問がいつも＞(COIM2)」(C25)

　「台湾の原住民の女性だったら例えばその生に対して非常にまたオープンな考えで、嫁ぐんではなくって、＜未亡人になったら今度は男の人を婿に入れるぐらいのそういうなんか様々な生き方っていうか、現実もあったりして＞(FOPI11)、だからやっぱりそういうのをずっと読むとどうしても＜トラディッショナルな、思想というかそういうのがわからなくて＞(COIM3)」(C26)

　Cさんは、葛藤を抱えて生きてきたことに気づき、根無し草になる危機感を持ち文学を通して、自分の運命を探求する。そうして探している過程で、【台湾人であることを自覚する】ことがあった。

　「＜自分を支えてくれたのは、台湾の古くからある諺で、一枝草一点露[10]……雑草というのはほんとにみんなに踏まれて取るに足らないぐらいの存在です……そんな雑草の上にも必ず天からの、恵みが施されるっていう、だからそんなに、あんま悩まなくていんだよっていう、必ず何かしらの助けがくるから、あなたに必要なだけの助けがくるからっていうこと＞(FOPI12)で、これに支えられた時はあっやっぱり台湾人だなって思いますし、これはうちの祖母がよく口にしていた言葉……私が小学生くらいの頃から祖母も……波乱の多い人生で、＜その時に自分を慰めるようにこれを言っていた＞(POPI3)のが……覚えています」(C27)

　SG5【雑草でも助けが来る】という祖母の言葉を思い出す。

　長年望んでいた台湾に帰ることは就職と結婚により実現しなかった。

　「日本は異質なものというのを排除したがる、排除っていうよりももしかしたら不安に感じる……異質なもの。みんな同じレールの上で歩かないとな

んか、はみ出る人は目立ってしまうよって感じで。……台湾は大らかで、多少むしろ人との違いを……あなたならではの特色を出してっていう、いかに自分をアピールしていくことを尊く（と）いう傾向があるかもしれません」（C28）と台湾を懐かしむ。

「帰国しようと思っていたので……＜台湾で生きていこうと、帰って生きていこう＞（FOPI13）と、＜小さい時は家庭の事情で不本意ながらやって来たけれど＞（PORI9）、帰国後は、＜卒業したら台湾に帰ろうって思っていました＞（FOPI14）……（大学）卒業ぐらいまでは台湾人」（C29）だと思っていたと語り、現在は EFP【国際人として生きていく】と言及する。

「＜強いていえば国際人＞（FOPI15）……国際人ていうからには英語を話せないんですが、でも、わからないですね。それはまたいでいるから。どちらかの文化とかどちらかの言語の一つで考えるのではなく、ある時は日本語で考えるし、ある時はあの中国語とか台湾語で出てきます」（C30）

これからの夢は、母国文学の探求と語り、住み家は日本であるが、基盤は台湾と語る。

「アジトはもう日本にします。アジトというか本拠地は、本拠地は日本にして、でも日本寒いから、寒い時期はちょっとあったかい台湾とかに、でもいずれにしても根を下ろすのは日本だと思います……＜台湾は生みの親で、台湾とか台湾語、中国語は生みの親で、日本は育ての親っていう感じですね＞（FOPI16）」（C31）

二つの国を生みの親、育ての親で規定し、自己を起点につながりを見極めている。現在の C さんは、出自となる文学について大学で学び、失った時間を取り戻している。自分を「＜アゲアゲですね＞（FOPI17）」（C32）と人生で最も充実した時期であると語った。

クローバー分析

図4から、いくつもの想像力が示された。来日から中学校までは、未来志向抑制的想像が続く。その後、高校入学を機に、未来志向促進的想像が出現し過去志向促進的想像や過去志向抑制的想像とをいったりきたりしながら、三つの中核の想像を超えて、現在の未来志向促進的想像の爆発的出現に至

第1章　来日した台湾人女性のアイデンティティと言語学習　33

図4　Ｃさんの想像力の方向[11]

34　第1部　日本語指導が必要な児童生徒の「言語」と経験

る。Cさんにとって「来日」から現在までの経験は、マジョリティの言葉から自己の言葉の獲得へと変容する径路でもあり、非可逆的時間のなかで言葉の獲得と想像力の関係をクローバー分析から垣間見ることができるだろう。

考察

　本研究では、小学校四年で来日し、中学高校大学と日本で過ごし、社会人二年目に日本国籍を取得したCさんのライフストーリーの径路を視覚化した。【母の再婚で来日する】ことになったCさんは、不本意ながら来日し【残留孤児と日本語を勉強する】日々を送るが、学校では、SD1【台湾人帰れと罵声を浴びる】。BFP1【いじめを止めさせるため決闘を申し込む】といじめは終わった。その後、中学に入り【非行に走る】が、教師がCさんを見捨てずに学級委員に任命し、責任ある立場にたたせたことで更生する。ここには、教師からの適切なサポートがあった。岡村 (2013) の「個々の能力や状況をきちんと把握し、それに見合ったサポート」を教師がおこなったと考えられる。この時期を境に学級内での役割意識が芽生え、不良から受験に目を向けることにつながったと考えられる。

　卒業後入学した高校でBFP2【複雑な家庭環境の友人との出会い】があり、TLMG【私に対する意味づけの変容】がおこり、VTM【私もやればできるんだと実感する】。自分と同じ立場の同級生との出会いで、孤独感を感じずに居場所を見つけたことが推察できる。その頃、BFP3【台湾人であることに蓋をする】出来事が起きる。家庭教師の先生から母語を大切にと励まされ受験勉強を続けるが、願いが叶わず一年目は【第二志望校に進学する】。両親の離婚が影響し大学中退の危機に陥るが、【編入する】ことで窮地を乗り越えた。教師からの助言が学費の安い大学への編入を成功させた。適切な情報を与えてくれる助言者の存在が、カギとなることが窺える。

　高校時代にアルバイト先で人間としての尊厳が傷つけられる体験をしながらも、勉強に励めたのは、母語を認めてくれる家庭教師の先生からの言葉に加え、台湾にSG4【帰国し就職したいという切実な思い】が支えとなっていたことが窺える。結婚後、SD3【就職・選挙権・ビザ取得の不利益】が理由で、【国籍を変える】ことになる。結婚した一年目と二年目に関しての語

りから日本社会で生きる際に不利益が生じるという仕方のない理由で、日本国籍に変えたCさんの、国籍を変えたくなかったという本音（C18参照）が窺われる。

読書で語学力の維持を続けるものの、【文学への執着が続く】。その後、再び大学に入学し、文学に打ち込む生活を送る。子どもの頃、祖母に言われたSG5【雑草でも助けが来る】という言葉が支えとなり、EFP【国際人として生きていく】に至る。大学に入学し、母国文学を通して伝統を知り、日本社会での自分や今後の生き方について見つめ直し（C20参照）、高校以来台湾人であることに蓋をしてきた、Cさんのアイデンティティの危機がようやく回復に向かう様相（C30、C31、C32参照）が明らかになったといえるであろう。

4 結論

本研究は戒厳令が解除される前の台湾で幼少期を過ごし来日した一人の台湾人女性の事例を深く掘り下げたものである。日本国内の外国人散在地域で生活したCさんの事例は、台湾に限らず日本国以外にルーツを持つ人々に対する教育や支援の必要性を示唆した。張（2005）や山ノ内（2014）は、文化やアイデンティティを表出できる「居場所」の重要性を指摘している。Cさんは、最近になって「同胞の会」に参加しているが、幼少期はそのような空間はなかったという。日本の学校や地域日本語教室などにはそうした場所が作られているところもあるが、外国人散在地域で気軽にアクセスできる「居場所」を作っていくことが課題といえよう。藤田（2012）が指摘する電子メディアがトランスナショナル・アイデンティティの構築を促すという主張から見れば近年の「テレビで中国語」（NHK Eテレ）は多様な文化背景をもつ出演者が登場し、中国語教育を発信している。「言葉」や「言葉の教育」は誰のものかとメッセージを感じとれる。アイデンティティの危機は台湾人に固有のことではなく文化や言語が異なる移動を伴う人々の間では存在するだろう。彼ら／彼女らの発達に寄り添うような教育や支援、政策の構築に向けて、林（2003）が触れた台湾の郷土教育の取り組みと発展の歴史は、ヒント

を与えるものである。

　Cさんのルーツとなる言葉は、客家語と台湾語である。日本語を習得したことで、これらの継承が難しくなったという。大人になるにつれ、どの言葉を優先すべきか（言葉の優位性）について悩んでいる。Cさんが台湾語を習得・継承した一番の理由は、個人的な理由であった。個人的な理由は、年代とともに変化しており、10代の頃は、「台湾に帰国した際に親戚や友だちと話したいから」大学生の頃は、「台湾に帰って就職し、日本を離れたいから」その後から現在では、アイデンティティについて自問自答することが多くなり、台湾語の習得や継承を強く意識するようになったという。

　つまり、母語について若い頃は、言語としての実用性を重視していた。最近では、精神面に比重が移っている。「忘れなかった」というよりも「台湾語を忘れたくなかった」「忘れることができなかった」という。日本での生活は、言語の使用頻度は日本語が最も高く、台湾語の使用頻度は極めて低く、使用のバランスは良いとは言えない。台湾語は、味わい深く魅力を感じているため、台湾語番組の視聴を通じて独学で学習を継続しながら故郷に思いを馳せるのである。

注

1　台湾中央研究院社会学研究所が公開した2015年の調査では、自分について台湾人（73.2%）、台湾人であり中国人（18%）、中国人であり台湾人（4.2%）、中国人（1.6%）、その他（1.8%）、意見無し（1.2%）という結果が出ている。

2　HSSとは、複線径路等至性モデリングの重要な概念であり「自分が知ろうと思う経験事象に焦点をあてたサンプリング」（サトウ, 2012）である。

3　語られた内容の他に点線を描き出す意義について（安田, 2012b）は、描き出すことに意味があると考えられる径路を積極的に描き出すことにより、生き方に関する考察的提言や援助的介入の可視化につなげることが可能と述べている。

4　TEMの概念については、安田（2012a）を参照されたい。

5　プライバシー保護のため、詳細な年齢の記述は控えた。

6　なお、第3回までのインタビュー結果から修正したTEM図や記述についてCさ

んに 2016 年 11 月中旬にメールで確認作業を行い、回答に基づき最終修正を行った。

7 IC レコーダで録音した時間を表記した。

8 初期は、SD（社会的方向づけ）と訳されていた。本書は、最新の表記で示す。

9 夫は、日本人である。C さんは、来日後永住許可申請をしており 25 歳で日本国籍を取得した。

10 一枝草一点露（yizhicaoyidianlu） 台湾の諺。

11 緑の葉の部分が FOPI, FORI, POPI, PORI それぞれの該当部分であり COIM は中央をフォーカスした。

第 2 章　中国生まれの朝鮮族女性の日本定住

第 2 章では、言語形成期前期と言語形成期後期の切り替えの微妙な時期に来日した中国生まれの朝鮮族女性の内面の変容を検討していく。

1　課題設定と研究の目的

　今日、外国にルーツを持つ人々を見ることは珍しいことではなくなった。最新の法務省の発表資料では、外国人入国者数は、前年比 353 万人増加し 2,321 万人と報告されている。国籍・地域別の新規入国者数では、韓国（491 万人）がもっとも多く、次いで中国（434 万人）、台湾（390 万人）となっている（法務省, 2017）。現在の日本では、定住外国人について二つの名称を用いることがある。1 つ目は、オールドカマーといわれるグループで 1945 年以前に来日した人々である。2 つ目は、ニューカマーといわれるグループで 1980 年代後半から新たに渡航した人々を指す。これらは、在日中国人、日系南米人、フィリピン人などが多数を占めている。現在では、オールドカマーの数をニューカマーが上回っていると言われている（田渕, 2013）。それと同時に、日本語指導が必要な児童生徒数も増加している。日本の公立学校で教育を受ける外国人児童生徒数が増加したことを受け、政府は自治体ごとに日本語指導が必要な児童生徒向けに教員の配置や国際教室の設置などを行い環境整備に努めている。日本語指導が必要な外国人児童生徒の母語別在籍状況（人数別）は、ポルトガル語 8,340 人、中国語 6,410 人、フィリピノ語 5,153 人、スペイン語 3,576 人が上位を占めており、韓国・朝鮮語は 614 人と少数派となっている（文部科学省, 2015）。昨今では、中国から日本に渡る人々は

増加している。学校や地域の日本語教室では、中国語ができる人々として支援対象になることはある。一方で、中国語よりも得意な他の言語を有している事実を受け入れる学校や行政担当者が把握することは稀である。そのため、親にともない来日した子弟たちの間では問題が生じている。公立小学校や中学校に通う際に、彼ら／彼女らがもつ言語資源が教師たちに正確に受容されないことが当たり前になっている。その一つに中国の朝鮮族のグループがある。

　本研究における朝鮮族とは1949年以降、中国で少数民族政策が実施される過程において中国東北部の朝鮮人[1]に付与された少数民族としての名称を指す (権, 2013)。本研究では一貫して、調査協力者の主体性を尊重し朝鮮族と表現する。朝鮮族は、日本の出入国統計上に明示されず、社会的に日本語の音読みを使い中国名を名乗る状況にある。彼ら／彼女らが自らを名乗らない限り、日本社会で認知される機会は少ない状況に置かれている (権, 2013)。朝鮮族が日本に移動するようになったのは1986年以降の現象として把握されており (権, 2011)、留学生として来日したケースが多い。人々の人生の選択は多様であり日本に定住するものや中国への帰国、別の国への移動など人生設計は多岐に渡る。国籍については、中国籍のままで過ごすこともあれば、日本や移動先の国籍に切り替えるなど様々なケースがある (金, 2015)。日本で子どもを育てる朝鮮族の親たちは、子どもを日本の公立学校に通わせることを選択するため、朝鮮語[2]や朝鮮文化を継承させる際に困難が生じ、日本語しかできないモノリンガル化が進行していく場合がある (金, 2015)。朝鮮族の生活形態には、①中国の両親や親戚の力に頼りがちで強い家族観念が残る、②次世代の使用する言語は母親または直接育てる者の影響を受けやすい、③両親が二重文化を有していても意識的に教育しない限り文化の継承が困難、④言語を通して文化を伝達することは共同体の努力がなければ実現が困難などの特徴がある (尹, 2010)。朝鮮族の言語使用では、朝鮮族同士が朝鮮語をベースにした会話を行う際に、コードスイッチング[3]が重要な役割を果たしている (権, 2016)。これまで朝鮮族に関する研究は、前述した知見に加え中国国内の移動やコミュニティについて着目した高 (2011)やフィールド調査をもとに文化資本をめぐる二極化や階層化に着目し朝鮮族

の生活実態を示した権 (2011)、韓国在住の朝鮮族に聞き取りをおこないその生活実態について自分史とからめて詳細に示した金 (2012) があるが、一人の事例を深く掘り下げ社会との関係性も示しながら内面の変容を描いたものはほとんどみあたらない。朝鮮族を対象とし複線径路等至性アプローチ (Trajectory Equifinality Approach:TEA) を用いた研究はこれまで行われておらず、関連する研究は、中国の農村出身の中国人女性一人を対象に TEA の生涯学習研究への適用可能性について言及した豊田・相良 (2016) や大学進学を希望する私費外国人留学生の進路選択プロセスを社会的方向づけに着目し明らかにした茂住 (2015)、中国人日本語学習者の敬語使用の研究の上川 (2017) がある。朝鮮族は、日本社会で「中国人」とひと括りに受容されることもあり、地域社会や教育機関で中国語の他に朝鮮語もできると認識されることは決して多くない。それは、日本がほとんど日本語だけで生活できてしまうことに起因する。さらに日本社会では、朝鮮半島にゆかりのある人々への差別や偏見が根強く存在している。朝鮮半島に縁があるとわかっただけで、否定的なレッテルをはる人々も存在する。このような環境下では、自らの出自や国籍、民族について隠し、日本社会で目立たずに生きる選択をすることもある。

　こうした状況では当事者視点から日本社会を捉えた研究が必要であると思われる。本研究の目的は、中国生まれの朝鮮族女性が帰国後再来日し日本への定住を選択するまでを複線径路等至性アプローチ (TEA) を用いて分析し、選択の過程に働く力を可視化することである。本研究の特色は、「バイリンガル育成の立場から見た言語形成期[4]」(中島, 2001) を TEM 図に示し、言語形成期前期と言語形成期後期の切り替えの微妙な時期に来日した朝鮮族の女性の内面の変容を描く点にある。

2　研究方法

協力者 D の概略

　中国吉林省の都市で生まれる。実父の仕事が理由で小学校 3 年に来日。両親、祖父母とも朝鮮族であり、両親は中国の大学を卒業し来日前まで中国で

働いていた。Dさんは日本語未習で来日した。日本の学校が合わずに一年で帰国。その後、故郷に戻り祖父母（中国語ができない）に育てられ民族学校で学び高校までを過ごす。高校卒業後、進学を目指して来日。大学生の身分で卒業を控えている状況まで（第一から三回目のインタビュー）を中心に聞き取った。再来日後、母親が日本人と再婚したため、家庭内言語が、朝鮮語から朝鮮語と日本語へと変化している。中国への帰国は、年に一度である。性別は女性で最終インタビュー時は27歳になり会社勤めをしている。調査協力者のプロファイルを表1に示した。

表1　プロファイル[5]

	性別	年齢	来日理由	来日時の年齢	再来日後の帰国の頻度	職業
D	女性	27	父親の日本での就職	9歳	短期、年に一回	会社員

研究デザイン

　本研究は、「生を享けた個人がその環境の中で生命を維持し生活し人生をまっとうするために記号を取り入れつつ生きていくプロセスを描く、心理学的試み」（サトウ, 2015a）である TEA を分析方法として用いる。調査開始にあたり幼少期に日本語教育を受け帰国経験のある人を対象に歴史的構造化ご招待（Historically Structured Inviting:HSI）を行った。HSI とは「自分が関心を持った現象を経験した人をお招きして話を聞く手続きのこと」（サトウ, 2017a）である。本研究では地域日本語教室の関係者を介して調査協力者を得た。データ収集は、半構造化面接法を採用し第3回目の面接時にはライフライン図の作成を依頼した。半構造化面接を進めるにあたり、調査協力者に「積極的かつ自由かつオープンに話をしてもらう」（鈴木, 2005）ことを重視した。

　TEA は、ヴァルシナーの文化心理学「人間が文化に属するのではなく、文化が人間に属する」という考えかたに依拠しており、記号という概念を重視する（サトウ, 2012）。こうした特徴がDさんの内面の変容を詳細に描くの

に適している思われるため分析方法に採用した。調査開始時において筆者と協力者は初対面である。面接は4回行い主に日本語でインタビューを進め必要に応じて中国語を使用した。本研究では、3回目と4回目にTEM/TLMG図を見てもらい結果の真正性[6]を担保し、「トランスビュー」(サトウ, 2015c)を目指した。調査場所は、調査協力者の希望するファミリーレストラン(1回目)と外資系コーヒーチェーン(2〜4回目)で行った。

インタビューの概要は、表2の通りである。

表2　インタビュー概要[7]

	第一回 (2014.1)	第二回 (2014.11)	第三回 (2014.11)	第四回 (2016.7)
時間	1時間20分	1時間51分	1時間15分	40分
インタビュー項目	半構造化面接 来日の経緯、 帰国理由	半構造化面接 帰国後の生活、 再来日の経緯について	半構造化面接、 TEM図の確認、 ライフライン図の記入	TEM図、記述内容、等至点、 TLMGの説明と修正箇所の確認

分析方法

分析方法に採用したTEAは、複線径路等至性モデリング(Trajectory Equifinality Modeling:TEM)、HSI、発生の三層モデル(Three Layers Model of Genesis:TLMG)、以上3つを要素とする方法論である(サトウ, 2015a)。「複線径路・等至性モデリング」は人間の文化化[8]の過程を記述する技法(サトウ, 2012)でありTEM図を描く際には1/4/9の法則に基づき研究がデザインされることが望ましいといわれている(サトウ, 2015c)。本研究では、「個人の経験の深みをさぐることができる」(荒川・安田・サトウ, 2012)1人をインタビュー対象とした。

ここから、TEAの基礎概念について説明する。TEAでは、プロセスを描く際に非可逆的時間(Irreversible Time)を基本の考え方にしている。非可逆的時間の概念は、哲学者ベルクソンの「時間を空間のような実在として捉えてはならない」という主張に由来する。ここから人間が時間とともにあるよ

うなモデルを作る必要性が導かれる（サトウ, 2015b）。この考え方は作成された TEM 図にも反映されるものとなる。

　等至点（Equifinality Point:EFP）は、ベルタランフィによるシステム論の「開放系（オープンシステム）は等至性を持つ」というテーゼに依拠し、TEM/TEA の根幹をなす概念である（サトウ, 2015a）。EFP に至る複数径路を描く方法が TEM であり、方法論的側面から見れば EFP とは研究者の目の付け所で研究テーマを明確にするものである（サトウ, 2015a）。

　EFP の対極にある点は、両極化した等至点（Polarized EFP:P-EFP）と呼ばれ、分析を通じて意味のある P-EFP が設定できることが TEM 的な飽和となる（サトウ, 2015a）。EFP と対になる概念に分岐点（Bifurcation Point:BFP）がある。非可逆的時間のなかで人の歩みが分岐し収束する様を BFP と EFP とこれらを結ぶいくつもの径路で描き出すことが TEM で目指される分析の基本単位である。BFP の概念は、人が歩みを進めるなかで何らかの局面において転換点が立ち上がるという未来志向的な有り様を意識化する（安田, 2015a）。

　必須通過点（Obligatory Passage Point:OPP）という概念は、もとは地政学的な概念であり、ラトゥールが科学社会学的説明に取り入れ、それが TEA（複線径路等至性アプローチ）に取り入れられた経緯をもつ。その後、TEA でも転用された。TEA における「必須」という意味は「全員が必ず」という強い意味ではなく、「多くの人が」という広い意味で考えられている。そして、必須通過点という概念は個人の多様性を制約する要因を見つけやすくする点で影響力を持つ（サトウ, 2009）。TEA における OPP は、3 つの種類が認められている。1 つ目は義務教育などの法律で定められているような行為・経験で制度的必須通過点と呼ぶ。2 つ目は化粧のように慣習的に行なわれる行為・経験を指す慣習的必須通過点である。3 つ目は、疎開のような結果的に多くの人が行う行為・経験である結果的必須通過点である（サトウ, 2017b）。

　TLMG は、TEA における「自己のモデル」であり、三つの層から構成される。中心の第 3 層は価値、第 2 層は記号、第 1 層は行為を意味し、第 2 層において促進的記号が発生すると考える。TLMG では、関連情報の内化

が第2層（記号）に達し促進的記号が発生することを分岐点とよぶ（サトウ, 2015a）。調査協力者であるDさんは、祖父母も両親も朝鮮族であり来日前も来日後も社会においては言語的社会的少数派である。歴史的にみても朝鮮族の人々が居住する中国東北部の地域は、旧満州国（偽満州国とも表現される）と呼ばれ日本や日本語に対して情緒的に複雑な心情を抱えている人々も少なくない。一度は、日本の学校文化や日本語が理由で帰国を選択したDさんの内面の変容を詳細に描写するため「自己のモデル」（サトウ, 2015a）を描き出すTLMGを採用した。

　本研究では、ひきこもり親の会が自助グループとして安定するまでをTEMとTLMGを用いて明らかにした廣瀬（2012）の研究を参考にした。廣瀬（2012）の研究では、TEM図におけるBFP、TLMG、価値変容点（Value Transformation Moment:VTM）、EFPと調査協力者の時系列ごとの変化がわかりやすく示されているためである。廣瀬（2012）の分析方法に学びながら、インタビューをもとに作成した逐語記録をKJ法（川喜田, 1967）の手順を用いてカテゴリー化をおこない概念を抽出した。その後、TEMおよび発生の三層モデルであるTLMGを用いて図示化した。

倫理的配慮

　面接を始める前に、調査への協力は自由意思によるものであること、調査協力はいつでも中止できること、収集したデータは研究目的のみに使用し個人のプライバシーを侵害しないことに関して口頭説明を行い面接内容の研究使用とICレコーダーによる録音の許可を得た。

本研究における TEM の用語と意味

　TEMの用語ならびに本研究における意味を表3に、本研究における三層の捉え方を表4に記した。

表3　TEM の用語ならびに本研究における意味

用語	本研究における意味
等至点（Equifinality Point:EFP） 研究者の関心、研究テーマを明確にするもの（サトウ, 2015a）	EFP1：日本語ができることで承認を受ける EFP2：日本で就職して家族を支える
両極化した等至点（Polarized EFP:P-EFP） EFP と対極の意味をもつ（サトウ, 2015a）	P-EFP1：承認を受けない P-EFP2：日本で就職しない
分岐点（Bifurcation Point:BFP） 径路の分かれ道（サトウ, 2015a）	BFP1：ジャパンドリームを夢見て父が渡日 BFP2：中国に帰国する BFP3：再来日し日本語学校に通う BFP4：B 大学に入学
価値変容点（Value Transformation Moment:VTM） 内面的経験が変容する時間（サトウ, 2012）	特別な能力を持つ自分を誇りに思う
社会的方向づけ（Social Direction:SD） 等至点に向かうのを阻害する力 （安田, 2015a）	両親が多忙 日本の学校文化 いじめの恐怖 母親と離れた生活 中国語への苦手意識 朝鮮語[9]使用域の狭さ（家庭・社会）
社会的助勢（Social Guidance:SG） 等至点への歩みを後押しする力 （安田, 2015a）	母親との読書 家族一緒の生活 朝鮮語が話される地域での生活 日本語の新しい体験 朝鮮語が通じる地域での生活 日本生活が評価される 友だちが多く楽しい日々 同じ立場の人がたくさんいる環境 先生の教え 日本語を話せることの喜び
必須通過点（Obligatory Passage Point:OPP） 文化的・社会的な制約や制限がかかり、ある地点から他の地点に移動するために必然的に通らなければいけない地点（サトウ, 2017b）	父親が日本で働くために求人応募（結果的必須通過点） テストで空欄のまま提出することにストレス（慣習的必須通過点） 父方の祖父母と同居（結果的必須通過点） 先生との出会い（結果的必須通過点）

第2章　中国生まれの朝鮮族女性の日本定住　47

表4　本研究における三層の捉え方（TLMG）

第3層	信念・価値観レベル	朝鮮語が使えない私に対する意味づけの変容
第2層	記号レベル	日本語（外国語）で自己を肯定する
第1層	個別活動レベル	自信を取り戻すまでの道のり／様々な出来事

3　結果

　本研究では、Dさんの語りから10個の時期区分にわけ結果と考察を示す。時期区分は、滞在地域・家庭状況・社会言語状況などを基に分類した。全体のTEM図作成は、廣瀬（2012）と上川（2017）を参照しTLMGは伊東（2017）を参照した。Dさんの語りを基に作成した図は図1から図3に示した。なお、等至点は □ で表し、語りから実際に得られた径路は ── で表した。また、理論的に仮定される径路は ----▶ で、協力者自身の語りは「　」で、筆者が命名したカテゴリー名は＜　＞でそれぞれ記入した。文中の（　）は、筆者が補足した。その他、表示のないものは社会的方向づけ ▭、社会的助勢 ⌒、促進的記号 ⧖ で示す。

　図2の教育や進路の決定に影響を与えた人の第Ⅸ期では自己の変容がおきた結果、Dさん本人が教育や進路の決定をおこなうようになったのでDさんと表記している。「　」のDさんの語りの部分は、言いよどみや繰り返しなど、インタビューデータに忠実に表記した。わかりにくい部分は、（　）で著者が補足した。

第Ⅰ期　誕生から来日まで（朝鮮語獲得期）

　Dさんは、＜中国で誕生＞し小学校低学年まで過ごす。もの心ついた時から＜朝鮮語の絵本の読書を開始＞する。中国での生活は、母親に余裕があり＜母親との読書＞が毎日の楽しみだった。その頃から本を読むのが好きになり、その後習慣になった。「お母さんのおかげで子どもの時に本読むのが好きだった」夜眠る前に「（絵本を読むの）頻繁にやったからあたしが好きだったんです」次第に字が書けるようになると絵本を一緒に読んだ。＜朝鮮

族の小学校に通学＞するようになると、お伽話が好きになりおじいさんとおばあさんが登場する話を好んで読んだ。その後、OPP＜父親が日本で働くために求人応募＞し採用され来日することになった。当時、Dさんの故郷の朝鮮族の間では、韓国や日本に出稼ぎに行くことが流行し、中国で働くよりも高い賃金が得られる韓国や日本に働きに出ることは珍しくなかった。「月少なくとも30万円くらいはもらうんですけど、中国のうちの地域の普通の平均月給だと、当時は2・3万円ぐらい、5万円いかないので全然桁が違う」状況だった。BFP1＜ジャパンドリーム[10]を夢見て父が渡日＞し、家族が暮らせるように生活環境を整えた。父親が来日する際、人にお金を借りたので、借金を返済し家族が住む家を借りるまで一年を要した。その後＜母親と来日＞した。

第Ⅱ期　日本生活初期（初めての日本社会・日本語・日本の学校）

　Dさんは小学校3年の終わりに日本の学校生活をスタートさせた。住まいは、関東地方のN市の団地で、団地にはDさん一家の他にも外国人が大勢いて特に中国人がとても多かった＜外国人がいるコミュニティでの生活開始＞。団地では、外国人同士の交流が盛んで、週末になると集まった。「当時は、週末に皆で集まって公園で焼きそば食べたり、すごく楽しかった」父親の仕事のつながりで家族単位で遊ぶことが多かった。家の近くの公民館で8時から無料で日本語を教える活動があった。公民館ではテーブルが複数あり、Dさんの両親がひとテーブルに座り日本語教師一人と外国人が何人か集まり学習した。学校では、仲が良い友だちもできて＜順調に日本生活開始＞した。

　「クラスでは二人ぐらいと仲良くて、ちょうど私の隣の家にも、中国人の家族が暮らしていて、私より一個上のお姉さんがいたんですけど、そのお姉さんと仲良かった」来日してからの読書活動は、「平仮名覚えてからは自分でそのシンデレラとかその辺の本、絵本を読んだ」。来日したことで＜家族一緒の生活＞を送れるようになった。

第Ⅲ期　日本生活中期（日本での戸惑い発生）

　中国とは異なる日本の学校生活に戸惑うことが多くなる。中国の学校では、国語や算数等の学習が重視されていた。「日本の理科を中国では自然ていうんですけど、自然とか社会とかそんなに重視されていない。音楽とか美術とか小学校でもさっとやっている。大体でいいよ。日本は音楽の時間もすごい」と回想する。「先進国とそうじゃない国の経済的な地域の差でもあると思う」「どうするかわからない」日本の学校教育を受けわからなくても体験させようとする＜日本の学校文化＞に戸惑いを感じ、＜ふりをして困る＞ようになる。できていてもできなくても体験させようとする教育を重視する日本の学校で恥ずかしい思いもした。

　3年生の時に6年生を送る会がありピアニカでアンパンマンの曲を演奏をした。「するふりをした。ピアニカ空気いれないで、やるふり。全然声を出さないで、あれもちょっと困っちゃった」来日前は勉強ができると褒められたが、日本に来ていきなり何もできなくなってしまった。褒められたくて算数だけは努力したが、他の科目は頑張れなかった。「算数以外はわかりづらくて、頑張ろうとしない。頑張ろうとしなかった」来日したことで＜両親が多忙＞になり父親も母親も中国にいた時のようにＤさんと過ごす時間を持てなくなっていく。一緒に勉強する時間もなくなり、母親との読書の時間もなくなった。通っていた小学校の三者面談で母親と国際教室の先生と話す機会があった。Ｄさんが日本語を覚えることが早いと褒めて、理科や社会などの内容を理解していないことは話し合わなかった。Ｄさんの両親は娘が日本語が上達していることに安心して、時間が経てば他の教科もついていけると信じていた。わからない状態でOPP＜テストで空欄のまま提出することにストレス＞を感じるようになり、家庭の教育も不足した結果、勉強もできなくなり段々と＜友人関係が変化＞する。来日直後の数カ月は、外国からきた子どもということでクラス全体がＤさんに興味を持ち接してくれた。時間が経つと最初ほどではなくなり、＜いじめの恐怖＞がＤさんの不安を増大させた。

第IV期　日本生活後期（日本が嫌になる）

　ある日＜いじめの授業を受ける＞ことになった。いじめに関するドキュメンタリーを見ていじめられたらどうしようと不安を抱いた。「余計あれが結構すごいでっかい（大きい）きっかけになって、ああいう風にはされたくないって」両親は仕事で忙しく、相談できる人がいなかった。「そのようなことが積もるとどんどん勉強が嫌になったり」勉強についていけないことで「（教室では）後ろであたしのこと言ってんのかなって思っちゃう。（クラスメイトたちは）もしかしたら何も言ってないかもしれないけど、そういう風に想像しちゃう」来日して日本語を覚えたことは嬉しかったが、クラスの日本人の子とうまく付き合えず勉強もできなくなり「それが嫌で帰りたい」とBFP2＜中国に帰国する＞ことになる。

第V期　故郷へ帰国（日本語能力の承認体験と中国語能力の低下を実感）

　中国に帰国したのは、200X年の1月で母親に中国まで送ってもらった。両親が日本で働き、Dさんは中国で教育の機会を持つほうが向いていると判断した。中国に帰国後は、来日前に住んでいた故郷に戻り、OPP＜父方の祖父母と同居＞した。帰国後は、勉強を頑張った。1年間の日本滞在で、＜朝鮮語が遅れていることを実感＞し、＜家庭教師をつける＞ことで2カ月間くらい集中して勉強し＜元の学年に戻る＞ことができた。「朝鮮語は子どものときから、本を読むのが好きだったので、すぐおいつく、おいつけ大丈夫だった」その後、しばらくすると親戚の集まりで＜日本人の通訳をする＞機会に恵まれる。中国に帰国してから、＜母親と離れた生活＞が始まり寂しい思いをした。一方で、＜朝鮮語が話される地域での生活＞が始まり、＜日本語の新しい体験＞を経験し第三者から認められることになる。

　「小学校のときだったんですけど、日本語を使って翻訳した経験があったんですけど、すごく周りから褒められて、子どもなのに日本語ちゃんとしゃべれていいねって」日本人学生が親戚の家に泊まった時に通訳を依頼され、EFP1＜日本語ができることで承認を受ける＞。一方で、Dさんは＜中国語の勉強が嫌いになる＞。朝鮮族は民族学校で朝鮮語と中国語を学び「私たちの母語朝鮮語が一つの国語で、第二外国語みたいな感覚で中国語」があり、

第 2 章　中国生まれの朝鮮族女性の日本定住　51

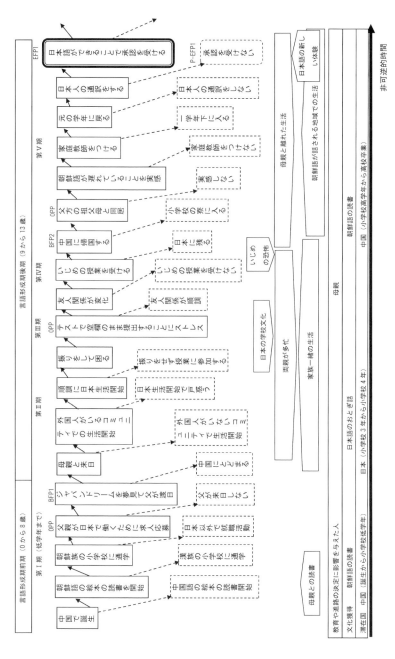

図 1　D さんの TEM 図 1/2

朝鮮語は子どもの時から本を読むのが好きだったので遅れを克服できた。徐々に＜中国語への苦手意識＞が芽生えていく。

第Ⅵ期　中学入学（母の帰国と猛勉強）

　中学に入学した後、＜日本生活が評価される＞経験をした。「中国に帰って礼儀正しいねって言われる」友人の家に電話した際に、「親が出た時に誰々さんいますかって聞くんですけど、聞き方がすごく丁寧でまず自分の名前を言って、いなかったらちゃんと失礼しますって」朝鮮語で言う。他の子にはそういう振る舞いができる子が少ない。友人が家にいない時に電話をしたことが申し訳ないと思うようになり「一言すみませんでした。失礼しましたって言うようになった」日本で学んだ習慣が、中国でも受容されるマナーとして身についていた。中学校入学後も勉強中心の生活を送った。教師の家に通い勉強会を重ねた。勉強するのが楽しく、悩みがなかった。三年生になり、受験が近づくと、日本から＜母が帰国＞しＤさんを支えたことで＜勉強に身が入る＞。6年間両親と離れ祖父母に預けられていたＤさんは、母親の必要性に気付く。「みんなで頑張ったんですけど、あんまりそこまで成績良くなくて、お母さんがその時何ヶ月（か）来て一緒に勉強した。お母さんが何か教えるんじゃなくて、お母さんと一緒にやるからやりたいなっていう気持ち」と当時を振り返り、「お母さんが必要だった」と語る。

第Ⅶ期　重点高校での3年間（最後の中国生活）

　高校受験に成功し、家族の期待に応え、地域で最もレベルが高い朝鮮族の＜重点高校に入学する＞。Ｄさんの家庭では、就学前教育から高校まで全てを民族学校に通うことが一族の常識となっていた。重点高校入学後は、目的がなくなってしまい勉強に身が入らない3年間だったが、＜朝鮮語が通じる地域での生活＞を送り＜友だちが多く楽しい日々＞を過ごした。「私が入った高校って地域で有名な高校で、結構いい高校入れたんですけど、そこから目的がなくなって勉強はしてなかったんですけど、すごい友だちとの仲が良くて結構幸せな毎日を、3年間、勉強はしてないけど、すごい楽しかった」小学校の時に抜けてしまった中国語能力の不足をその後埋めることができ

第 2 章　中国生まれの朝鮮族女性の日本定住　53

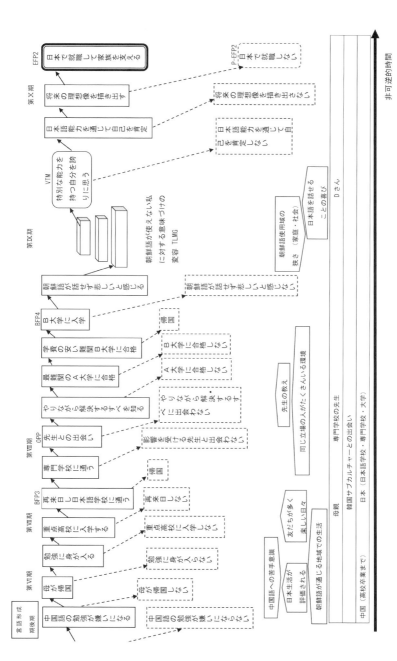

図 2　Dさんの TEM 図 2/2

54 第1部 日本語指導が必要な児童生徒の「言語」と経験

ず、中国の大学への進学を断念する。

　Dさんのような少数民族は、大学に進学する際に中国少数民族汉语水平等级考试（中国少数民族漢語能力試験：通称MHK)[11] を受けなければならない。Dさんは高校3年の時点で中国語に自信がなかったため、両親の暮らす日本の大学への進学を決める。

第Ⅷ期　初めてのアルバイトと教師との出会い（再来日から専門学校まで）

　家庭の事情で卒業式の1ヶ月前に来日した。スーパーでの初めてのアルバイトを経験し、生活雑貨コーナーで、レジや品出しをした。BFP3＜再来日し日本語学校に通う＞ことになり、その後、留学生向けの大学受験準備コースのある＜専門学校に通う＞。＜同じ立場の人がたくさんいる環境＞の専門学校で、OPP＜先生との出会い＞があった。「先生は変わった方で、とにかくぶつけなさいと教えてるんです」担任教師との出会いで挑戦するようになる。わからないことをやりながら解決するという習慣がつき、「自分に自信を持ちなさいってよく言われて」＜先生の教え＞から＜やりながら解決するすべを知る＞。専門学校では、わからないことも聞くことができてよかったと話し、＜最難関のA大学に合格＞し＜学費の安い難関B大学に合格＞した。

第Ⅸ期　孤独を感じた大学生時代（日本の大学入学後から卒業前まで）

　BFP4＜B大学に入学＞すると孤独を感じるようになる。「大学から急に一人になって、わからないけど誰に聞けばいいのか」「友だちもないし（いないし）、学校の勉強にもついていけない」「大学はいい思い出があんまりなかった」アルバイトと通学に追われ、大学生活を充実したものにできなかった。サークルや団体などに属し、「自分がどっかのグループに所属して皆で何かをして遊んでもいいですし、社会のボランティア（を）してもいいですし、人と関わる経験をしたいなって思う」人との交流が持てずに「たくさんの人に会うと自分の考え方も変わるはずだし、コミュニケーション能力も上がるはず」とコミュニケーションの不足について実感する。来日したことで＜朝鮮語が話せず悲しいと感じる＞ようになる。次に、Dさんの朝鮮語が使えない私に対する意味づけの変容について見ていく（図3参照）。

第 2 章　中国生まれの朝鮮族女性の日本定住　55

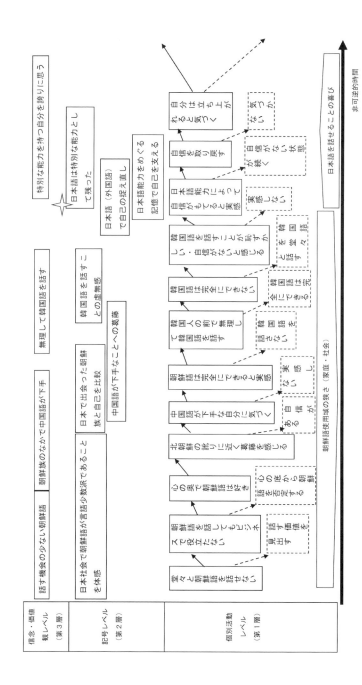

図 3　D さんの TLMG 図

朝鮮語が使えない私に対する意味づけの変容（TLMG）

　TLMG では、想定する 3 つの層間情報の内在化・外在化のプロセスにより、行動と価値、信念の様相を促進的記号の発生によって理解する試みである。第 1 層では、行動を捉えることができ個人活動レベルで記述される。この行動の変容を促進したのは何かという観点から、第 2 層の記号レベルがとらえられる。第 2 層において規範が獲得された場合、その結果が第 3 層の信念・価値観レベルで描かれる（安田, 2015b）。本研究では、D さんが堂々と朝鮮語を話せない状況から自分は立ち上がれると気づくまでを個別活動レベル（第 1 層）で描き、日本社会で朝鮮語が少数派の言語であることから日本語能力をめぐる記憶で自己を支え、促進的記号が発生する様相を記号レベル（第 2 層）で描く。信念・価値観レベル（第 3 層）では、朝鮮語を話す機会が少なく落ち込んでいる様相から現在住んでいる地域の言葉である日本語の捉え直しにより自信を回復するまでを描く。この TLMG での変容が分岐点となり、第 X 期の自信回復と将来への希望へとつながる。

　D さんは、＜朝鮮語使用域の狭さ（家庭・社会）＞を実感する日本で、＜堂々と朝鮮語を話せない＞状況にいた。＜朝鮮語を話してもビジネスで役立たない＞＜心の奥で朝鮮語は好き＞だけれど、＜北朝鮮の訛りに近く葛藤を感じる＞。朝鮮族のなかで＜中国語が下手な自分に気づく＞ことで、＜日本社会で朝鮮語が言語少数派であることを体感＞し、＜日本で出会った朝鮮族と自己を比較＞することや＜中国語が下手なことへの葛藤＞により自信を喪失していた。＜朝鮮語は完全にできると実感＞しているが、＜韓国人の前で無理して韓国語を話す＞ことで自己を保っていた。日本社会で＜韓国語を話すことの虚無感＞を感じていたが、＜韓国語は完全にできない＞＜韓国語を話すことが恥ずかしい・自信がないと感じる＞ようになり、＜日本語（外国語）で自己の捉え直し＞が起きる。日本語をめぐる承認体験や日本での大学受験の成功を思いだし、＜日本語能力によって自信がもてると実感＞し、＜自信を取り戻す＞ことで＜自分は立ち上がれると気づく＞。＜日本語能力をめぐる記憶で自己を支える＞ことで、促進的記号＜日本語は特別な能力として残った＞が働き、＜日本語を話せることの喜び＞に支えられ VTM ＜特別な能力を持つ自分を誇りに思う＞に至る。

第Ⅹ期　大学卒業を迎えて（自信回復と将来への希望）

　Dさんは＜日本語能力を通じて自己を肯定＞し、＜将来の理想像を描き出す＞ようになった。初めて日本に来た時は成績の面で悩みがあり帰国した。「でも日本語はあたしの特別な能力として残った」、「中国語でいうと、この（自豪[12]）」「私の能力、自分で誇りに思う。日本語力を誇りに思ってて」「落ち込んでてもすごい自分の日本語力、会話力とかを振り返ると、やっぱり自信無くすほどじゃないなって、これから頑張ればまた立ち上がる」と自己を規定している。一方で、「日本に来ることによって嬉しいことと悩みが同時にできちゃう」と語る。

　将来について「活躍したいです。どんな分野かはまだわかんないんですけど、人から憧れられるような、自分も誰かに憧れて、そういうふうになりたいって思うんですけど、逆にあたしも誰かに憧れる（憧れられる）存在になりたいなって」理想像を語り、「うちの家族は私がしっかりして豊かにする」と大学卒業後、EFP2＜日本で就職して家族を支える＞役割を自分に見出す。Dさんは、日本語が話せることについて、「自分が日本語を話せることがすごく嬉しい」「自分が生まれた地域の言葉じゃなくて別の世界の言葉を話せる、その一番目の言語が日本語、だからその知らない世界の言葉を話せる自分がすごく、すごくすごい。すごい、すごいっていう言い方はあれなんですけど」「あたしよく出来たねっていう、そういうイメージ、そういう自分が嬉しい」と語った。

4　考察

　本研究では、中国で生まれ言語形成期後期に来日し、中国に帰国した後留学生として再来日したDさんの人生の径路をTEM/TLMGで図示化した。はじめにTEAの分析で得られた結果について必須通過点に着目し考察する。

　中国で誕生したDさんはOPP＜父親が日本で働くために求人応募＞し、BFP1＜ジャパンドリームを夢見て父が渡日＞したことで＜母親と来日＞した。OPP＜テストで空欄のまま提出することにストレス＞を受け、その後BFP2＜中国に帰国する＞径路を辿り、OPP＜父方の祖父母と同居＞する

生活を送り EFP1 ＜日本語ができることで承認を受ける＞に至る。その後、BFP3 ＜再来日し日本語学校に通う＞径路を辿り、OPP ＜先生との出会い＞BFP4 ＜ B 大学に入学＞を経て TLMG ＜朝鮮語が使えない私に対する意味づけの変容＞が生じる。そして、VTM ＜特別な能力を持つ自分を誇りに思う＞という価値変容点を経て、EFP2 ＜日本で就職して家族を支える＞に至る。本研究では、結果的必須通過点として「父親が日本で働くために求人応募」「父方の祖父母と同居」「先生との出会い」が捉えられた。「父親が日本で働くために求人応募」「父方の祖父母と同居」は朝鮮族の人々に留まらず中国から日本に渡る人々が通過するポイントでもある。中国人女性を対象にした豊田・相良（2016）でも父親が単身で渡日し祖父母に育てられた径路が得られており、中国から日本に渡る人々が「ほぼ必然的に通らなければいけない地点」（サトウ，2017b）と考えられる。

　「先生との出会い」では、台湾人女性が日本の中学校時代に「教師との出会い」を経験し学校生活に戻る事例（市川，2017）でも指摘されている。ここから、抑圧的な指導をするのではなく適切な助言をおこない次の段階へと導いてくれる教師との出会いは、日本以外にルーツを持つ人々が日本定住を続けることを可能にする経験の一つとなることが考えられる。慣習的必須通過点として得られた「テストで空欄のまま提出することにストレス」では、当時の D さんが自力で答案用紙を完成させて提出したかったことが推測できる。「小学校 3 年生ぐらいになると、自立心が旺盛になり、自我に目覚め、勉強にも自分なりの取り組み方をするようになる」（中島，2001）ため、周囲の大人が感じている以上に自分ができない状況を深刻に受けとめてしまうことが考えらえる。ここから、解答時間の見直しや辞書や教科書を使い答えを導くことを許可する等の配慮の必要性が示唆された。学年相当の日本語が十分に育っていない状況の子どもに対しては、従来の日本の学校の方針に留まらない学びの場の再構築が求められるといえるだろう。

　TLMG（図 3）では、再来日後＜中国語が下手な自分に気づく＞ことで他の朝鮮族と自己を比較し一定の距離感を感じている様子がとらえられた。加えて、韓国人留学生と出会った際に、朝鮮語ではなく韓国語を使い韓国人として振る舞う様子から、自らを低く位置づけており韓国語をエリート言語と

して高く位置づけていることが窺える。成長し、大学進学が可能なまでの日本語能力が獲得できたことで、一度目の来日では気づかなかった新しいマイノリティとしての自己像が浮き彫りになったといえる。

Dさんの母親は、再来日後中国語も朝鮮語も韓国語もできない日本人男性と再婚しており、現在の父親に気を遣い家庭内で朝鮮語の使用を控えている。アイデンティティやバックグラウンドの重要性は、自分が所属するコミュニティを離れた時に認識されやすい（舘, 2013）ことからも、Dさんは再来日により自分の所属するコミュニティから離れたことでその重要性を改めて実感したといえるだろう。

「文化を資源として取り込みながら人は生きていく」（サトウ, 2012）というTEAの理念は、国境や境界を移動する人々に対して調査協力者の主体性が反映された深みのある新しいモデルを導き出すことを可能し、アンケート調査から得られる知見とは異なる視座から人々が生きていくプロセスを描きだすと考えられる。本研究では第一回から第四回まで全て対面での聞き取りを行いTEM図の確認に努めている。そのため、描いたTEM図（図1・図2）では分岐点以外にも理論的に仮定されうる径路が豊富に示される結果となった。TEM図は、語り手自身にも対象化されてかえっていくものであるという（安田, 2012）。完成したTEM図を見た際のDさんの爽快な表情からは、本研究で得られたTEM図がDさんに何らかの臨床的効果をもたらしたと思われる。

5　結論

中国生まれの朝鮮族女性が帰国後再来日し日本への定住を選択するまでを複線径路等至性アプローチ（TEA）を用いて分析した。選択の過程に働く力を可視化し、日本の学校が合わないことで帰国した朝鮮族女性が帰国後日本語を通じていくつかの承認体験を得ることで自信を回復する歩みを描きだした。日本社会で見えにくい存在となりがちな朝鮮族が前向きに生きる姿を浮き彫りにした点で示唆的であり、その経験から日本語指導が必要な児童生徒に対する学級での学びの場の再構築と言う課題を提示した。本研究は1名の

中国生まれの朝鮮族の女性を対象にしているため、朝鮮族の傾向として一般化することは困難である。今後、より多くの調査協力者を得て本研究が朝鮮族全体さらに男性にもあてはまるのかの検証が必要である。「移動する子どもたち」のことばの力と教育について考える際に、ことばの学びと他者との関係性構築が関係する（川上, 2011）という議論がある。この点についても今後検討する余地が残されている。本研究では朝鮮族にとっての「日本語」という視点からの分析ができていない。インタビューでの朝鮮語の使用も検討する必要があるだろう。

　Dさんは、大学卒業後大手の日本企業に就職し、専門の資格を取得した後転職した。現在は、新卒で就職した会社よりも好条件の会社で専門職として働き、今後も日本で仕事を続ける予定である。最初の来日で日本語能力に不安があり帰国を選んだDさんが、再来日後、希望の大学に進学し就職まで実現できた背景には、自己の日本語能力に自信をもったことが影響していると考えられる。当時についてDさんに聞いたところ、大学入学前の日本語学校の教師との出会いが大きな力となっていることを教えてくれた。日本語学校での教師との出会いが越境する人々にとってどのような影響を与えるのかという視点での研究も可能である。

注

1　本研究において朝鮮人とは朝鮮半島にルーツをもつ人々を指す。

2　本研究における韓国語はソウル方言を土台とした韓国（大韓民国）における標準語を指し、朝鮮語はピョンヤン方言を土台とした北の標準語（文化語）のアクセントや言い回しが韓国語に混ざった中国東北部の朝鮮族の間で話されている言葉を指す。調査協力者は母語を朝鮮語と定義しているため「朝鮮語」という名称を用いている。朝鮮語と韓国語の区別についてほとんど変わらないと表現し母語が韓国語と話す朝鮮族もいる。朝鮮族でも朝鮮語や韓国語ができないケースもある。

3　マルチリンガル話者である人々が二言語以上の言語を同時に交差して使用する現象を指す（權, 2016）。

4　言語形成期は、言語形成期前期（0〜8歳）、言語形成期後期（9〜13歳）にわけら

れ、詳細は 0 ～ 2 歳(ゆりかご時代)2 ～ 4 歳(子ども部屋時代)4 ～ 6 歳(遊び友
達時代)6 ～ 8 歳(学校友達時代前半)9 ～ 13 歳(学校友達時代後半)である。学校
友達時代前半は母語でのコミュニケーションを通じて親との絆をつくるための重
要な時期であり、学校友達時代後半は、文化の差に対する理解や比較などもでき
るようになる(中島, 2001)。

5 年齢および職業は、最終インタビュー時のものである。

6 初回の聞き取り(Intra-View)では、調査者の主観が強く出た聞き取りになるのに
対して、3 回目の聞き取り(Trans-View)では、相互の主観が融合した形の聞き取
りになると考える(サトウ, 2015c)。

7 論文の公開にあたり、D さんと筆者の間で内容の確認を行い許可を得た。時間
は、IC レコーダーで録音した時間を表記した。

8 文化化の過程とは、「構造ではなく過程」(サトウ, 2012)p.209 を指す。

9 D さんは、「朝鮮語」について故郷で話されている言葉、祖父母や両親から継承
した言葉の意味で用いているが、D さんの母親は韓国語と朝鮮語の違いはほとん
どないと位置づけている。

10 当時は中国で働くよりも日本や韓国で働くほうがより高い賃金を得られた。日本
に来てより高い賃金をもらい生活水準の高い暮らしを目指すことを「ジャパンド
リーム」と表現した。

11 MHK(中国少数民族汉语水平等级考试)は、漢語(中国語)を母語としない少数民
族のうち、漢語学習者を対象とした試験で、筆記試験と口述試験にわかれている
(中国教育考试网 HP)。中国少数民族漢語能力試験は吉林省で統一普及されてい
る。MHK に合格した生徒は大学受験の時『漢語文』を受ける必要がない(趙,
2008)。

12 自豪(zihao):自分の誇りとする。誇りに感じる。辞書では、「誇りに思う」(松岡,
2012)。D さんは「自豪」を発話せず紙に書いて筆者に伝えた。

第3章　外国人集住地域で過ごした　中国人青年の日本語学習と氏名選択

第3章では、日本語指導が必要な生徒として外国人集住地域で成長した中国人青年を事例に検討する。前章では、言語形成期後期に来日し日本の小学校が合わずに帰国し、再来日を果たしたプロセスについて中国生まれの朝鮮族女性を事例に検討したが、日本の中学校や高校での教育を経験した場合の不利益については、検討できなかったからである。

1　日本語指導が必要な児童生徒の現状

1990年の出入国管理及び難民認定法改正を契機として、多くの外国人が日本に来日するようになった。法務省の最新の統計では、在留外国人数は中国が最も多く、次いで韓国、ベトナム、フィリピンなどのアジア諸国とブラジルが上位を占めている（法務省, 2020）。それに伴い、日本語指導が必要な児童生徒たちも増加している。日本の公立学校で教育を受ける外国人児童生徒数が増加したことをうけて、日本政府は、各自治体に教員の配置や国際教室の設置、学習ボランティアの配置などを行い環境整備に努めている。

文部科学省の最新の調査では、日本の公立小中学校に在籍する外国人児童生徒の就学者は、96,370人である。そのうち、不就学の状況にある児童は399人おり全体で0.5%を占めている。同様に、不就学の状況にある生徒は231人（全体の0.7%）いる。就学状況が確認できない児童は5,892人（全体の7.4%）、生徒は2,766人（全体の8.2%）いることがわかっている（文部科学省, 2020）。

外国籍の子どもの教育機会に関する問題は、「国民を育てる」ことを前提

としていた「日本の学校」の根幹にかかわる問題である。現行の制度では、日本に居住する外国籍の子どもが教育を受ける権利は保障されていない。ニューカマーについては、家族の意向、短期滞在か長期滞在かなどによって教育ニーズは異なるが、長期滞在化し、日本の公立私立の学校や高額な授業料が必要な外国人学校を選ばなかった、もしくは選べない子どもたちは、不登校や不就学となる場合も多い（木村, 2015）。

ニューカマーを対象にした研究をみていくと、高校進学の際に情報の不足で進学を断念するケース（岡村, 2013）や入試制度を改善する必要性を指摘する研究（広崎, 2007）がある。

広崎（2007）は、ニューカマー生徒を高校で受け入れる際に、低ランクの高校への入学だけでなく、中ランクや高ランクの高校にも入学できるように入試制度を整備し、中学校から高校への進学の段階で一人一人にとってより望ましい進路を選択できるような支援が必要であると述べる。また、高校時代にアルバイト先で人間の尊厳を傷つけられる経験をし、自らの出自を隠す選択をした台湾人女性の事例（市川, 2017）も報告されており、ある日突然日本社会に放り込まれた子どもたちの来日以降の経験について詳細に認識することは今後の外国人の受け入れを考える際に必要な視点である。

2　当事者の語りを TEA で分析する意義

これまで、日本語指導が必要な児童生徒に関連した研究では、日本の学校文化を理解できずに閉鎖的な人間関係を形成する高校生の事例が報告されている（趙, 2007）。また、地域社会の支援の確立の重要性（岡村, 2013）がいわれており、日本語指導が必要な児童生徒の成長に寄り添い、長い時間軸で当事者視点から学校の教育や地域社会での経験を捉える研究が必要とされる。

趙（2007）では、日本の学校の生徒と教師の関係は、学業成績と同時に、行動評価という独立した軸が存在しており、教科指導のほかに生活指導や部活指導なども重要な役割を果たすという。外国につながる子どもたちについて研究した岡村（2013）は、「就学前支援」「就学支援」「日本語教室」「母国語教室」などの支援が体系的に行われているのは、主に小学校や中学校の義

務教育課程においてであり、高等学校では、小中学校で行われているような支援体制が整っていないことが多いと指摘する。また、学校に馴染めず居場所がない、学校の教師に信頼感が抱けない等の理由により不登校となり、高校に進学できなかったことを後悔している20歳の青年の事例を紹介している。外国につながる子どもたちが日本社会とのつながりを持つために、公式的、非公式的なサポートが必要不可欠と述べている。

こうした問題意識のもとで、「複数の異なる径路を通ったとしても同じ到達点に達する」という等至性（Equifinality）の特徴を持つ複線径路等至性アプローチ（Trajectory Equifinality Approach:TEA）（サトウ, 2017a）を分析方法として採用することで、外国につながる子どもたちが日本で成長するプロセスと母語教育の実態や公式的、非公式サポートについて質的に明らかにできるのではないかと思われる。一方で、インタビューで聞き取った外国につながる子どもたちの語りを分析していた際に、ショックを受ける出来事、例えば、外国人差別、人種差別、大災害に遭遇した際に、実際に経験している出来事だけでなく、過去や未来に思いを馳せるような語りに遭遇するようになった。この語りは、過去志向促進的想像、未来志向促進的想像、過去志向抑制的想像、未来志向抑制的想像（サトウ, 2015c）の理論を用いて考察可能ではないかと考える。そのため、本章における研究とは、複線径路等至性アプローチを用いて研究するという側面と、TEMで想像を描く試みという側面を持つ。

研究目的

本研究の目的は、外国人集住地域で日本語指導を受けた中国人青年が中国と日本を移動する過程で、彼の内面の変化に影響を与える社会的文化的諸力をTEA（Trajectory Equifinality Approach:TEA）を用いて明らかにするとともに、中国人青年の想像を可視化する試みを行う。

研究方法
研究デザイン

協力者は、日本国内の外国人集住地域の公立中学校で日本語指導を受けた

66　第1部　日本語指導が必要な児童生徒の「言語」と経験

経験を有する B さんである。本研究における外国人集住地域とは、外国人が集まり住んでいる地域と定義する。協力者の選定にあたっては、大学で日本語教育を専攻する日本人学生に紹介を依頼した。調査開始時において筆者と協力者は初対面である。協力者のプロファイルは、表1に表した。年齢・職業は最終インタビュー時のものである。

表1　プロファイル

	性別	年齢	両親が教育を受けた国	来日理由	来日時の年齢	帰国回数	職業
B さん	男性	24	中国	よい教育を受けるため	13 歳	長期なし短期年に1回	会社員

　インタビューを進めていく中で、中華学院から公立中学校への編入や、公立中学校から大学進学、大学の退学と再入学という過程が明らかになってきた。本研究では、中華学院から日本の公立中学校へ編入している点、B さんの夢が軍人になることから発展途上国支援に関わる仕事に就くことに変化している点に関心を持ち等至点を設定した。外国人集住地域で、日本語指導を手厚くうけた B さんは、母語である中国語も外国語である日本語も大学進学レベルまで育っている。しかし、青年期に入り本名と日本名の使用で葛藤を感じていることから、本研究は、日本語指導が必要な児童生徒の教育や支援に対して必要な知見が得られると思われる。

調査対象者の概略

　日本語未習で中学1年で来日した。中国にいる間は、日本人との接触がほとんどない環境で育った。来日は、両親が B さんによりよい環境で教育を受けさせるためであった。母親が先に来日し生活基盤を整えた後、B さんが単独で来日した。中華学院でしばらく学んでいたが、経済的な理由と日本の大学へ進学を考えて公立中学校に編入する。編入後は、母語教育を受ける機会はなかったが、中国語のできる中学校教師や

友だちと交流した。父親は、Bさんが高校1年になると同時に来日し、それ以降はBさんと母親と3人で暮らしている。大学受験は、家族の期待に応えるために第一志望ではない日本の難関大学に進んだが、専攻が合わずに半年で退学。アルバイトで貯めた資金をもとに東南アジアに自分探しの旅に出かけた。翌年自ら志願した大学を再受験し合格を果たす。大学生になり人種差別が存在する日本の社会構造に疑問を抱いている。成長するにつれ日本の味方をするようになったと父親から言われるようになった。将来は日本に定住しグローバルに活躍したいと考えている。中華人民共和国大連生まれ、漢族。

調査時期・調査地・研究方法

2014年4月から2016年6月にかけて合計4回の半構造化面接を行った。面接は、協力者に指定された外資系コーヒーチェーン店（1回目から3回目）と喫茶店（4回目）で行った。本研究では、来日前の中国での経験から大学生になるまでの経験について対面で計4回の面接を行い、実際に、3回目と4回目の面接でTEM図をBさんに見てもらった。TEM図を協力者に見てもらうことで結果の真正性を担保した。TEM図作成のプロセスでは、3回会うことが推奨されている。これを「トランスビュー（Trans-View）」と呼び、3回目の聞き取りでは相互の主観が融合した形の聞き取り（サトウ, 2015b）が可能になる。協力者に対しては、主に日本語によるインタビューをおこない、必要に応じて中国語を使用した。論文の公開に際し、許可を得た。

倫理的配慮

面接を始める前に、調査への協力は自由意思によるものであること、調査協力はいつでも中止できること、収集したデータは研究目的のみに使用し、個人のプライバシーを侵害しないことについて口頭説明を行い、面接内容の研究使用とICレコーダーによる録音の許可を得た。

分析方法

　複線径路等至性アプローチ（Trajectory Equifinality Approach:TEA）は、個人が環境の中で生命を維持し人生を全うするために記号を取り入れ生きていくプロセスを描く（サトウ, 2015a）。TEA は、複線径路等至性モデリング（Trajectory Equifinality Modeling:TEM）、歴史的構造化ご招待（Historically Structured Sampling:HSS）、発生の三層モデル（Three Layers Model of Genesis: TLMG）を主要な要素とする方法論である（サトウ, 2015a）。「ベルタランフィによるシステム論の開放系（オープンシステム）は等至性をもつ」というテーゼに依拠した等至点（Equifinality Point:EFP）は、TEA の根幹の概念である。等至点には、等至点と対極の意味をもつ両極化した等至点（Polarized EFP:P-EFP）を設定することが重要である（サトウ, 2015a）。等至点の前にはいくつかの径路の分かれ道が存在する。それを分岐点（Bifurcation Point:BFP）と呼ぶ。発生の三層モデル（TLMG）は、TEA における「自己のモデル」である（サトウ, 2015a）。

　インタビューをもとに作成した逐語記録を、KJ 法（川喜田, 1967）の手順を用いてラベルを抽出し、実際に経験した概念については 75 個のラベルが抽出され、時間を空けて実施したクローバー分析では、17 個の語りが抽出された。75 個のラベルについては、TEM 図（図 3、図 4、図 5）に径路や信念・価値観レベル、SD・SG として示している。その後、TEM の基礎概念である等至点（EFP）、両極化した等至点（P-EFP）、社会的方向づけ（Social Direction:SD）社会的助勢（Social Guidance:SG）、分岐点（BFP）、必須通過点（Obligatory Passage Point:OPP）、価値変容点（Value Transformation Moment:VTM）を用いて整理し、発生の三層モデル（TLMG）とクローバー分析（Clover Analysis:CLVA）による分類を行った。

　本研究では、廣瀬（2012）を参考に、EFP と TEM 図全体における TLMG の作成を行った。その後、上川（2017）を参考に、時期区分の分類および経験の細かい分析と図示化を行った。さらに、伊東（2017）を参考に、TLMG の信念・価値観レベルと個別活動レベルの記述作成を行い、SD や SG がかかる位置について検討し、市川（2017）のクローバー分析を参考に、想像を描いた。

3 調査概要

　論文の公開に際し、B さんに対して 2017 年 5 月下旬にメールで内容の最終確認を行った。インタビューは、ライフストーリー・インタビューを通して TEM/TLMG 図を完成させた廣瀬 (2012) のインタビュー方法を参照した。インタビュー方法については、廣瀬 (2012) の表や TEM 図および TLMG 図を確認しながら、経験と内面の語りが得られるよう配慮しながら進め、インタビュー内容について筆者と協力者の間に認識の違いがないか確認しながら進めた。インタビュー時間は、IC レコーダーで録音した時間を表記している (表 2)。

表 2　インタビュー概要

	第 1 回 (2014.4)	第 2 回 (2014.11)	第 3 回 (2014.12)	第 4 回 (2016.6)
時間	1 時間 49 分	1 時間 42 分	26 分	31 分
インタビュー項目	半構造化面接	半構造化面接	半構造化面接、修正点の確認、フェイスシートの記入	半構造化面接、TEM 図の確認
	① 中国での誕生から来日までの経緯 ② 家族関係 ③ 日本語教育	① 中学から大学までの体験 ② 家庭の教育と両親の言語使用	① 教育歴、言語教育について	① 東日本大震災について

　インタビュー調査では、対面での面接を行った。B さんとのやり取りでは、IC レコーダーで録音していない時間に重要な語りが得られることがあり、メモを取り、記述や TEM 図作成に活かした。対面での面接以外にも疑問点についてメールで確認をとった。1 回目から 3 回目までの B さんの職業は大学生で、4 回目の面接時は会社員である。4 回目の面接では、B さんから新たに分岐点＜東日本大震災に遭遇＞と大学中退後の変容について指摘があった。改めて逐語記録を分析した結果、東日本大震災から大学卒業間際の間に内面の変容がみられた。この時期の逐語記録を対象に Zittoun の想像の

回路にヒントを得たクローバー分析（サトウ, 2015c）を行った。Zittoun & Cerchia(2013)は想像の回路について、突発的出来事が起きた時（Rupture as disjunction）想像の回路（Imaginary loop）は、現在の具体化された世界（Experiences present embodied world）からかけ離れたものであるという。サトウ（2015c）では、Zittoun の想像の回路（Imagination as a loop）を基に想像の方向について過去志向促進的想像、未来志向促進的想像、過去志向抑制的想像、未来志向抑制的想像の四つの次元に分類している。

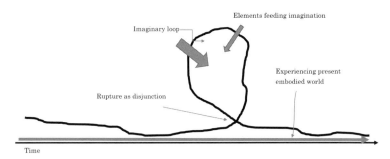

図 1　Imaginary loop

Zittoun & Cerchia（2013：314）をもとに筆者作成。

本研究では、サトウ（2015c）および市川（2017）のクローバー分析の分類基準に Zittoun & Cerchia(2013) の想像の理論を加えて、クローバー分析の意味（表 3）を作成した。

想像の定義

本研究における想像とは、木戸（2015）を参照し、共有された経験や社会的表象などによって社会的に作られるものと定義する。人生が違った展開になりそうだと想像した場合、時に人々はラプチャー（rupture: 突発的出来事）をつくり出す。ラプチャーは想像を呼び起こし、あるラプチャーのあとには、能動的な探求を行うことが必要となり、人々は新たな状況でどう生きるか、過去から何を学ぶかを考えるのである（Zittoun & Saint-Laurent, 2014; Zittoun, 2017）。

TEA における TLMG は、記号を媒介に変容していく人間の内面的過程を捉える機能を持つ（中村, 2015）。また、「TLMG は、個人の内的変容を、個別活動レベル、記号レベル、信念・価値観レベルの 3 つの層で記述・理解するための自己モデルである」（安田, 2015）。TLMG では、中心の第 3 層は価値、第 2 層は記号、第 1 層は行為の層を意味し、第 2 層で促進的記号が発生すると考える。第 2 層で記号が発生することが分岐点にほかならず、言い換えれば、分岐点とは関連情報の内化が第 2 層に到達し、促進的記号が発生することである（サトウ, 2015a）。

想像を記号として考える

そこで、想像が起きることを促進的記号（Promoter Sign:PS）の発生と仮定し、TLMG の第 2 層で記号として描くことにした。促進的記号とは、個人的な価値思考として深く内化され個人に作用する記号のことである（Valsiner, 2007）。静的な記号ではなく、個人の判断や行為をガイドする未来志向的な動的な記号である（サトウ, 2015a）。

TEA で想像する（Imagining TEM）

TEA では、分岐点でどのような想像が起きているかを分析する方法の一つとしてクローバー分析を仮定する。そして、想像（Imagination）についても取りあげていくのがクローバー分析である。同時に、分岐点は「選択肢が現れる時点」であり、「記号の内化ポイント」である（サトウ, 2016）。つまり、TEM で想像することとは、人間の発達と相互に対立する特徴が、現在の境界を横切り、未来と過去とを関連付けることである（Zittoun & Valsiner, 2016:17）。

クローバー分析（サトウ, 2015c）の理論を基に作成したクローバー図を図 2 に示し、クローバー分析の意味を表 3 に示す。分類に際して、過去と未来のどちらに向かって語っているのか、促進的あるいは抑制的な想像の分類については、面接の際の B さんの様子や声の抑揚と速さなどに着目し分類した。

表3　クローバー分析（CLVA）の意味

	意味
未来志向促進的想像 (Future Oriented Promotional Imagination:FOPI)	人が非可逆的時間を生きるなかで、分岐点において将来起こりうる経験や出来事及び社会的状況等に対して促進的な想像が起きている時の語り
未来志向抑制的想像 (Future Oriented Restrain Imagination:FORI)	人が非可逆的時間を生きるなかで、分岐点において将来起こりうる経験や出来事及び社会的状況等に対して抑制的な想像が起きている時の語り
過去志向促進的想像 (Past Oriented Promotional Imagination:POPI)	人が非可逆的時間を生きるなかで、分岐点において過去に起きた経験や出来事及び社会的状況等に対して促進的な想像が起きている時の語り
過去志向抑制的想像 (Past Oriented Restrain Imagination:PORI)	人が非可逆的時間を生きるなかで、分岐点において過去に起きた経験や出来事及び社会的状況等に対して抑制的な想像が起きている時の語り
中核の想像 (Core Imagination:COIM)	人が非可逆的時間を生きるなかで、どうありうるか、どうあるべきでないかへと向かわせる想像（代替的な現在）であり、その語り

（サトウ 2015c; 市川 2017; Zittoun & Cerchia2013）をもとに作成

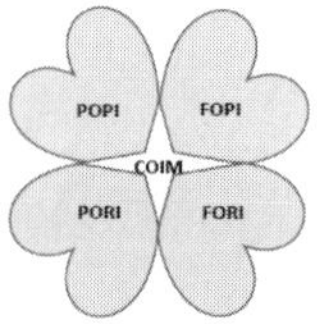

次に、本研究における TEM の用語と意味をのべる（表4参照）。

図2　クローバー図

表4　TEM の用語ならびに本研究における意味

用語と基礎概念	本研究における意味
等至点（EFP） 研究者が関心を持った経験 （サトウ, 2012）	EFP1：公立中学校に編入 EFP2：発展途上国支援に関わる仕事に就く
両極化した等至点（P-EFP） 等至点の対極にある点	P-EFP1：中華学院で学び続ける P-EFP2：発展途上国支援に関わる仕事に就かない

分岐点（BFP） 分かれ道（サトウ, 2015a）	BFP1：よりよい教育環境を求めて来日 BFP2：中国語が通じる環境 BFP3：いじめを経験する BFP4：東日本大震災に遭遇
価値変容点（VTM） 価値変容の時点（廣瀬, 2012）	中国人であることを隠すのをやめる，経済的に自立するだけでなく人を幸せにする仕事に就きたい

4　結果

中学1年で来日し日本語指導を受けたBさんの径路を可視化した。

TEM図（図3から図5）では、表示のないものについては下記の意味をもつ。

文章の記述は、クローバー分析の結果を｛　｝で表示し、その他の経験を＜　＞で表示した。「　」はBさんの語りであり、（　）は筆者がつけた補足である。

Bさんが発展途上国支援に関わる仕事に就くに至るまでのプロセス

本研究の時期区分は、学校での教育内容・教授言語の変化に焦点をあて分類した。第Ⅰ期は、誕生から来日までである。第Ⅱ期は、中華学院から公立中学校編入までである。第Ⅲ期は、編入から公立中学校卒業までである。第Ⅳ期は、県立高校入学から東日本大震災遭遇までである。第Ⅴ期は、東日本大震災から大学生までである。

第Ⅰ期　両親の愛情を受けてすくすくと成長

Bさんは＜中国で中国人の両親の元に生まれる＞。幼稚園の頃から＜父親との読書開始＞し、この頃から＜生き方について父から学ぶ（SG）＞。誕生から来日までを大連で過ごした。テレビを通じて軍隊に関する番組を視聴する

機会が多く、＜軍隊への憧れ（SG）＞が芽生え＜軍人になるのが夢（6歳から8歳）＞だった。＜豊かな文化体験（SG）＞をして成長していく。＜小学校入学＞すると＜英語教育開始（小1から小6）＞する。この頃から＜客観的に物事を捉える視点（SG）＞を養っていった。＜父親との相互読書活動＞を行うようになる。教育熱心な父親は知り合いの伝手を使いBさんが＜重点小学校に編入＞する道をひらいた。重点小学校に入学後も＜家庭での読書活動の継続＞の環境があり＜自由な国「日本」への憧れ（SG）＞の気持ちが養われていった。重点小学校を卒業し＜中学入学＞後に通学していた学校で＜軍事訓練を経験（OPP1）＞する。ある日訓練から帰ってくると来日を告げられた。

第Ⅱ期　初来日の戸惑いと新しい出会いの喜び

　＜よりよい教育環境を求めて来日（BFP1）＞すると、＜中華学院に編入＞した。来日直後は＜日本語が理解できず辛い（SD）＞思いをしたが、＜中国人・中国語のわかる日本人と出会う（SG）＞ことで不登校にならずに済んだ。授業についていけず悔しい思いもしたが＜中国語が通じる環境（BFP2）＞で過ごしたことが分岐点となった。中華学院に編入後しばらく経つと＜日本に熟知した叔母からの助言（SG）＞で国際教室のある＜公立中学校に編入（EFP1）＞した。

第Ⅲ期　試行錯誤しながら主体的に成長

　経済的な事情や将来の大学進学を考えて、中学2年から公立中学校に編入したBさんは、＜日本名を名乗り通学（OPP2）＞するようになる。在籍していた公立中学校では、＜同じような境遇の仲間に出会う（SG）＞ことで勇気づけられた。＜国際教室通級開始＞すると＜公立中学校でのボランティアの支援・存在（SG）＞に助けられた。同時に＜地域日本語教室に通う＞ことで学校外でも日本語の学習や教科の学習に力を注いだ。＜卓球部で友人との友情を深める＞ことで＜楽観的に日本の生活に溶け込む＞。この時期、母国でも人気のある＜卓球部での活動（SG）＞と＜中国語がわかる教師の存在（SG）＞がBさんの学校生活を支えた。部活動はいいことばかりではなく

第 3 章　外国人集住地域で過ごした中国人青年の日本語学習と氏名選択　75

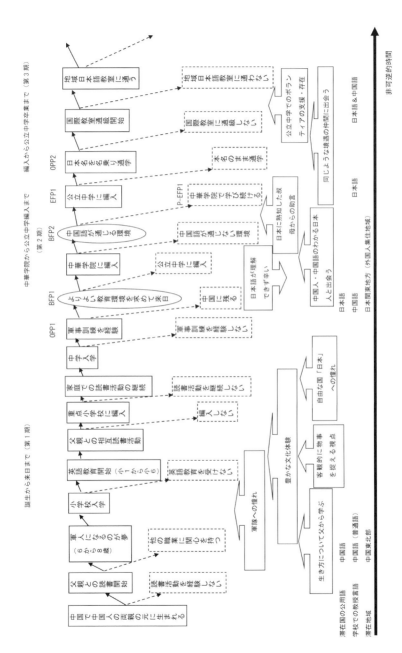

図 3　B さんの TEM 図 1/2

＜いじめを経験する（BFP3）＞時期もあり＜日本型いじめを体験し心が痛む（SD）＞こともあった。いじめに対する教師の対応に幻滅し＜日本の教師への絶望（SD）＞を感じた。＜日本で苦労する母の姿（SG）＞を近くで見ていたのでいじめに関わるのをやめて＜日本語の猛勉強＞に打ち込む。日本語学習の努力が実り＜友人とコミュニケーションがとれる＞ようになっていった。中学校卒業前に＜日本語能力試験一級合格＞を勝ち取り自信がついた。その後、人が決めたのではなく＜Bさんが志願する高校を受験＞し合格する。中学で出会った教師は、異国にいても存在を認めてくれたと実感し、＜中学校卒業＞の日を迎えた。

第Ⅳ期　経済的自立と学業の両立に邁進

　＜国際化に力を入れている高校に進学（OPP3）＞すると同時に＜父の来日（SG）＞という嬉しい出来事が訪れた。＜グローバルな学校環境（SG）＞で＜運動部に入りチームワークを学ぶ＞。入部した運動部では全くの初心者だったBさんは＜仲間の存在（SG）＞に支えられ人間として成長していった。帰国子女も多数在籍する＜外国人差別のない学校環境でのびのび成長する＞。高校では、＜家計を助けるためアルバイト掛け持ち＞し＜アルバイトで社会を知る（SG）＞。受験の直前は、Bさんのアルバイト代を学費に充て予備校に通い＜家族の希望する難関A大学を受験し合格＞した。

第Ⅴ期　東日本大震災から大学生まで

　高校の卒業式の直前に＜東日本大震災に遭遇（BFP4/ OPP4）＞し、＜Bさんが中国人であることを隠すのをやめるプロセス（TLMG）＞を経て、＜経済的に自立するだけでなく人を幸せにする仕事に就きたい＞＜中国人であることを隠すのをやめる（VTM）＞に達し、＜発展途上国支援に関わる仕事に就く（EFP2）＞に到達する。

想像を描く発生の三層モデル（TLMG）

　TLMGでは、東日本大震災への遭遇から自己を隠すのをやめ、中国人差別との戦いを通して社会貢献できる仕事を目指すまでを描く。本研究におけ

第 3 章　外国人集住地域で過ごした中国人青年の日本語学習と氏名選択　77

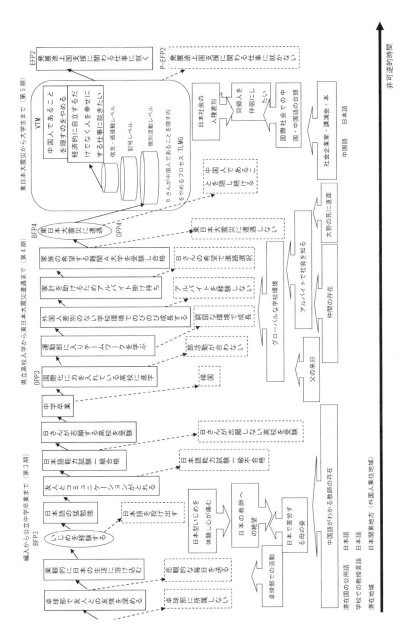

図 4　B さんの TEM 図 2/2

る三層の捉え方を表5に示す。

表5　本研究における三層の捉え方（TLMG）

最上層 （第3層）	信念・価値観 レベル	中国人であることを隠す自分に対する意味づけの変容
中間層 （第2層）	記号レベル	中国人であることを隠すのをやめるまでに記号として、Bさんの信念・価値観レベルに影響を与えている要因
最下層 （第1層）	個別活動 レベル	東日本大震災を経験し中国人であることを隠さなくなるまでの道のり

　高校の卒業式の直前に＜東日本大震災に遭遇（BFP4/OPP4）＞した。＜大勢の死に直面（SG）＞し｛周りの助けがなければ一人で生きていけない（FORI）｝｛命は小さい（FORI）｝と実感する。当時を振り返り、｛一人だと死にます（FORI）｝と語り一人でいたら死んでしまうと実感する。＜震災で助け合う＞経験を通して、将来自分が成長し｛上の（身分の）人になったら誰に対しても優しく（FOPI）｝したいと誓う。震災で助け合う経験を重ねたことで、それまでは信念・価値観レベル＜お金の為に働く（利益が大事）＞と考えていたが、＜経済的に自立するだけでなく人を幸せにする仕事に就きたい（利益だけでなく人を思いやる）＞生き方をしたいと思うようになる。東日本大震災の混乱が収束しないなか、家族と親戚の＜期待に応えるため難関大に進学＞し、親戚の勧める企業に就職を目指して大学生活をスタートした。しかし、大学の授業内容に＜興味を感じず半年で退学＞してしまう。しばらく日本で過ごした後、旧正月に＜中国に帰国し親戚に相談＞すると難関大を辞めたことを知った親戚は、中国の大学入試に挑戦し、歯科医師になるよう助言した。

　Bさんは将来を見据えてこれまで興味を持っていたマーケティングや市場について学べる大学を＜再受験し日本の大学に進学する＞。Bさんの家庭では父親が中国籍で母親が日本国籍であり、Bさんは来日以降高校卒業まで日本名を名乗り生きてきた。信念・価値観レベル＜日本名を名乗り外国人であることを隠す＞ことで、｛日本名使って隠されたいいな（POPI）｝｛（中国人で

あること）恥ずかしくてばれたらヤバイな（FORI）｝と思い生きてきた。日本では、中国人であることがわかると、ひどい言葉をかけられたこともあった。｛日本語がうまくても音調（発音）が違ってすぐばれる（FORI）｝と悲観していた。再受験した大学で＜同じ志を持った友人と出会う＞ことで｛自分が中国人だったら隠されたままで生きていいの（COIM）｝｛ほんとに友情持ってお互いに心込めて付き合いたいなら（FOPI）｝という思いが巡る。＜アルバイトの面接での店長の言葉＞を受け｛中国人日本人であっても隠す必要なんかない（FOPI）｝。中国人であることを｛堂々と見せるべき（FOPI）｝｛外国人でも今は堂々と言える（COIM）｝と語る。そして店長との出会いを通じて＜中国人であることを隠すのをやめる（VTM）＞に至る。＜アルバイト先での差別＞を経験した際、＜同僚に対して真剣に怒る＞こともあった。＜差別をした同僚が謝罪＞し＜表は平等・裏は差別の日本社会を実感＞する。＜日中関係悪化による父との意見対立＞もあるが、＜融合・無文化と自己を位置付ける＞ことで＜日本名を使用していた過去を肯定＞した。

　「｛受け流し（FOPI）｝という言葉あるじゃないですか、相撲の技で」｛相手の強さを利用して自分の能力を加え自分の成果として出す（FOPI）｝というのは、「俺結構日本で磨いた」と語り、｛先々読むのも異国に来て生きるための方法（FOPI）｝と話し、｛世の中の波を読んで波に自分が上に乗るのが一番（FOPI）｝。中国人であることを隠すのをやめた後、貧しい人も視野にいれた＜社会貢献できる仕事を目指す＞に至る。仕事を通じてみんなを幸せにしたいと語るBさんは、これまでの人生で｛（自信は）ずっと、正直ずっと（ある）。ずっと（と）言ってもいい（POPI）｝と語った（図5参照）。

80　第1部　日本語指導が必要な児童生徒の「言語」と経験

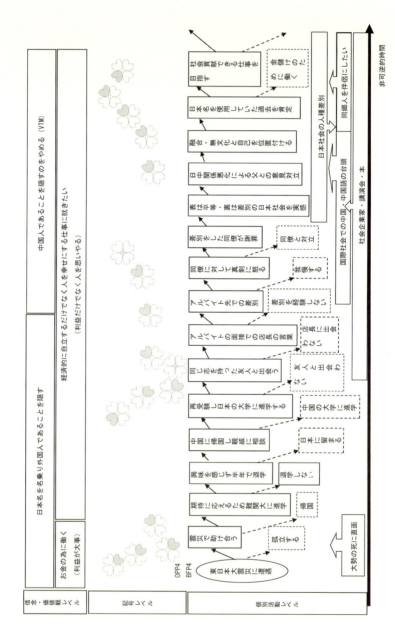

図5　BさんのTLMG & CLVA 図

次にクローバー分析の分類結果を示す（表6参照）。

表6　クローバー分析の分類結果

信念価値観レベル		記号レベル
日本名を名乗り外国人であることを隠す	お金の為に働く（利益が大事）	｛周りの助けがなければ一人で生きていけない（FORI）｝ ｛命は小さい（FORI）｝ ｛一人だと死にます（FORI）｝ ｛上の（身分の）人になったら誰に対しても優しく（FOPI）｝
	経済的に自立するだけでなく人を幸せにする仕事に就きたい（利益だけでなく人を思いやる）	｛日本名使って隠されたいいな（POPI）｝ ｛（中国人であること）恥ずかしくてばれたらヤバイな（FORI）｝ ｛日本語がうまくても音調（発音）が違ってすぐばれる（FORI）｝ ｛自分が中国人だったら隠されたままで生きていいの（COIM）｝ ｛ほんとに友情持ってお互いに心込めて付き合いたいなら（FOPI）｝ ｛中国人日本人であっても隠す必要なんかない（FOPI）｝
中国人であることを隠すのをやめる		｛堂々と見せるべき（FOPI）｝ ｛外国人でも今は堂々と言える（COIM）｝ ｛受け流し（FOPI）｝ ｛相手の強さを利用して自分の能力を加え自分の成果として出す（FOPI）｝ ｛先々読むのも異国に来て生きるための方法（FOPI）｝ ｛世の中の波を読んで波に自分が上に乗るのが一番（FOPI）｝ ｛（自信は）ずっと，正直ずっと（ある）。ずっと（と）言ってもいい（POPI）｝

　クローバー分析によって17の想像の方向が得られた。Bさんの内面は、＜東日本大震災に遭遇＞後、未来志向抑制的想像が続き震災で助け合う経験を経て未来志向促進的想像が出現する。その後、中国に帰国し過去志向促進的想像を経て、未来志向抑制的想像が続く。大学への再入学後、同じ志をもった友人やアルバイト先の店長との出会いを通じて未来志向促進的想像が連

82　第1部　日本語指導が必要な児童生徒の「言語」と経験

続して出現した。日本名を使用していた過去を肯定し過去志向促進的想像が
出現し＜社会貢献できる仕事を目指す＞が導かれた。

　想像は、実際の行為の径路から距離をとるように求め、時間の非可逆性や
因果関係という制約から距離をおき、現実から「浮遊」する経験のモードに
人々を結びつける (Zittoun & Cerchia, 2013)。B さんの TLMG の第1層で
は実際の行為の径路が描かれ、第2層では現実から「浮遊」した経験のモー
ドが想像によって可視化された。

B さんの選択に影響を与えた SD および SG

　次に、TEM 図からとらえた SD と SG を表7と表8に示す。SD と SG
は文化的・社会的な諸力を概念化したものである (安田, 2015)。

表7　TEM 図からとらえた SD

用語と基礎概念	本研究における意味
社会的方向づけ (SD) 等至点に向かうのを阻害する力 (安田, 2015)	日本語が理解できず辛い (第Ⅱ期) 日本型いじめを体験し心が痛む (第Ⅲ期) 日本の教師への絶望 (第Ⅲ期) 日本社会の人種差別 (第Ⅴ期)

　社会的方向づけ (SD) は、等至点に向かうのを阻害する力 (安田, 2015) で
ある。本研究では、4つの SD が得られた。第Ⅰ期から第Ⅴ期についてまと
めると、来日前に SD は見あたらない。日本語未習で来日したことや学校文
化への戸惑いが SD として作用し＜発展途上国支援に関わる仕事に就かな
い＞という方向に導く要因になったことが示唆された。対照的に SG は、中
国と日本の経験のどちらでもとらえられた (表8参照)。

表8　TEM図からとらえたSG

社会的助勢（SG）等至点への歩みを後押しする力（安田2015）	
本研究における意味	
生き方について父から学ぶ（第Ⅰ期）	父の来日（第Ⅳ期）
軍隊への憧れ（第Ⅰ期）	グローバルな学校環境（第Ⅳ期）
豊かな文化体験（第Ⅰ期）	仲間の存在（第Ⅳ期）
客観的に物事を捉える視点（第Ⅰ期）	アルバイトで社会を知る（第Ⅳ期）
自由な国「日本」への憧れ　（第Ⅰ期）	大勢の死に直面（第Ⅴ期）
中国人・中国語のわかる日本人と出会う（第Ⅱ期）	社会企業家・講演会・本（第Ⅴ期）
日本に熟知した叔母からの助言（第Ⅱ期）	国際社会での中国・中国語の台頭（第Ⅴ期）
同じような境遇の仲間に出会う（第Ⅱ期）	同郷人を伴侶にしたい（第Ⅴ期）
公立中学校でのボランティアの支援・存在（第Ⅲ期）	
中国語がわかる教師の存在（第Ⅲ期）	
卓球部での活動（第Ⅲ期）	
日本で苦労する母の姿（第Ⅲ期）	

　本研究では、20のSGが得られた。第Ⅰ期から第Ⅴ期までまとめると、親との関わりや豊かな文化体験がBさんの成長を後押しし来日後の人間関係の形成に影響を与え＜公立中学校に編入＞に至った。公立中学校へ編入後は学校やアルバイト先での人との出会いを通じて経験を積んでいく。公立中学校編入後、Bさんにとって＜東日本大震災に遭遇＞が分岐点／ラプチャーを作りだす契機になったと考えられる。「ラプチャーのあとには、能動的な探求を行うことが必要となり、人々は新たな状況でどう生きるか、過去から何を学ぶかを考えるのである」（Zittoun & Saint-Laurent, 2014;Zittoun, 2017）。すなわち「中国語は中国大陸のほうが市場もあるし使う人も多いし、世界中には華人というか華僑とかいるので」と能動的な探求がBさんに起こり＜発展途上国支援に関わる仕事に就く＞という方向に導くことが示唆された。

Bさんの選択に影響を与えたOPP

　次に、TEM図からとらえたOPPを表9に示す。

84 第1部　日本語指導が必要な児童生徒の「言語」と経験

表9　TEM図からとらえられた必須通過点（OPP）

名称	定義	Bさんの必須通過点
制度的必須通過点	法律で定められているような行為・経験	軍事訓練を経験 国際化に力を入れている高校に進学
慣習的必須通過点	慣習的に行われる行為・経験	日本名を名乗り通学
結果的必須通過点	結果的に多くの人が行う行為・経験	東日本大震災に遭遇

（サトウ, 2017b: 209）をもとに作成。

　安田（2017）によれば、OPPは、制度的必須通過点、慣習的必須通過点、結果的必須通過点の3種ある。「制度的必須通過点では、制度や法律や規則などの強制力により、行動や選択がある状況に収束している有り様が描かれる」。慣習的必須通過点は、「制度や法律や規則のような明確な収束力はないものの、社会で歴史的に成立・発達し、一般に認められている伝統的な、あるいは習慣化している、社会一般に通ずるならわしとして経験するような出来事にかかわる行動や選択のことを指す」。結果的必須通過点は、「制度的でも慣習的でもないけれども、ある経験をした多くの人びとの経験の帰結としてとらえられる行動や選択を示す概念である」。

　本研究におけるOPPは、制度的必須通過点、慣習的必須通過点、結果的必須通過点の3種がとらえられた。第1期から第5期についてまとめると、日本語指導が必要な児童生徒の多くが経験する慣習的必須通過点「日本名を名乗り通学」を辿り、結果的必須通過点「東日本大震災に遭遇」が分岐点としてもとらえられていた。日本語指導が必要な児童生徒の中には、日本生まれあるいは中途編入にかかわらず、本名をふせて日本名を名乗り学校に通う子どもがいる。本人が望み、日本名を選択する場合もあるが、日本の学校で差別やいじめに遭わないようにとの思いから、大人たちが決めることが多い。

5 考察

　本研究では、外国人集住地域で日本語指導を受けた中国人青年が中国と日本を移動する過程で、彼の内面の変化に影響を与える社会的文化的諸力をTEA を用いて明らかにするとともに、中国人青年の想像を可視化する試みを行った。

　まず、社会的文化的諸力について述べる。SD は来日前にとらえられず来日後にとらえられた。日本語や日本の学校文化への戸惑いが SD としてとらえられた背景には、来日時日本語未習であったことやそれまで日本人との接触がほとんどない環境で育ったことが要因として考えられる。SG は、来日前来日後のいずれも多数とらえられた。学級や国際教室の学習がスムーズに進み困難に直面しても乗り越えられた背景には、中国での豊かな文化体験と来日後に編入先の中学校で同じような境遇の仲間との出会いが影響を与えたと思われる。

　次に、内面の変化について述べる。TLMG の第 2 層では、未来志向抑制的想像と未来志向促進的想像が比較的多く見られた。他方、未来志向促進的想像の出現が助け合いや理解してくれる人との出会いに加え VTM ＜中国人であることを隠すのをやめる＞過程で継続して出現している。この結果から、＜震災で助け合う＞、＜同じ志を持った友人と出会う＞経験や＜日中関係悪化による父との意見対立＞などが転機となり、未来志向促進的想像の出現を促したと示唆された。TLMG における第 2 層は「個人史とのすり合わせ」（サトウ，2015a）の場である。B さんの想像の方向は、ラプチャー（東日本大震災）を経験し変容した。想像を TLMG で可視化することは、ラプチャーを経験した人々に対して「何が課題であり、何がそれまでに「当然のこと」となっていたのか」を示す（Levy & Widmer, 2005;Zittoun, 2009）。このことから、TLMG で中国人であることを隠すのをやめるプロセスは、「日本名を名乗り通学」し、中国人であることを隠して生きるという日本語指導を受ける児童生徒を取り巻く環境に対して、検討の余地があることを示唆した。

　最後に、必須通過点の分析で得られた慣習的必須通過点「日本名を名乗り

通学」では、東日本大震災に遭遇後に大学へ再入学を果たしたBさんの葛藤との関連が示されている。Bさんの住む外国人集住地域では、学校や地域社会で日本語教育を手厚くうける環境に恵まれてはいたが、母語教育を受ける機会はなかった。公立中学校に編入後は、中国語のできる中学校教師や友人たちとの出会いに恵まれたものの、日本語を中心とした言語環境で過ごしている。そして、中国人としての自己を隠し生きてきたことがTLMGから確認できる。TLMGの後半では、中国から来日した父親との間で、「日中関係悪化による父との意見対立」が起きている。岡村（2013）は、母国語教室の重要性について、日本語が十分ではない親と日本語中心の生活の中で母国語が話せなくなる子どもとの関係悪化への危惧や子どものアイデンティティが不安定になることへの危惧から実施されるようになった経緯があり、高等学校では支援体制が整っていないことが多いと指摘する。外国人の母語教育の必要性について、イ（2009）は、マイノリティの言語は、家庭で大人とのやりとりに劣らず周囲の子どもとのやり取りが重要であり、母語による教育はできる限り長期にわたって続けられることが望ましいと述べている。日本語指導が必要な児童生徒に対して、日本語だけでなく地域や学校で母語教育を受ける機会を増やしていけるような公式的・非公式的サポートの構築が急務である。

6 結論と課題

　本研究では、外国人集住地域で日本語指導を受けた中国人青年が中国と日本を移動する過程で、彼の内面の変化に影響を与える社会的文化的諸力をTEAを用いて明らかにするとともに、中国人青年の想像を可視化する試みを行った。その際、想像が起きることを促進的記号の発生と仮定し、TLMGの第2層で記号として描いた。

　SDの出現は、来日時日本語未習であったことやそれまで日本人との接触がほとんどない環境で育ったことが要因として示唆された。SGが、来日前・来日後のいずれも多数とらえられた背景は、中国での豊かな文化体験と来日後に編入先の中学で同じような境遇の仲間に出会ったことが関係してい

た。さらに、東日本大震災に遭遇した経験が分岐点／ラプチャーとなり、能動的な探求を行っている有り様が描かれた。日本語指導が必要な児童生徒が地域や学校で母語教育を受ける機会を増やすための公式的・非公式的サポートの構築が求められているといえよう。

本研究では、TEA を用いて可視化するところまでは成しえたが、分岐点に関連のある TEA の他の概念（たとえば、BFP や OPP、ZOF など）とクローバー分析を整理できていない。さらに、社会的諸力である SD を行動や選択に制約をかけたり可能性を阻んだりするような何らかの力としてとらえた時に、その影響を受けた行動や選択を OPP と設定すると、そこから人の転換点が見えていき、レジリエンスとしてとらえる可能性も残されている（安田, 2017）。これらの点も今後整理が必要であると考える。

地域日本語教室や公立中学校でのボランティアの存在と B さんの経験を見ていくと中学 1 年で来日以降、日本名を名乗り生きてきた B さんが、日本の公立中学校で日本のいじめを経験しても立ち直り、学校での勉強や高校受験に向けて前向きに生きることができた背景には、地域日本語教室やボランティアの支援・存在が居場所となり、B さんの成長を支えていたことが影響していると思われる。

第 4 章　就学前に来日した漢族女性の母語学習と留学

　第 4 章では、日本在住漢族女性に対するインタビューをもとに、日本の学校で外国人児童生徒として教育を受ける当事者の課題を明らかにする。

1　目的と背景

　公立小学校や地域の日本語教室で取り組むべき大きな課題は、日本語指導が必要な児童生徒たちの母語や母国語を尊重しつつ、子どもたちが日本での生活や教科学習で必要な日本語能力を伸ばす教育を提供することである。これまで日本語指導が必要な児童生徒に対する教育は、学校教育に携わる現場の教師たちや地域住民などの地道な努力によって支えられてきた。地域によっては、国際教室や地域の日本語教室などで集中的に学べるようになっている。たとえば、神奈川県の横浜市では「児童生徒の母語がわかる支援員の派遣」の制度がある（文部科学省 HP 参照）。しかし、日本語指導が必要な児童生徒の母語や母文化がどのくらい育つのかという点では、家庭状況によって左右される面が多く、親が子どもに対して母語や母文化を教える時間的物理的な余裕がない場合、学校や地域の日本語教室で学ぶ機会がある日本語が優位になることもある。このようなケースでは、成長するにつれ子どもが親を軽んじたり、正月や長期休暇の際に、親の故郷に帰省を拒否することもある。子どもが日本語を重視するあまり、母語を使って親とのコミュニケーションをとれなくなる現象も現れる。どのようにすれば母語が育つのかを詳細に見ていく研究が必要である。

　本章では、就学前に来日した日本在住中国人 1 名を対象に母語学習をいか

に継続したかを、複線径路等至性アプローチ (TEA:Trajectory Equifinality Approach, サトウ, 2015) を用いて可視化する。TEA は、時間を捨象せずに人生の理解を可能にしようとする文化心理学のアプローチの一つで、人生において個人の経験のプロセスを深く見ていくことを可能にする。

中島は、バイリンガルになる最も重要な要因に「子どもの母語・母文化がどのぐらい育つか」(中島, 2001:18) をあげている。さらに、中島 (2001) は、言語形成期について、バイリンガル育成の立場から 5 つに分けて考える必要があるとする。この分類は、子どもの年齢が上がるに従い、ことばの交流の場が広がり、交流の相手も変化することをとらえている。(1) 0 〜 2 歳「ゆりかご時代」は「親の一方的な話しかけの時代」、(2) 2 〜 4 歳「子ども部屋時代」は「自分からことばを使って積極的に周りの世界に働きかける時代」、(3) 4 〜 6 歳「遊び友達時代」は「社会性が発達して子ども同士の遊びができるようになる時代」、「学校友達時代」は「親よりも学校友達の影響をより多く受ける時代」である。「学校友達時代」は、(4) 6 〜 8 歳「学校友達時代前半」、(5) 9 〜 13 歳「学校友達時代後半」に分けられる。これらは、(1) から (4) までが言語形成期前期で、(5) は言語形成期後期である。母語を育てる上では、これらの言語形成期が重要である。そこで、本研究では、TEA で分析した結果と中島 (2001) の「バイリンガル育成の立場から見た言語形成期」を照合させ、母語学習の継続要因について詳細に検討していく。

2　日本居住中国人の母語学習に関する先行研究

日本語指導が必要な外国籍の児童生徒の母語別の割合をみていくと、ポルトガル語を母語とするものが 25.6％と最も多く、次いで中国語 23.9％、フィリピノ語 18.3％、スペイン語 10.5％を占め、これらの 4 言語が全体の 78％を占めている (文部科学省, 2016)。

こうした状況下で日本の小学校に馴染めずに不登校気味になり、中学校に進学したものの日本の学校システムになじめずにドロップアウトし卒業もままならなかったケースなどが発生している[1]。田渕 (2013) は、中国から日本に留学生として来日し、定住した人々の子どもたちについて、青年期を迎え

ると母国への意識は変容し、歴史認識をめぐる周囲の日本人との葛藤や現代の中国について日本のマスメディアの中国観が、留学生の子どもたちの自己肯定感を低下させると指摘する。在沖フィリピン人の女性について研究をおこなった仲里（2017）は、沖縄社会において言葉の壁にぶつかりながら沖縄人男性と結婚し就労し沖縄社会に適応していると述べる。女性たちは、日本語、英語、タガログ語、地方語の複数言語を使いこなし、妻、母親、嫁、就労者として様々な顔をもつ一方で、言語能力の不足から「アイデンティティの揺れ」を経験しており、さらなる日本語の習得によってアイデンティティの立て直しを図っていた。さらに、女性たちの中には、日本語、英語、タガログ語、地方語の順に言語の階層性があり、子どもの言語継承に関して、日本語や英語の継承には熱心だが、タガログ語や地方語の継承は難しいことを指摘する。

　日本と韓国の国際結婚家庭の言語選択について、韓国人母親に対して調査をおこなった花井（2016）によると、子どもが母親の母語である韓国語を産出する率は、韓国に居住する日本人母親家庭の日本語使用と比較すると顕著な差がみられ、韓国人母親への韓国語使用率は低いものになっていた。そして、これらには「家族の理解・支援・姿勢」「コミュニティの存在」「言語の威信性」「政府の支援」が影響を及ぼしていると述べる。特に、韓国人母親は、外国語として英語が最も優位な言語と考えている母親が多く、韓国語よりも英語の習得に力をいれていた。

　このように、自己肯定感の低下やアイデンティティの立て直し、言語選択についての研究が行われてきているが、人間の発達に寄り添い時間を捨象せずに人間の行動や選択の径路を明らかにした研究はほとんどなされてこなかった。実際に親から家庭で言語を継承された当事者が、言語継承の経験についてどのように認識していたのかについて、時間を捨象せずに人間の経験を見ていくことが可能な TEA で質的に検討することにより、日本語指導が必要な児童生徒に対して教育や支援を行う関係者に教育の方法や介入ポイントを示せると思われる。

92 第 1 部　日本語指導が必要な児童生徒の「言語」と経験

3　研究方法

調査方法

　日本国内で外国語教育に従事する日本人に紹介を依頼した。インタビューは、協力者に指定された駅近くのファミリーレストランで行った（第 1 回から第 2 回）。第 3 回目は、協力者の申し出によりメールで行った。なお、本研究は結果に影響が出ない範囲でプライバシー保護を行っている。

調査内容

　201X 年 2 月から 201Y 年 6 月にかけて半構造化面接（第 1 回から第 2 回）とメールでの確認（第 3 回目）を行った。表 1 は、インタビュー概要である。

表 1　インタビュー概要

	第 1 回 (201X.2)	第 2 回 (201X.12)	第 3 回 (201Y.6)
時間	2 時間	3 時間	－
インタビュー項目	半構造化面接	半構造化面接 その他	メールで TEM 及び記述内容の確認
	① 来日の経緯、家族関係 ② 言語使用について	① 留学先での体験 ② 前回の内容の確認 ③ フェイスシート、ライフストーリーシートの記入	① 概念の修正 ② キャリア形成や中国人であること、留学時代について修正 ③ 留学後の葛藤の追加

倫理的配慮

　本研究は、倫理的配慮に基づき研究を実施した。研究成果の公表に際し協力者の同意を得ている。

分析方法

　複線径路等至性アプローチ（TEA）が拠り所とする文化心理学とは、ヤーン・ヴァルシナーが述べている文化心理学に依拠する。それは、生を享けた個人がその環境のなかで生命を維持し生活し人生をまっとうするプロセスを

描く心理学的試みを指す（サトウ, 2012）。TEA における文化とは我々の周りに存在する様々な記号を指し、その配置を指す。記号を取り入れる際には様々な要因が影響を与えると考える（サトウ, 2012）。安田（2012）によれば、TEA は描き出すことに意味があると思われる径路を積極的に描くことができ、それにより生き方に関する考察的提言や援助的介入の可視化につなげることができる。

　本研究では、就学前に日本語未習で来日した A さんが、外国人散在地域で日本語指導をうけずに育った事例をもとに、実際に語られた径路だけでなく、理論的に仮定されうる径路を積極的に描くことで、外国人児童生徒の当事者や関係者に対して、介入や教育、支援を検討する際の資料になると思われる。

　TEA における等至点（Equifinality Point:EFP）とは、研究者の関心もしくは現在の状況である。本研究では、最初の分析で「日中の架け橋として中国語を教える」を等至点とした。その後、A さんからの指摘に基づき再分析を行い、もう 1 つの等至点である「中国人でも認めてくれる日本社会を実感」を新たに加えた。その他の概念については、第 2 回目、第 3 回目のやりとりをもとに、A さん自身の納得のいく TEM 図になるよう努めた。TEA にはいくつかの概念がある。両極化した等至点（Poralized Equifinality Point:P-EFP）は等至点の対極にある点、分岐点（Bifurcation Point:BFP）は径路が発生するポイント、価値変容点（Value Transformation Moment:VTM）は価値が変わるポイント、社会的方向づけ（Social Direction:SD）は、等至点に歩みを進める際に抑制的に働く力。社会的助勢（Social Guidance:SG）は、等至点まで歩みを進める際に援助的に働く力とした。TEA の用語ならびに本研究における意味を表 2 に示し、本研究における必須通過点を表 3 に示した。

表 2　TEA の用語ならびに本研究における意味

用語	本研究における意味
等至点（EFP）	EFP1：中国人でも認めてくれる日本社会を実感 EFP2：日中の架け橋として中国語を教える

両極化した等至点 (P-EFP)	P-EFP1：外国人差別を感じる P-EFP2：中国語を教える以外の仕事に就く
分岐点（BFP）	BFP1：日本の教育機関（保育園）へ入る BFP2：書道で賞を取る BFP3：中国への留学を決意する
価値変容点（VTM）	華僑として見られる自分を実感する
社会的方向づけ（SD）	SD1：日本（英語重視）の社会環境 SD2：日本の仲間として見られる SD3：中国の大学に進学したことへのレッテル
社会的助勢（SG）	SG1：家庭での中国語・故郷の言葉（方言）の継承 SG2：中国文化伝承 SG3：日本式学校文化 SG4：客観的に自己をみつめる SG5：外国人差別のない学校環境 SG6：両親の理解 SG7：進路指導 SG8：両親の理解 SG9：母親の助け SG10：開放的な中国社会 SG11：中国語メインの言語環境 SG12：家庭での中国語・故郷の言葉（方言）の継承

表 3　本研究における必須通過点（OPP）

必須通過点	定義	概念
制度的必須通過点	法律で定められているような行為・経験	④ 香港・マカオ・台湾・華僑の枠で受験
慣習的必須通過点	慣習的に行われる行為・経験	② 中国の伝統文化（書道・彫刻・木彫り）を家庭で学び始める ③ 母親との中国の「国語教科書」の学習開始
結果的必須通過点	結果的に多くの人が行う行為・経験	① 日本語の獲得開始

必須通過点 3 つの種類（サトウ, 2017:209）をもとに作成

　必須通過点（Obligatory Passage Point:OPP）は地政学的な概念である。
TEA における必須通過点はある地点から他の地点に移動するためにほぼ必

然的に通らなければいけない地点を指す（サトウ, 2017）。次から A さんが
「日中の架け橋として中国語を教える」に至るまでのプロセスにおける出来
事や経験を、それぞれの概念に合わせて記述する。そのうえで、プロセスを
辿るうえで影響したことについて、とらえられた SD と SG のなかからいく
つか抽出し説明する。

A さんの概略

> 幼少期に来日、現在中国に関係する仕事についている。将来の夢は、
> 中国語教育に携わることである。中国大陸の都市部生まれの漢族女性。
> 故郷の言葉を母語と認識しており、中国語を外国語のようだと感じてい
> る。A さんの両親は、中国語を母語と認識している。

4　結果

　ここでは、A さんの「中国の大学に進学するまでのプロセス」を概観す
る。A さんの語りから言語獲得や環境の変化に着目して 6 つの時期区分を行
った。その後、TEM によるモデル作成を行った。本研究では、TEM/
TLMG 図を完成するにあたり、TLMG における促進的記号と BFP や
SD、SG の関係がわかりやすく示されている伊東（2017）の研究を参考にし
た。
　A さんの語りを基に TEM 図を作成し、図 1、図 2、図 3、図 4 に示した。
なお、語りから実際に得られた径路は ⟶ で表した。また、理論的に仮定
される径路は ----▶ で、協力者自身の語りは「　」で、筆者が命名したカテ
ゴリーは＜　＞でそれぞれ記入し、補足部分は（　）で示した。社会的方向
づけ（SD）は、で表し社会的助勢（SG）はで表した。促進的記号（PS）
は、で表した。

第 I 期　誕生から来日（中国での幼少期から来日まで）

　A さんは＜中国の都市部で誕生＞し幼い頃から地域の方言を聞いて育つ。

96　第1部　日本語指導が必要な児童生徒の「言語」と経験

「物語のお話っていうのは、日本に来る前にしてもらった」と＜中国語の読み聞かせ＞が両親によって行われた。＜父の仕事の都合で来日＞した。

第Ⅱ期　中国の伝統文化と言葉の獲得（小学校入学から高学年まで）

　来日と同時に＜日本語の獲得開始＞した。その後、＜日本の保育園へ入る＞。日本語未習で来日したＡさんは、「言葉が通じないので母に保育園に送られて別れる時にはしばらくは毎日泣いていた」。しかし、子どもなので言葉の習得は早く、半年くらいすると大体聞いてわかるように、自分の意思も伝えられるくらいになった。来日直後から家族ぐるみの友人関係もできた。小学校低学年の頃から、＜中国の伝統文化（書道・彫刻・木彫り）を家庭で学び始める　小2＞。「お父さんの指導を受けながら、自分で半紙を買って」「彫刻とか、印鑑を彫ったり。あと、木に字を彫るのとか好きで」Ａさんは日本にいながら故郷の文化に触れて育つ。この頃、母国語の中国語については、両親から教育を受ける。Ａさんが通う小学校には、国際教室がなかった。Ａさん自身は日本語教室に通ったことはなかったが、母親は2回程度無料の日本語を学ぶ教室に通った。中国語は、母国語を忘れないように中国から中国の学校で使用している国語の教科書を取り寄せ、主に母親からほとんど毎晩教えられていた＜母親との中国の「国語教科書」の学習開始＞。「お父さんもたまに、お母さんの教え方に、不満を持って。教え方が悪いんだって」。小学校に入学後から小学校5年生くらいまで、中国から取り寄せた国語の教科書を使い両親が教師となり中国語の学習は続いた。

　小学校高学年になると、Ａさんは中国語の学習をやりたくないと思ったと言う。段々とやったりやらなかったりの日々が続いた。中国語の学習については、最初からあまり気が進まなかった。「外で日本語を使っていて、皆日本語を使っているのに、なんでさらに中国語をやらなければいけないんだろう」。その後、中国語の学習が減少していった。実際には辞めようと決心して辞めたわけではなく、両親が学習を強いてこなくなったため、いつの間にか中国の国語の教科書を使った学習はしなくなったが、他の中国語の教材を使い、途切れ途切れで学習を継続した。

　「中国の習慣として、目上の人を見たらその人を呼ぶ習慣があるんです

よ。日本だと、朝おはようっていうんですけど、中国だと、朝例えばお父さんだったら papa って言って、お母さん見たら mama って言うんですよ。お祖父さんならお祖父さんていって、私は、その習慣があんまり受け入れられなくて、呼ばないことが多々あるんですけど、それで注意されました。その人との関係を明確にさせてるっていうか、目上なんだよ、呼ばないとその人のことが眼中にないっていう風に認識される」と両親から言葉のルールを学ぶ。家庭では、日本語と方言を主に使い、中国語を使うことが難しかった。両親からは、中国語を使うように長い間言われてきたが、短時間でできるようにならず、いつのまにか方言や日本語に戻ってしまう。中国語で話すように何度も決心しても、3日程度しか続かなかった。＜日本式クラブ活動を経験（4年から6年まで）＞した。

第Ⅲ期　環境の変化を学業に結びつける（転校から小学校卒業まで）

　小学校高学年の時に＜親の仕事の都合で転校＞し学業に目覚めた。この頃になると中国の教科書を使っての学習の時間は減少したが、家庭での方言と中国語の使用は続いていた。転校先の学校では、＜クラスが学級崩壊になる＞。「暇だな」と思い日本の学校での勉強に集中するようになる。こうして＜学習への取り組み方が変わる＞と＜教科学習の成績が急上昇＞していった。そして、学校での学習に自信をもった状態で＜公立中学校に進学＞した。

第Ⅳ期　充実した日本での学校生活（中学時代）

　中学入学後は充実した3年間に突入する。学業だけでなく、学校活動にも積極的に打ち込み生徒の代表として承認される経験を重ねた。中学時代は、Aさんにとっても理想的な成績を修めた時期であり1年、2年と小学校から家庭で学んでいた＜書道で賞を取る＞。
　「お正月に書いて、それを提出して、金賞銀賞銅賞決めるんですけど、金賞一人なんです」Aさんは、当時通っていた公立中学校で最も優れた書道に与えられる賞を2度受賞した。Aさんの他に書道に優れた生徒がいたが、学校全体でたった1人に与えられる賞をAさんが受賞し朝礼で表彰された。そして、＜中国人でも認めてくれる日本社会を実感＞する。当時、中国と日

98　第1部　日本語指導が必要な児童生徒の「言語」と経験

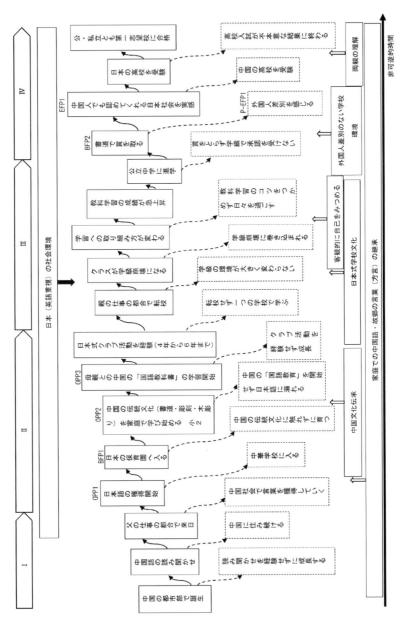

図1　調査協力者のTEM 図1/2

本の教科書の違いについて両親は口を出すことがなかった。そのため、A さんは中国と日本の歴史認識の違いについて知らずに成長した。高校入試に備えて、受験までの一年半は塾に通った。高校は、＜日本の高校を受験＞し＜公・私立とも第一志望校に合格＞した。「高校は自分のレベルにあったところ、自分が行ける範囲のところで決めて、（私が）こっちに行きたいって、行かせてもらって」進学先を決めた。

第Ⅴ期　中国語教師の道を歩み出す（高校から留学）

　＜第一志望の日本の高校に進学＞すると学校で＜進路指導＞の機会があった。この頃から、将来のことを考えるようになり＜キャリア形成に意識が向く＞。高校では、部活に入らなければならない決まりがあり、文化系の部活に入った。＜日本（英語重視）の社会環境＞で過ごすうちに、＜中国語を活かす仕事につくことを決める＞。両親のアドバイスを参考に、中国語を活かした仕事をする方がいいのかと考えて高校卒業後は、日本の大学ではなく、中国の大学に進学することを決めた＜中国への留学を決意する＞。中国語を習得するための留学に向けて高校 3 年の初めから受験の準備を始めた。

　高校までの内容は、中国から教科書を取り寄せてまとめて準備した。独学に加え A さんの母親が手伝ってくれた。母親は歴史や地理等の重要なことを整理してくれたので、受験の準備が進んだ。A さんは、中国の大学を受験する前に＜日本の大学を受験＞して実力を試した。日本の大学も＜合格＞し自信を持てたので、本格的な＜中国の大学受験準備開始＞する。日本の高校卒業後から学期の始まる 9 月まで集中的に準備をし、＜香港・マカオ・台湾・華僑の枠で受験＞し合格した。その後、＜中国の大学に進学＞する。

発生の三層モデル

　本研究では、A さんの語りに＜中国の大学に進学＞してから内面の変化が見られたため、TLMG を用いて分析した（TLMG 図 3 参照）。発生の三層モデルは、TEA において自己のモデルと言われている。

　第 1 層の個人活動レベル、第 2 層の記号レベル、第 3 層の信念・価値観レベルの 3 つの想定した層間情報の内在化・外在化のプロセスにより、行動

100　第1部　日本語指導が必要な児童生徒の「言語」と経験

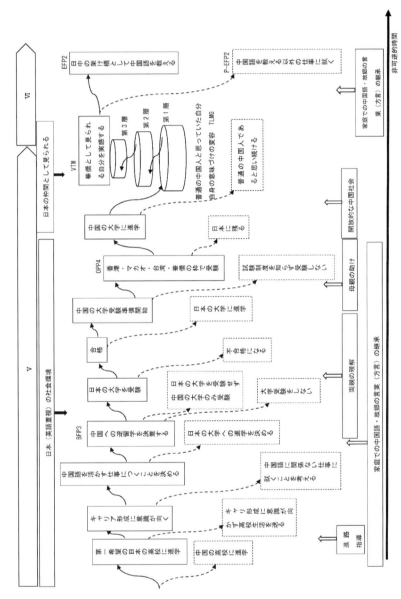

図2　調査協力者のTEM 図2/2

と価値・信念の様相を促進的記号の絡みあいによって理解する試みである（安田, 2015）。

表4　本研究における三層の捉え方（TLMG）

第3層 （最上層）	信念・価値観レベル	普通の中国人と思っていた自分自身の意味づけの変容
第2層 （中間層）	記号レベル	留学での概念の習得
第1層 （最下層）	個別活動レベル	留学での経験を通して国籍を変えないことを決意する

　促進的記号は、人の行動が変容する前に「促進的」記号として立ち上がるものを指す（安田, 2015）。本研究では、中国に留学中に親友から言われた言葉「君は中国では生きていけない」がTLMGの第2層において促進的記号として示された。

表5　本研究における促進的記号（Promoter Sign:PS）

促進的記号	君は中国では生きていけない

普通の中国人と思っていた自分自身の意味づけの変容（TLMG）

　Aさんは＜日本に残る＞こともできたが、＜中国の大学に進学＞することを選んだ。＜中国の大学に進学＞すると、＜訛りの強い教師の言葉が聞き取れない＞に遭遇した。大学1年生で出会った地方出身の教師の言葉は、中国人の友だちも聴き取れないくらい訛りが強く、何を言ってるのか全く理解できず「古典ていうだけで元々お手上げなのに、さらに聞き取れない」状況でテストも難しく辛かった。

　進学先の大学は、学生のほとんどが漢族だった。日本から留学生を受け入れている大学だったが、キャンパスが別で4年間日本語を話す機会がなく過ごした。一クラス35人程度のクラスに在籍した。中国の大学での4年間に

102 第1部　日本語指導が必要な児童生徒の「言語」と経験

ついて「語学、言語能力が安定してなくて、精神的に不安定」だったと語り、中間や期末テストでは、単位が取れるかどうかの問題に関わるため「試験がある度に（精神的に）不安定」だった。

「語学力がみんなと比べられない」と認識するなかで、中国の学生と同じ試験を中国語で受けなければならないことに「すごい難しかった」「卒業できるかな」「成績はギリギリ単位が取れればいい」と感じていた。当時の中国語能力について、最初のうちは「流暢に母国語として話せるのが100だとすると、私は20ぐらいのレベルで行った」と語り、「一年後に100に届いたかっていうと違うんですけど、一年後には70くらい」と振り返る。

大学では、学生寮に住んだ。最初の一年は、韓国人留学生・マカオ戸籍の福建人と同部屋になった。学生寮の建て替え工事のため、一年で相部屋生活は終わったが、カルチャーショックを経験する。＜寮の同部屋の留学生の振る舞いに驚く＞。留学生活に慣れてくると、＜日本人の味方と見られる＞自分に気づくようになる。

「日本では日中戦争を歴史の授業でどのように教えているのかとか、あなたはどう認識しているかとか、半ば責められるような口調で聞かれたことが何度もありました」＜戦争責任への追及＞。それは、＜普通の中国人＞だと思っていた自己を＜普通の中国人とは見られない自己を実感し将来に向けて思いを巡らせる＞。

その一方で、＜一目置かれる憧れの日本華僑＞として見られることもあった。中国語の理解が大変な時もあったが＜開放的な中国に魅了される＞。＜世界の広がり＞も感じ、＜中国に就職したいと思うようになる＞。＜君は中国では生きていけない＞と＜仲の良い友人からの助言＞をもらう。「人を蹴り落としても上にあがる社会なのでその力は（私には）ない」。中国では完全な中国人とは扱ってくれないと実感し、華僑として見られる自分を実感することで＜日本へ戻ることを決める＞。

第Ⅵ期　外国人差別のある日本を客観的に見つめる（日本に戻る）

中国の大学を卒業する前に、日本での中国語教師の道を探した。日本に戻り大学院の試験を受け進学した。「中国のほうがやっぱり気を使わない感

第 4 章　就学前に来日した漢族女性の母語学習と留学　103

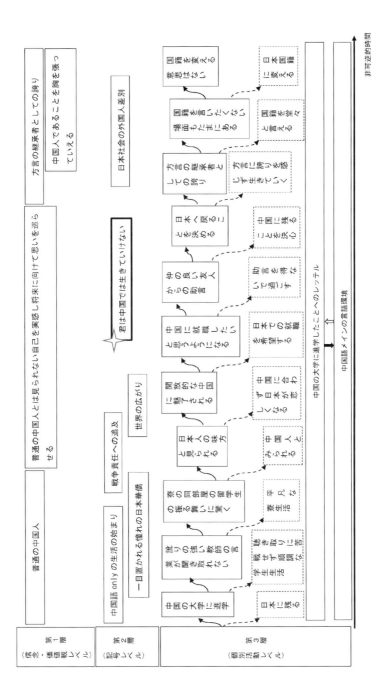

図 3　調査協力者の TLMG 図

じ。皆、逆にそのほうが心地よかったり、すごい気が楽」と余計な気を使わなくていい中国の良さを留学によって実感した。

中国留学は、「土地自体が広いので、そこにいると心も広くなったような感覚、いろんな体験もできた」と世界の広がりを感じた経験と位置づけている。

留学を終え、日本で中国語教師の道を歩み始めた時、幼少期まで住んでいた中国の故郷の言葉（方言）を継承したいと、＜方言の継承者としての誇り＞を感じるようになる。「方言は、継承して行きたい。消滅しつつある、消滅とまではいかないんですけど、あの〈故郷の地名〉人として守って行きたい」と語る。父親は「方言はできなくてもいいから北京語話せ」と言うけれど、「北京語しゃべってると、自然じゃない。外国語しゃべってるみたい。よそよそしい感じ（発音の仕方は方言のほうが日本語に）近い」と語る。両親は、老後故郷に帰り、祖父母との暮らしを望んでいる。

「そんなに深刻ではないですけど、やっぱり日本にいると、やっぱり国籍が中国っていうことで、ちょっとあんまり人には言いたくなかったり」と＜国籍を言いたくない場面もたまにある＞が、＜国籍を変える意思はない＞。留学を経て＜日本社会の外国人差別＞を感じるようになる。

「言いたくない場面もたまにある。自分は中国人であるというアイデンティティに少しの揺らぎもない」基本的には＜中国人であることを胸を張っていえる＞。

幼少期に来日し、大学で4年間祖国に戻り、中国社会から日本を見つめ直したAさんは、来日後の生活を振り返り「友だちが多かったから楽しかった。友だちと仲良くするっていうこと」と語り、これからは母国と行き来し中国語を教えることによって、若い世代が日本と中国と交流できるように＜日中の架け橋として中国語を教える＞に至る。

5 考察

Aさんの母語学習の継続要因

Aさんは、就学前までは方言と中国語を使う環境にいた。その後、来日を

契機に＜日本語の獲得＞が始まる。両親の方針で小学校入学後から、中国の教科書を取り寄せての家庭学習が始まっているが、日本の学校での学習が難易度を増す時期（小学校高学年）を境に教科書を使って継続的におこなう中国語の学習時間は減少していった。しかし、Ａさんの家庭では日常のなかに方言を話し、中国語に触れる機会があった（図1、図2）。

　小学校高学年になり中国語の学習が減少したが、途切れ途切れで学習を継続した（第Ⅱ期）。このことが、Ａさんの健やかな成長を支え、進学の選択肢を広げることにつながり、外国人差別に直面した際にも＜中国人であることを胸を張っていえる＞に導かれたといえる（図3）。

Ａさんの内面の変化と自己肯定感との関係

　インタビュー結果を基にした分析の結果、「中国の大学に進学」から「華僑として見られる自分を実感する」の過程で内面の変化が大きく見られた。ここでは、普通の中国人と思っていた自己に対して華僑として見られる自分を認識し日本に戻ることを選択したＡさんの葛藤を描いている。青年期を境に留学生の子弟の自己肯定感が低下する（田渕, 2013）という指摘があるが、Ａさんの事例では自己肯定感の低下は見られなかった。むしろ、来日以降も家庭内で中国の故郷の言葉である方言や中国語を学ぶ環境があったことで、留学をした際に普通の中国人と見てもらえない周囲に驚きながらも、中国人の親友の言葉に耳を傾け、日本に戻ることを決心している（図3）。就学前に来日しその後、留学を経て日本に戻ったＡさんにとっては、方言（故郷の言葉）、中国語が言語として価値が高く、そうした認識が方言の継承者としての自己を誇りに思い、自己肯定感の高さにつながったのだろう。

6　結論

　本研究の目的は、日本在住中国人に対するインタビューを基に、日本の学校で外国人児童生徒として教育を受ける当事者の課題を明らかにした。幼い頃から家庭で中国の伝統文化や母語を両親から継承される機会を得たことが、留学の道を拓き、方言の継承者として生きていく自己を形成するに至る

ことを明らかにした。言語形成期前期である「子ども部屋時代」から、言語形成期後期「学校友達時代後半」まで集中して母語を学習した経験が、進学の選択肢を広げていた。母語学習を継続する環境を整えることが、外国人児童生徒にとって必要であることが明らかになった。

　本研究は、一事例であり一般化することは困難であるが、全ての外国人児童生徒の家庭でAさんのような母語学習の環境を整えられるとは限らない。外国人児童生徒のなかには、母語学習を望まないケースも考えられるが、教師や支援者などの周囲の人々が母語の重要性に理解を示すことが重要である。学校や地域において、日本語教育と同時に母語を知り学ぶ機会をつくっていくことが、外国人児童生徒の健やかな成長や自己肯定感を保つためには、急務である。

注

1　2014年3月に関東地方の公立小学校にて、高学年の担任S先生からの聞き取りに基づく。

第5章　中国生まれの朝鮮族

第1節　私費留学生として来日した中国生まれの朝鮮族男性

　第5章は、高校卒業あるいは就職するまで来日経験のない中国生まれの朝鮮族の事例を検討していく。第1節では、中国生まれの朝鮮族男性の進路選択過程に着目し論じる。私費留学生[1] として来日した中国生まれの朝鮮族男性が、中国国内を越境し、中国から日本へと越境するなかで、経験する日常のプロセスを描きだすものである。

1　問題の所在と研究目的

　朝鮮族の中国への移住は、1860年代[2] に始まったといわれている。高木（1990）が訳した『朝鮮族簡史』に詳しくまとめられている。1840年の「第一次アヘン戦争」のあと、中国は次第に半植民地封建社会になった。その後、1858年・60年には「天津条約」「北京条約」が英国ほかと締結され牛荘（営口）が対外開放される。同時期に朝鮮も露・米・英などの列強に圧迫され、政治も腐敗し財政は枯渇して社会秩序は乱れた。特に、1860〜70年の間は、北部朝鮮に大水害・干害・虫害が続き、民衆は言葉を失う状況に陥った。1860年の北関大水害は、谷も埋まり産業施設は消滅するほどのひどいもので、農民が越境し北上した。南部満州では、19世紀半ば以降、清朝の官史が越境者を黙認していたため、越境者の数は急増していた（高木,1990）。

1952 年に中国が吉林省の延辺朝鮮族自治州を創設し、少数民族政策をとり少数民族を優遇している。民族文化運動も盛んで、朝鮮博物館や朝鮮族美術館、図書館、朝鮮語書籍の出版社、朝鮮語の新聞、延辺では朝鮮語番組の放送もあり、民族文化に親しみやすい環境にある。集住地域では、食文化や慣習も民族性を維持しているため、子どもの時から国籍は中国籍だが、民族は朝鮮族だというアイデンティティを有している。この地域は、朝鮮族のアイデンティティを確立しやすい環境に恵まれているが、他方、在外コリアンがいる他の地域は、朝鮮語習得が難しいケースやアイデンティティの確立について問題が出ている（李, 2012）。

中国の東北地域における朝鮮族社会の「日本語ブーム」について、崔（2013）の指摘がある。近代化改革における「日本語ブーム」期には、国家のあり方を政治運動中心から経済発展中心へと転換された改革路線が実施され始め、外国語教育に課せられた重要な任務として、経済改革に資する人材の育成があった。この時期の朝鮮族社会における「日本語ブーム」は、経済発展と強く結びついており、「日本語」は、高度な経済成長を遂げた日本という「先進国」の言葉という認識を生み出した。

しかし、今日では中国の外国語教育事情は大きく変化しており、韓（2012）は 1990 年代に入ると中等教育機関における日本語学習者は急激な減少傾向にあること、延辺の外国語教育は英語を中心に進められていることに着目し調査を進めた。それによると、今では、中央の英語教育重視政策に基づき、朝鮮族たちは小学校 1 年生から英語を学ぶ機会があり、同時に漢語のピンインの勉強と英語のアルファベットの習得が進んでいる。しかし、朝鮮族の優勢を生かし高校で第 2 外国語として日本語の地位を確立することは、グローバルな人材育成に結び付き、朝鮮族の発展につながると指摘している。

中国の朝鮮族の現状について、小島（2016）は、次の傾向があることを指摘している。朝鮮族の流動化が農村の流動化に関係し、若い労働力のほとんどが出稼ぎに行く現実や、マンションの購入資金を貯めるために韓国に出稼ぎに行く予定の若い母親がいる。

最近では、中国に留まる朝鮮族のなかでも東北三省から山東省の沿岸地域への移住が増加しているとも言われている。金（2013）は、韓国に出稼ぎに

行った人々が目標貯金額を達成して帰国し中国の都市部でマンションを購入する事例を報告している。

朝鮮族の日本への移動について権（2011）は、次のような背景があることを指摘している。来日する朝鮮族の出生地で最も多いのは吉林省で、次に黒龍江省、遼寧省の順に多く、来日前の居住地域は東北三省と沿海都市が中心である。そして、中国における最終学歴は大学本科が半分以上を占めており、次いで高級中学、大学院以上と高等専科・大学専科と続いている。また、高校までの民族教育歴は、8割を超える人々が朝鮮族学校のみであり、朝鮮族学校と漢族学校を経験しているのは2割を切る。加えて、漢族学校のみで教育を受けているのは2%弱であった。さらに、朝鮮族の日本への移動は、1986年以降の現象として把握される。朝鮮族の来日メカニズムは多様であり、親族や友人がいることが第一の動機となっている。その際に、合法な移動ルートと非合法な移動ルートが存在し、知らず知らずのうちに非合法なルートを選択していることもある。

朝鮮族について金（2015）の次の指摘がある。日本に在住する朝鮮族は、留学生として来日した人が最も多い。移動する朝鮮族の人々の人生設計は多岐に渡る。国籍については、中国籍のままで過ごすこともあれば、日本や移動先の国籍に切り替えるなど様々なケースがある。

これらの先行研究をうけて、市川（2020）は日本在住の中国生まれの朝鮮族女性に対し、半構造化インタビュー、TEAを用いて論じた。言語形成期後期に来日し日本の学校が合わないことが理由で中国に戻った中国生まれの朝鮮族女性が帰国後、日本語を通じていくつかの承認体験を得ることで自信を回復するプロセスを示した。この研究では、来日後中国語が不得手な自分に気づくことで他の朝鮮族と自己を比較し、一定の距離感を感じている様子が示された。

これに対し、本章では、高校卒業まで中国で過ごした日本在住の中国生まれの朝鮮族男性に対し、半構造化インタビュー、TEAを用いて論じることにより、中国生まれの朝鮮族男性が中国国内を越境し、中国から日本へと越境するなかで、経験する日常のプロセスを詳細に分析する。これまでの先行研究では、両親が日本で働き、初等教育を日本で受けた朝鮮族女性を対象と

した研究はあるが、両親が韓国に出稼ぎし、初等教育および中等教育までを中国で一貫して受けた朝鮮族を対象に文化心理学に由来する TEA に基づき分析を行った研究はなされてこなかった。本章では、これまでの朝鮮族に対する先行研究に対して、「人間の発達や人生径路の多様性と複線性を描く」（安田, 2012）という TEA の特徴を活かし、朝鮮族男性の詳細な質的分析を行うことで、中国生まれの朝鮮族男性がグローバル人材として人生を切り拓いていく日常のプロセスを提示できると思われる。

2　方法

　研究対象は、日本に居住する朝鮮族男性 G さんである。日本在住の中国生まれの朝鮮族女性の紹介を介し G さんに研究協力を依頼した。G さんと筆者はインタビュー開始にあたり初対面である。G さんは私費留学生として来日後、アルバイトと奨学金で生計を立てており、学生時代にアルバイト経験が多いと言う点で筆者と共通点が多く、信頼関係を築くのに時間がかからなかった。本研究は倫理的配慮に基づき研究を実施し、結果に影響の出ない範囲でプライバシー保護に配慮した。

G さんの概略

> 　中国生まれの朝鮮族男性 G さん。現在日本で働いている。これまで何度か来日を試みたが親族の助言で断念した。来日前は中国や韓国に対して整理できない感情を抱いていたが、日本に移動後、学業や就労面で経験を重ねることで中国や韓国への感情が変化した。両親は、自営業を営んでいた。親戚の多くは農民である。両親、親戚は共に韓国へ出稼ぎ経験がある。G さんは、日本で帰化[3] を望み、中国籍の離脱[4] を検討している。

インタビュー

　インタビュー及び分析結果の図の確認は、2016 年から 2019 年にかけて行

った。表1は、インタビューの概要である。

表1　研究手続きとインタビュー概要

	第一回	第二回	第三回	第四回	第五回	第六回
日時	2016年3月	2017年1月	2017年6月	2018年10月	2018年10月	2019年1月
内容	対面で半構造化インタビュー	対面で半構造化インタビュー	Gさんがメールで内容とTEM図を確認し、筆者が修正を行う	Gさんがメールで内容とTEM図を確認し、筆者が修正を行う	Gさんがメールで内容とTEM図を確認し、筆者が修正を行う	Gさんがメールで内容の最終確認を行う
	①来日の経緯や教育、職歴等	①前回の内容の確認と分岐点について	①これまでの内容の確認と等至点について	①これまでの内容確認と社会的助勢や社会的方向づけの位置について ②2つ目の等至点について	①父親の帰国時期について	①両親の職業や親戚の出稼ぎ経験と戸籍について

　分析方法には、人間の経験を重視するTEAを採用した。本研究における
TEAの概念を表2に示す。TEAの概念の説明は、安田・サトウ（2012）と
安田・サトウ（2017）を参考に、本章に合わせて記述した。

112　第1部　日本語指導が必要な児童生徒の「言語」と経験

表2　本研究における TEA の概念

TEA の概念	本研究における意味
等至点（EFP） 歴史的・文化的・社会的に埋め込まれた時空の制約によって辿り着くポイント[5]	EFP1：来日 EFP2：来日せず北京で働き続ける
両極化した等至点（P-EFP） EFP の対極にある点	P-EFP1：帰化後しばらく日本で勉強した後、ドイツで専門分野を学ぶ P-EFP2：アメリカ留学を経て東アジアで活躍
分岐点（BFP） 径路が発生・分岐するポイント	BFP1：瀋陽の叔父のところに行く BFP2：優柔不断な日本人上司に会社の将来を見い出せない
社会的助勢（SG） 人が歩みを進めるなかで援助になる力	SG1：父親が韓国に行く SG2：中国に戻ってきた父親との電話相談 SG3：米国に移住した知人の経験 SG4：アルバイト先で平等を実感 SG5：奨学金の支援 SG6：帰化に理解を示す両親の存在 SG7：日本の真実が見えてくる SG8：西洋の国への憧れ SG9：大学で奨学金を受ける SG10：応援してくれる彼女の存在
社会的方向づけ（SD） 人が歩みを進めるなかで阻害・抑制する力	SD1：所属感がなく苦しい SD2：父親が病気になり出費が嵩む SD3：低賃金・働き方への疑問 SD4：韓国で生きる朝鮮族の姿 SD5：文化・考えが賛同できない中国 SD6：アンダー韓国・サブ韓国という意識 SD7：法律の上にお金がある「中国」 SD8：中国社会の急激な発展

　研究を進めるために社会人経験を経た看護学生の学びほぐしについて TEA を用いて研究を行った伊東（2017）の TEM 図を参考にした。考察及び結論については、ネイティブ日本語教師の海外教育経験と教師成長について TEA を用いて研究を行った北出（2017）を参考に記述した。

　本研究では、G さんの心性の変容に寄り添いながら、計6回のやり取り

を経て TEM 図を完成させた（図 1、図 2 参照）。今日の中国生まれの朝鮮族の特性を表すために、「中国の吉林省で生まれる」から始まるプロセスと捉え、「瀋陽の叔父のところに行く」「優柔不断な日本人上司に会社の将来を見い出せない」を分岐点（Bifurcation Point:BFP）にした。

始点の「中国の吉林省で生まれる」に合わせ、1 つ目の等至点（Equifinality Point:EFP）は、「来日」を設定し、両極化した等至点（Polarized Equifinality Point:P-EFP）は、「来日せず北京で働き続ける」とした。さらに、G さんとのやり取りを通してトランス・ビュー[6]を形成するなかで G さんの生き様が深く浮かび上がり、「帰化後しばらく日本で勉強した後、ドイツで専門分野を学ぶ」をセカンド等至点（Second Equifinality Point:2nd EFP）とした。両極化したセカンド等至点（Polarized Second Equifinality Point:P-2nd EFP）は「アメリカ留学を経て東アジアで活躍」である。

以下では、進路選択の変容と移動のプロセスについて 4 つの時期区分に沿って記述する。時期区分は、G さんの日本に対する心性の変化した時期を表している。なお、＜　＞は分析によって見出されたカテゴリーであり、「　」は実際のデータを示す。

倫理的配慮

本研究は、倫理的配慮に基づき実施され、結果に影響を与えない範囲でプライバシー保護を行っている。

3　結果（1）　日本への憧れと来日

第 I 期　憧れ

本研究の協力者である G さんは＜中国の吉林省で生まれる＞。物心ついた時から、中国で生まれた朝鮮族の自己について＜所属感がなく苦しい＞と考えるようになり、その思いは成長した現在でも消えることはない。その後、＜民族学校（小・中）で学ぶ＞。＜朝鮮族の高校へ進学＞すると＜父親が韓国に行く＞ことになり、続いて＜母親が韓国に出稼ぎに行く＞ことになった。高校卒業を前に、＜中国で一回目の大学受験＞を経験し、＜合格した

114　第1部　日本語指導が必要な児童生徒の「言語」と経験

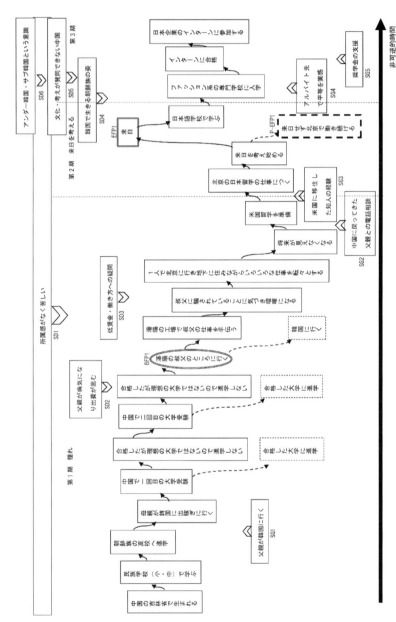

図1　中国生まれの朝鮮族男性のTEM 図1/2

第 5 章 中国生まれの朝鮮族 115

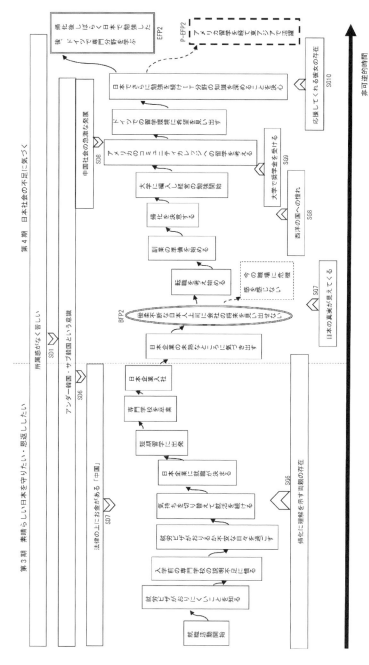

図 2 中国生まれの朝鮮族男性の TEM 図 2/2

が理想の大学ではないので進学しない＞ことを選択した。翌年、＜中国で二回目の大学受験＞をし＜合格したが理想の大学ではないので進学しない＞を選択する。この時期、＜父親が病気になり出費が嵩む＞ことが多かった。中国での大学進学をやめて＜瀋陽の叔父のところに行く＞ことにした。この時、瀋陽に行かずに両親の住む＜韓国に行く＞こともできたが、瀋陽に行くことを選んだ。瀋陽は遼寧省の省都であり中国では、朝鮮族が多く住む地域の一つとして位置付けられている。＜瀋陽の工場で叔父の仕事を手伝う＞ことになったGさんはしばらく働いたのち、＜叔父に騙されていることに気づき喧嘩になる＞。それは、叔父の経営する工場で＜低賃金・働き方への疑問＞が原因だった。叔父の工場をやめることを決心し、＜1人で北京に行き地下に住みながらいろいろな仕事を転々とする＞。地下生活[7]を続けていたある日、＜将来が見えなくなる＞こともあり韓国から＜中国に戻ってきた父親との電話相談＞をした。考えた結果、米国に行くことを考えるようになった。＜米国留学を準備＞することにし、まずはその準備段階として米国留学に関係のある仕事についた。この選択には、＜米国に移住した知人の経験＞が影響を与えた。

第Ⅱ期　来日を考える

　米国留学に関する仕事をやめた後、＜北京の日本留学の仕事につく＞。この頃から＜来日を考え始める＞ようになり私費留学生ビザで＜来日＞した。来日後は、＜日本語学校で学ぶ＞。日本に来てから、＜韓国で生きる朝鮮族の姿＞が気になるようになった。「韓国では空港の免税店などで働いているけれど、よい待遇ではない。中国から韓国に行った朝鮮族は冷遇されている」と思うこともあったという。そして、＜文化・考えが賛同できない中国＞という思いや＜アンダー韓国・サブ韓国という意識＞が芽生えていった。

4 結果（2） 日本の社会状況に影響を受け新しい空間を見つける

第Ⅲ期　素晴らしい日本を守りたい・恩返ししたい

　日本語学校で学んだのち、＜ファッション系の専門学校に入学＞した。来日後、様々なアルバイトをかけもちしていたＧさんは、日本人と同じ待遇で働くことができる職場環境に驚き＜アルバイト先で平等を実感＞する。専門学校では、優秀な成績をおさめ競争を勝ち抜いて条件の良い＜インターンに合格＞した。専門学校からの＜奨学金の支援＞を受けながら、＜日本企業のインターンに参加する＞。

　その後、＜就職活動開始＞するとＧさんのような専門学校卒業程度の学歴をもつ私費留学生は＜就労ビザがおりにくいことを知る＞。これまで学校側からホームページや説明会で説明がなかったため＜入学前の専門学校の説明不足に憤る＞。たとえ内定をもらえても就労ビザがおりるか確定しない。＜就労ビザがおりるか不安な日々を過ごす＞。そして、＜気持ちを切り替えて就活を続ける＞と、条件のいい＜日本企業に就職が決まる＞。内定先の日本企業は、日本人学生であっても狭き門で有名な会社だった。就職活動が終わり、アルバイトで貯めたお金を資金に英語を学ぶための＜短期留学に出発＞した。帰国後、＜専門学校を卒業＞し＜日本企業入社＞に至る。

　Ｇさんは、就職活動を開始した頃から、＜帰化に理解を示す両親の存在＞に支えられる一方で、＜法律の上にお金がある「中国」＞という考えがめぐるようになった。

第Ⅳ期　日本社会の不足に気づく

　しばらく経つと徐々に現実が見えていき就職先の＜日本企業の未熟なところに気づき出す＞。会社内の意思決定が遅いことや同僚や上司の働き方に疑問を持つようになっていく。Ｇさんの勤める会社では、仕事で必要とされる言葉は日本語である。来日前から朝鮮族の学校で日本語を学んできたＧさんは、会議やミーティングでの日本人社員の振る舞いにも違和感を覚えるようになり＜優柔不断な日本人上司に会社の将来を見い出せない＞と、＜転

職を考え始める＞。この時期になると、学生時代に比べて＜日本の真実が見えてくる＞ようになった。

　先輩社員にモデルとなるような人物がいないこと、給与水準が低い現実を冷静に見つめ「会社を今すぐにでも辞めたい」と考えるようになる。将来に備えて＜副業の準備を始める＞ことにした。Ｇさんは自分の将来を考えた際に＜帰化を決意する＞。来日前は、情報収集の面で制約があったが、日本に住むことによってこれまで接触できなかった情報にアクセスできるようになった。結果、＜西洋の国への憧れ＞も強くなり、働きながら＜大学に編入し経営の勉強開始＞する。＜中国社会の急激な発展＞に戸惑いながら、編入先の＜大学で奨学金を受ける＞サポートがあり、＜アメリカのコミュニティカレッジへの留学を考える＞ようになった。現地の先生やオフィスに連絡をとるうちに、アメリカ留学は費用が嵩むことを知る。Ｇさんが学びたいIT分野はドイツで留学生を好条件で募集していることを知り＜ドイツでの留学環境に希望を見い出す＞。

　＜応援してくれる彼女の存在＞もあり、すぐに留学せずに＜日本でさらに勉強を続けIT分野の知識を深めることを決心＞した。そして、＜帰化後しばらく日本で勉強した後、ドイツで専門分野を学ぶ＞に至る。

　以上が研究を通じて明らかになったＧさんの径路である。来日直後は、中国や韓国へ複雑な感情を抱いていたＧさんだったが、日本社会で経済的に自立をして学業に励み、学歴を獲得していくうちに、かつては「中国に戻りたくない」と語っていた心理が変化している。就職し、社会人学生として大学に編入後は「中国に仕事で行ってもいい」と語りが変化し、韓国に対しては以前のように否定的な感情を口にすることは少なくなっていった。

5　考察　朝鮮族男性の進路選択と日本留学から見えてくるもの

　考察では、Ｇさんがセカンド等至点（2nd EFP）に至るまでに働いた諸力である社会的助勢（SG）と社会的方向づけ（SD）に着目する。その後、崔（2013）に学びながら、Ｇさんの事例が日本語をどのように位置づけている

のかを考察する。

　TEA における SG は、人が非可逆的時間を生きる中で援助的に働く力である。SD は、人が非可逆的時間を生きる中で抑制的に働く力である。表2を参照すると、来日前は家族に関する SG と SD がそれぞれ捉えられていた。両親が韓国に出稼ぎにでかけ、G さんが1人瀋陽で暮らしていた時期には、労働に関する SD が捉えられている。身内である叔父に搾取されていることに気づき、帰国した父親に将来の相談をした時期には、父親の助言に加え、米国に移住し新しい生活を始めた知人が援助的に働く力となっている。来日を境に、韓国で生きる朝鮮族の姿や中国や韓国に対する感情が抑制的に働く力として湧き上がっている背景には、来日後様々な情報に触れるなかで G さんが自己と中国や韓国で生きる人々との比較をしていることが考えられる。

　そして、日本企業に就職後、学生の立場では見えなかった日本の真実に触れるようになり、先進国である西洋の国への憧れや奨学金の支援、恋人の存在などが支えとなり、時折中国社会の急激な発展に心を動かされながらも、世界で最先端の専門分野を学べるドイツ行きを志すに至る。

　G さんは約4年に渡って研究に参加してもらった。最後のインタビューが終わってもなお、「所属感がなく苦しい」という思いはなくなることはなく、社会的方向づけとして TEM 図に描かれている。しかし、朝鮮語も中国語も日本語も英語も習得し力強く生きる G さんの姿には、東アジアを行き来してビジネスを展開したいという思いが満ち溢れていた。

　近代化以降の朝鮮族の日本語認識について考察した崔（2013）は、朝鮮族の「日本語ブーム」は、経済発展と深い結びつきがあると指摘する。

　越境を重ね、経済的に自立し、高い学歴を獲得するための手段としての日本語という認識が示唆された。

6　おわりに

　本節では、中国生まれの朝鮮族男性の進路選択過程について、日本留学経験を中心に半構造化インタビュー、TEA を用いて論じた。来日前は、血縁

や少数民族という条件下で行動や選択について様々な影響を受けていた G さんが、日本への移動を契機に主体的な人生の選択にシフトしている様子が示唆された。

　協力者である G さんからは、初めから実名で書いてもいいと言われていた。5 年後、10 年後を考えると調査時点と同じ気持ちとは限らない。そのため、匿名での記述となったが、G さんが筆者に対して実名で書いてもいいと申し出をしてくれた背景には、日本語やその他の言語を獲得した経験が要因となっていると思われる。

第 2 節　文化大革命を経験し来日した中国生まれの朝鮮族女性

　中国から日本に移住した人々の区分について文部科学省や法務省の資料をみると「中国籍」や「外国籍で中国語を母語とする」「日本国籍で中国語を母語とする」という記述に留まり、公用語以外の言語を有する場合や民族については十分な記載がなされてこなかった。

　第 2 章では、学歴期に来日した中国朝鮮族女性が日本定住を選択するまでを取り上げた。第 5 章第 2 節では、文化大革命を経験した中国生まれの朝鮮族女性の経験を詳細に見ていくことで歴史的・社会的・文化的な文脈に埋め込まれた人間の経験と社会的諸力の関係を明らかにすることを目指す。

1　問題の所在と研究の目的

文化大革命期の朝鮮語の問題

　中華人民共和国（以下：中国）は中国語を公用語とし総人口の 92％を占める漢族と 55 の少数民族から成る国家である（外務省, 2017）。1949 年に中国共産党によって民族識別工作がおこなわれ、朝鮮族は中国の少数民族の一つとして認定された（金, 2013）。その後、1949 年 10 月に中国革命を成功に導いた毛沢東によって 1966 年から 76 年にかけて文化大革命（文革）が発動された。革命のために紅衛兵という学生組織が扇動された（加々美, 2016）。最近では、中国国家の農業政策の影響で離農や職を離れ韓国へ出稼ぎに行く人々や日本に移住し生活の基盤を移す朝鮮族の人々も増加している。権によると文化大革命の時期には、「朝鮮語純化運動」は漢民族と中国共産党政府に対する挑戦として受けとめられ、運動自体が目指した理念は民族関係を分裂させる間違った理論として徹底的に批判されたという（権, 2000）。崔は文化大革命期においては、大漢族主義[8]が民族間関係にもっとも大きな影響を与えたと述べる。自治州では、朝鮮族エリートを対象とした文化復興が行われ漢語能力が低い人々は排除された。そしてこの文化大革命期には外来言語文化の受容をめぐる認識の過程は東西冷戦体制という国内外の環境の変化に影

響を受けており、自治州における外来言語文化の受容は 1960 年代半ばから
1970 年代末までが空白となる。1980 年代には「日本語ブーム」が形成され
それを支えたのは、1945 年以前に日本語習得をした老教師たちだった（崔,
2013）。

　韓国出稼ぎ経験のある中国朝鮮族の農民夫婦に対して聞き取りをおこなっ
た金は、青春時代を文革にささげたある朝鮮族の青年について次のように描
写している。それは、教師をしている友人の父親が「反動分子」のレッテル
を貼られ批判されたことや家族同士、親戚同士を問わず紅衛兵に情報を提供
している様をみて成長しながらも、かかわらないという手段で自らの身を守
ったライフストーリー（金, 2013）である。金の研究では、文革の影響で勉学
の機会を奪われた中国人青年が革命終了後に農作業の手伝いや商売を経て韓
国への出稼ぎをする様子やその後の中国での住宅ローン地獄などを描いてい
る。

　権は、朝鮮族の来日メカニズムについて親族や友人がいることと非合法的
な移動ルートの存在を紹介している。前者については、朝鮮族のなかでも初
期に来日した 1950 ～ 1960 年代生まれの世代と 1970 年代生まれの世代とで
は日本行きに対する考えが異なり、双方向性又は多方向性をもつエスニシテ
ィを保持しながらホスト社会に居住する現代的な移動の特性があるという。
後者については、親戚の紹介で不法入国ルートを使い韓国経由で来日した非
正規就労者の男性を事例に、移動が非合法である場合は合法的な移動よりも
エスニック・ネットワークに依存せざるを得ないという（権, 2011）。在日本
朝鮮族の教育戦略について明らかにした金（2014）は、日本で暮らす朝鮮族
の親たちは自らが朝鮮族学校で教育を受けた経験を有していても子弟の学校
選択は日本の公立学校や中華学校を選ぶ者が多く、朝鮮学校や韓国系学校を
選択するものは少ないと言う。そして、朝鮮語や朝鮮文化を継承させること
の困難を感じており日本語だけのモノリンガル化の傾向に直面しているとい
う（金, 2014）。尹（2010）は日本で暮らす朝鮮族の特徴として①中国朝鮮族は
日本で生活していても中国の両親あるいは親戚の力に頼りがちである②次世
代の使用する言語は母または直接育てる側の影響を受けやすい③両親が二重
文化を有していても中国とのつながりと日本での生活が矛盾を生じる場合、

心の余裕がなくなり目の前のことで精いっぱいになりがち④言語を通じて文化を伝授することは共同体の努力がないと実現が難しいという。

以上のように中国生まれの朝鮮族の研究は、これまで研究の蓄積があるものの文化大革命を経験した人に対して文化心理学からのアプローチで分析された研究はこれまでなされてこなかった。本研究における文化心理学とは、Valsiner（2007）の提唱する生を享けた個人がその環境のなかで生命（Life）を維持し生活（Life）し人生（Life）をまっとうするプロセスを描く、心理学的試みである。サトウによれば、ライフ（Life）とは日本語で生命・生活・人生を包括的に表す言葉であり、文化心理学とは生命・生活・人生をまっとうする場のあり方、そこで生きる人間のあり方を描くものである（サトウ, 2017）。

本研究では、文化大革命を経験した中国生まれの朝鮮族女性の経験を詳細に見ていくことで歴史的・社会的・文化的な文脈に埋め込まれた人間の経験と社会的諸力の関係を明らかにすることを目的としている。

2　研究方法

調査協力者 K さんの概要

中国の東北部で生まれた。小学校入学前に文化大革命が始まり、高校入学の前後まで文化大革命の影響を受け続ける。文化大革命の影響で朝鮮族の学校に通えない時期があり、中学 1 年を 3 年連続で経験した。その頃の経験が原因となり一時期数学の教師になるのが夢だった。大学卒業後中国系企業に就職しキャリアウーマンとして充実した毎日を送る。中国生まれの朝鮮族男性の夫と結婚し幸せな生活を送っていたが、ある日夫が日本企業に転職が決まり来日することになった。初来日時の年齢は 30 代。

124　第 1 部　日本語指導が必要な児童生徒の「言語」と経験

表 3　時期区分と社会言語環境

時期区分	家庭	学校・会社	学校の状況
Ⅰ　朝鮮族学校	朝鮮語	朝鮮語	朝鮮語
Ⅱ　学校での漢語の学習開始	朝鮮語	朝鮮語と中国語（漢語）	
Ⅲ　文化大革命の影響で漢族の学校へ通う	朝鮮語	中国語＞朝鮮語	
Ⅳ　朝鮮族学校に戻る	朝鮮語	朝鮮語と中国語（漢語）	
Ⅴ　大学入学から卒業	朝鮮語	中国語	中国語が聴き取れず内職をしていた
Ⅵ　中国系企業	朝鮮語	中国語＞朝鮮語	（会議で）中国人が一人でもいれば中国語、朝鮮族だけならば朝鮮語
Ⅶ　家族形態の変化から別離	朝鮮語	日本語＞中国語	日本語
Ⅷ　家族形態の変化から現在	日本語＞朝鮮語	日本語＞中国語＞韓国語	日本語がほとんどだが、観光客への対応は中国語で、韓国語ができる日本人のママ友とは韓国語で歌をうたう

調査協力者と筆者との関係

　調査協力者 K さんは 50 代の女性で 2000 年代に来日した。現在は地方都市に住み日本企業でパート社員をしている。パート先では責任ある仕事を任され中国語が必要な場面では通訳を任されることもある。筆者と K さんの面識は調査前にはなく今回の調査への依頼は K さんの家族が外国人のための日本語支援教室に参加していたことが縁となり実現した。K さんの最も得意な言語は韓国語[9]のため、筆者自身の経験から生じる思い込みや価値観の隔たりが研究の過程でどのように影響を与えているのか常に留意した。

データ収集

データ収集は、2016年4月から2018年8月にかけて首都圏の駅近くのファミリーレストランや喫茶店で行った。1回目から2回目までは全て半構造化面接をおこないKさんの許可を得てICレコーダーに録音した。3回目と4回目はTEM図を実際にみてもらい意見を得た。

	第1回（2016.4）	第2回（2016.10）	第3回（2018.8）	第4回（2018.12）
時間	3時間	1時間40分	1時間20分	20分
内容	言語の使用、子ども時代の教育経験、来日等	①分岐点となった時期にどのようなことが起きたのか②今後の計画について	TEM図全体の確認、来日後の家族形態の修正	修正したTEM図の確認帰国と日本に残ることについての再言及仕事を増やすことを語る

データ作成

インタビューにより得られた語りをもとにカテゴリー分類を行い時系列にまとめた。その後、TEM図を作成した。

分析枠組みの設定

TEAの分析枠組みは、EFPやP-EFP、BFP、SG、SDなどの基礎概念にDV被害者支援員としての自己形成（佐藤, 2012）の研究を参考に統合された個人的志向性（Synthesized Personal Orientation:SPO）を用いた。本研究においては、Kさんが中学校時代に「数学の教師になりたい」という強い意志をもっており大学入学の頃までの人生の選択に何らかの影響を及ぼしていることが明らかであると感じたため、＜数学の教師になりたい＞という信念を統合された個人的志向性と捉えた。筆者はさらに、Kさんの人生が大きく変化したと思われる出来事を等至点として四つ設定しその後時期区分を設定した。

表4は、本研究におけるKさんのTEA概念表である。

表4 Kさんの TEA 概念表

TEAの概念	本研究における意味
等至点（EFP）	EFP1：ばらばらになった家族が戻る EFP2：大学卒業しキャリアウーマンの道を歩み出す EFP3：仕事を辞めず3カ月休みをとって来日する EFP4：移動の自由を実感日本で仕事を増やし充実した人生をひらく
両極化した等至点（P-EFP）	P-EFP1：家族ばらばらの生活が続く P-EFP2：大学卒業後納得のいかない仕事に就く P-EFP3：中国の仕事を退職して来日 P-EFP4：受け身のまま日本で生きていく
分岐点（BFP）	BFP1：文化大革命の影響で二回目の中学1年 BFP2：退職するか中国に残るかで迷う BFP3：娘と二人で来日
社会的助勢（SG）	SG1：兄の助言 SG2：大学入試制度の変更 SG3：大卒女性活躍の中国社会 SG4：夫の転職活動がうまくいく SG5：韓国ブーム SG6：夫の励まし SG7：日本での免許取得 SG8：文革時代の記憶 SG9：穏やかな日本社会 SG10：子どもたちの日本定住の意思 SG11：中国人観光客との出会い SG12：母国で活躍する同級生たち
社会的方向づけ（SD）	SD1：文化大革命の影響 SD2：小学校にあまり通えない生活 SD3：先生のひどい訛りで授業が聞き取れない SD4：中国語環境 SD5：夫との社会的地位の逆転 SD6：中国の所属がなくなる SD7：日本社会の洗脳「女は家を守るのが仕事」 SD8：日本企業の長時間労働 SD9：日本語＋英語重視の日本社会 SD10：「怒」の中国社会 SD11：中国籍喪失の不利益

統合された個人的志向性（SPO）	数学の教師になりたい
必須通過点（OPP）	OPP1：文化大革命が始まる OPP2：要職についていた父親が批判される OPP3：就職のため夫が単身日本に渡る OPP4：永住権申請と日本国籍取得で迷う OPP5：多言語使用者として自己を再評価

3　結果

本研究ではTEM図の描き方と論文の記述については一人を対象にした（佐藤, 2012）をTEM図で描かれるKさんの経験のアップダウンについては3名を対象にした（伊東, 2017）を参考に作成した。Kさんが実際に辿った径路は ⟶ で表し、理論的に仮定されうる径路は----▶で表した。< >はカテゴリーでありその他のTEAの概念は図3に表した。

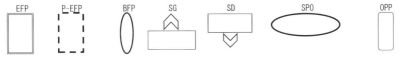

図3　TEM図におけるTEA概念

第Ⅰ期　朝鮮族学校

Kさんは1960年代朝鮮族の両親のもと<中国の東北部に生まれる>。幼児期に<文化大革命が始まる>。

第Ⅱ期　学校での漢語の学習開始

<小学校に入学>した後文化大革命の影響で<要職に就いていた父親が批判される>。そして<家族が離れ離れになる>。この頃から<小学校にあまり通えない生活>が始まった。

第III期　文化大革命の影響で漢族の学校へ通う

　小学校の高学年になると＜漢族の小学校に通う（6年生）＞ようになった。＜寮に住み家族ばらばらの生活＞が始まり孤独を感じることもあった。＜文化大革命の影響が続く＞日々を送る。＜漢族の学校の中学1年に入学する（寮生活）＞と学校の授業を受けずに＜ダムを造りにいく＞こともあった。その後、＜文化大革命の影響で2回目の中学1年＞を送ることになり、＜先生のひどい訛りで授業が聞き取れない＞こともあった。しばらくすると＜ばらばらになった家族が戻る＞ことができた。

第IV期　朝鮮族学校に戻る

　漢族の学校をやめて＜朝鮮族の学校で2回目の中学1年を経験する＞ことになった。中学一年の数学を何度も勉強していたので将来＜数学の教師になりたい＞という夢を抱くようになる。そして、＜朝鮮族の中学校を卒業する（全日制）＞と＜朝鮮族の高校へ進学＞した。教師になるのが夢だったので＜大学入試の出願先で師範大を受けるか迷う＞こともあった。進学の際には社会をよく知る＜兄の助言＞をもらうことができた。この頃＜大学入試制度の変更＞もあった。

第V期　大学入学から卒業

　大学入試を突破して＜漢族の大学に入学（師範大以外）＞すると、大学レベルの＜中国語環境＞で講義の言葉が全くききとれず苦しい日々をおくった。「最初の頃はほとんど聞き取れなくて内職をしていた」とKさんは当時を振り返った。大学では熱心に学業にうちこみ卒業すると漢族の人々が大勢いて給料をたくさんもらえるよい勤め先に就職でき＜大学卒業しキャリアウーマンの道を歩み出す＞。

第VI期　中国系企業

　Kさんの勤め先は待遇もよく仕事も専門性のあるものだったので周囲からは優秀な女性として見られることが多かった。仕事にも私生活にも満足した生活を送っていた。この頃は中国政府の政策の後押しもあり＜大卒女性活躍

第 5 章　中国生まれの朝鮮族　129

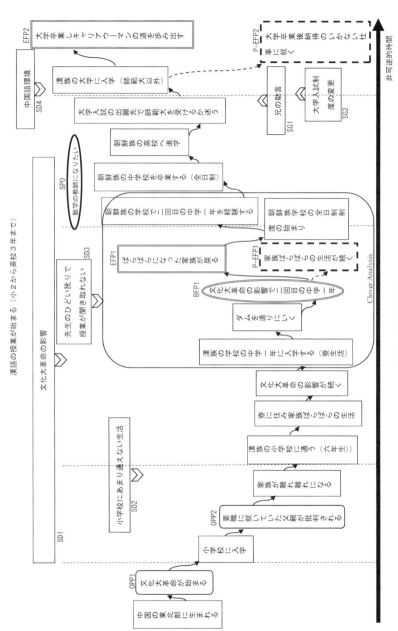

図 4　TEM 図 1/2

130　第1部　日本語指導が必要な児童生徒の「言語」と経験

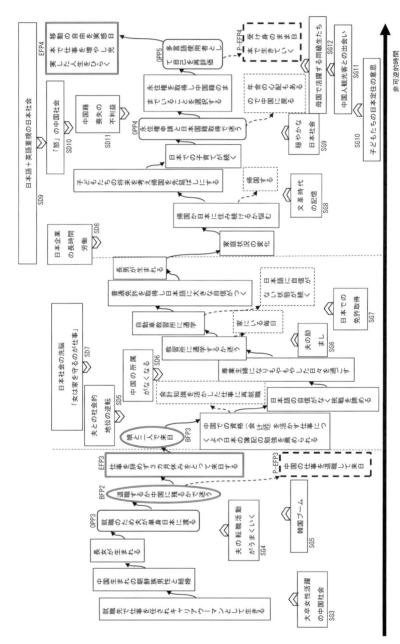

図5　TEM 図 2/2

の中国社会＞という社会状況があった。＜中国生まれの朝鮮族男性と結婚＞し＜長女が生まれる＞。中国生まれの朝鮮族の男性である夫は出身大学のレベルはKさんよりも上だったが、大学卒業後就職した仕事はKさんの給与が高かったので夫婦間では「平等」という認識だった。

　Kさんは妊娠出産後も仕事をやめずに大卒から働いていた組織に勤めていた。安定した仕事をやめるつもりはなかったが、＜夫の転職活動がうまくいく＞ことや当時の＜韓国ブーム＞なども重なり＜就職のため夫が単身日本に渡る＞ことを中国に残り応援した。しばらくして娘をつれて日本に夫の生活の様子をみにいくことを決心した。勤め先にまとまった休暇を出ししばらくしたら中国に戻って働くつもりで来日した。＜退職するか中国に残るかで迷う＞こともあったが、＜仕事を辞めず3カ月休みをとって来日する＞。

第Ⅶ期　家族形態の変化から別離

　＜娘と二人で来日＞すると知り合いから＜中国での資格（会計士）を活かす仕事につくよう日本の簿記の勉強を薦められる＞。しかし、Kさんは＜日本語の自信がなく挑戦を諦める＞。来日後は、エプロンをかけて主婦をしなければいけない。するとしてもパートであることへのストレスが当初あった。「日本に来てから夫はネクタイをつけてよい仕事に出て、自分は家にいるという生活に耐えられない」と感じることもあったという。＜夫との社会的地位の逆転＞や＜日本社会の洗脳「女は家を守るのが仕事」[10]＞を受け＜中国の所属がなくなる＞ことも重なり＜専業主婦になりもやもやした日々を過ごす＞。自動車免許の取得を考えたが最後までやり遂げられるか不安になり＜教習所に通学するか迷う＞こともあった。＜夫の励まし＞もあり入学を決心し＜自動車教習所に通学＞する。＜日本での免許取得＞ができ＜普通免許を取得し日本語に大きな自信がつく＞。自動車免許は中国でも挑戦したことがなく「怖い」からと避けてきたが、筆記試験で100点をとり技能試験にも合格したことで自信になった。その後、日本で＜長男が生まれる＞。

第Ⅷ期　家族形態の変化から現在

　長男が生まれてしばらくすると＜家庭状況の変化＞がおきた。Kさんにと

って大切な人との別れがあった。「強くならなければいけない」と思うようになったという。その背景には＜日本企業の長時間労働＞があった。＜帰国か日本に住み続けるか悩む＞。＜文革時代の記憶＞がよみがえり＜子どもたちの将来を考え帰国を先延ばしにする＞。＜日本での子育てが続く＞。息子に対しては体力的な子育てはできないが「言葉ではできる」と工夫をして子育てをした。＜日本語＋英語重視の日本社会＞での子育ては、苦労も多いが喜びも多い。生後１カ月頃から息子が物を目で追うようになると、朝鮮語や日本語の文字その他なんでも見せた。二歳になる前に日本のひらがなを覚え幼稚園の頃には九九を全て言えるように育てた。

　中国と比較すると＜穏やかな日本社会＞＜「怒」の中国社会＞と感じることもあり＜永住権申請と日本国籍取得で迷う＞こともある。＜子どもたちの日本定住の意思＞もあるが＜中国籍喪失の不利益＞もあり＜永住権を取得し中国籍のままでいることを選択する＞。「日本に帰化すると将来中国に戻って年金をもらえなくなる」ためである。

　勤め先で中国から日本に観光に来た人々が日本に来ると振る舞いを変えることに遭遇する。「場所が変われば人も変わる」と気づいた。中国語と朝鮮語ができるＫさんは、仕事中通訳を頼まれることもある。＜多言語使用者として自己を再評価＞する。＜中国人観光客との出会い＞や＜母国で活躍する同級生たち＞の姿が支えとなり、＜受け身のまま日本で生きていく＞のではない＜移動の自由を実感日本で仕事を増やし充実した人生をひらく＞に至る。

　現在のＫさんの悩みは子どもへの躾である。とくに、日本で生まれた長男に対して朝鮮語での躾ができないことを悩んでいる。「子どもには日本語しか通じない。朝鮮語では（躾の言葉を）言えるけれども日本語でどういったらいいのかわからない」と力強く語った。

クローバー分析

　本研究では、来日前の中国での幼少期に関する語りに、過去と未来との行き来するような語りが多くみられたため、分岐点における想像を検討することが可能なクローバー分析（サトウ, 2015）を行い、TEA の概念との関連を

見ていく。

クローバー分析は、サトウ（2015）の分析を参照した後小学校の中学年で来日した台湾人女性に対する市川（2017）の研究手続きを参考に分析した。

表5　クローバー分析の結果

想像の方向	POPI 過去志向促進的想像	PORI 過去志向抑制的想像	PORI 過去志向抑制的想像	POPI 過去志向促進的想像	COIM 中核の想像	FOPI 未来志向促進的想像
カテゴリー	自己の回想	先生のひどい詑り	文革の影響での留年	留年せず転校	早期の中国語学習	漢族学校への回想
テクスト	数学の問題を解くのにこれは何ページの何があるからそれを見てとか。すごくうまかった。	みんなこの先生の授業は理解できなくて	みんなこのまま留年しますみんな留年するんだったら	わたしは成績がよかったから、それで朝鮮語のところに入った	そのまま中国語の授業にはいっていたらいまどうなっているか	中国の学校にずっといたら今よりもっとよかったかもしれない

クローバー分析の結果、Kさんの想像の方向は過去志向促進的想像、過去志向抑制的想像、過去志向抑制的想像、過去志向促進的想像、中核の想像、未来志向促進的想像と動的であることが示唆された（図6参照）。

図6　Kさんの想像の方向

一般的にいわれる転機や分岐点とTEMにおける分岐点は異なる。促進的記号が発生して自己対話や想像（Imagination）が生じた末に大きな径路を歩んでいくようなポイントならば、OPPであり文化的な出来事である（サトウ, 2017）。

4　考察

ここから、教育機会および民族語の継承とTEAのそれぞれの概念との関連に着目し考察する。教育機会については、TEM図からも見てとれるよう

に、文化大革命の影響を受けたため小学校から中学校までは腰を据えて民族学校で教育を受けることができなかった。TEM 図には描いていないが、Kさんが教育を受け続けることができたのは両親の方針のおかげだったといえる。当時の朝鮮族の子どもたちは、教育を受けられなかったケースもあった。

　民族語の継承では、来日後日本で生まれた息子に対しての継承語教育の困難が語られた。家庭状況の変化もあり帰国を検討したものの「子どものために日本に行こう」という考え方が中国の一部で流行していることも動機となり勉強だけでなく自立心も育てる日本の教育を評価している。それは社会状況が変化しやすい中国に対して、＜穏やかな日本社会＞ SG9 という認識も影響を与えていると思われる。

　第IV期に統合された個人的志向性「数学の教師になりたい」が捉えられた。金がおこなった文革を経験した朝鮮族の青年の研究（金, 2013）では革命に翻弄され学業を諦め農業に打ち込んだ青年の姿が確認できる。K さんは文革の影響で中学 1 年から 2 年に進級するまでに時間がかかったが、大学を卒業し中国ではいい仕事に就いている。クローバー分析の結果では、K さん自身が革命を否定せずに、中国語の学習を継続した際の希望について語っていた。

　イによると、「国民」とは「民族」の存在を全面的に否定することによってはじめて到達されるもの（イ, 1997）であるという。K さんは中国では朝鮮族の一人として認められる一方で、日本では中国人と一括りにされる。家庭環境が変化し日本への帰化が可能になっても、帰化を希望せずに永住許可申請を選択した本心には、日本へ帰化することで中国の朝鮮族としての民族性を消し去られてしまうことへの恐怖心があったと考えられる。現在の K さんは家族の形態が変化し日常で朝鮮語を話す機会が限られており、日本で生まれた子への朝鮮語を教えることも簡単ではない。2024 年現在、日本国内では、NHK がテレビ番組で 1 つのハングル講座をラジオ番組で 2 つのハングル講座を放送し[11] 教育を補助する機会があるが、K さんは韓国語や朝鮮語の教育[12] に関しては日本でも中国でもなく韓国から発信されるものに信頼をおいている。現在の教科書について「中国の教科書はわからない」とも語っており、幼少期に国家の政策によって教育機会を分断されたことが影響

を与えていると思われる。

　中国残留孤児に対して長年研究をおこなっている張（2015）は、自らが国費留学生であるとわかった途端にある残留孤児の方が研究協力に消極的になったと語っている。筆者とKさんの間で研究が成立した背景には中国と韓国という場所と中国語と韓国語、朝鮮語という言語がKさんと筆者の間で共通の世界として成立しているからだと思われる。筆者に対して中国や韓国、東アジアの言葉を語ることでKさん自身に故郷と韓国と自己をつなぐ何らかの映像を心の中に映しだしているのだろう。それは安田がいうところの語り手自身が歴史的・文化的・社会的に埋め込まれたなかで己の経験を構成してきたプロセスへの意味づけを促すもの（安田, 2012）になると思われる。

　また、クローバー分析では、想像の方向が可視化された（図6参照）。

　クローバー分析は分岐点における想像を可視化する試みである（サトウ, 2015）。Kさんにとって、文化大革命はBFPとして可視化されている。促進的記号が発生して自己対話や想像（Imagination）が生じた末に大きな径路を歩んでいくようなポイントならば、OPPであり文化的な出来事である（サトウ, 2017）という考えに基づくと、文化大革命がOPPとしてとらえることも可能である。

5　おわりに

　本研究では、文化大革命を経験した一人の中国生まれの朝鮮族女性の経験をTEAによって描き出した。中国生まれの朝鮮族の女性が、文化大革命によって就学機会を断絶された経験から、自らの息子の教育機会を日本で持ち続けることを望み、それが民族の言葉と国家語の継承を難しくしていることを明らかにした。

注

1 私費留学生とは、（出入国管理及び難民認定法の別表第1に定める「留学」の在留資格を有する者）を対象とし、国費外国人留学生、外国政府が派遣する政府派遣留学生及び在籍期間が1年未満の交換留学生・短期留学生は対象に含まない（日本学生支援機構, 2019）。

2 1860年代初頭の頃には、朝鮮半島と隣接している沿海州の旧ソ連に朝鮮人が住み着いたと言われている。当時は、国境線も大雑把で緩やかなものだったので、貧しい農民たちは、土地を求めて凍りついた豆満江をひそかに渡り、人のいない不毛の地を耕して住み着くようになった。彼らのほとんどは、朝鮮の辺境地域である「六鎮」の出身者で、このことは旧ソ連の独特な高麗人言語共同体の形成に影響を与えた（イ, 1998）。

3 法務省の「帰化申請」によると、日本に帰化しようとする外国人であれば随意申請できる。記載例では、韓国籍を有する、大韓民国と日本に生まれた2つの申請事例を紹介している（法務省「帰化許可申請」参照）。

4 国籍離脱について中華人民共和国国籍法の定めを説明する。中華人民共和国国籍法は、1980年9月の全国人民代表常務委員会委員長によって、第八号令として公式に知られた。二重国籍の禁止について第三条で禁止している。自己の意思によって外国籍を取得した場合には、自動的に中国国籍を喪失する。国籍の回復については、第十六条で触れており、中国公安部の審査によって国籍回復の審査を受けることができる（中国公安部, 1980）。

5 TEAでは、非可逆的な時間の流れのなかで生きる人の行動や選択の径路は、複数存在すると考えられる。どこまでも自由に選択・行動ができ、末広がり的に径路が存在するというのではなく、歴史的・文化的・社会的に埋め込まれた時空の制約によって、ある定常状態に等しく（Equi）辿りつく（final）ポイントがあり、それが等至点（EFP）である（安田, 2012）。

6 トランスビューとは、TEAの手続きの一つである。インタビューは「意味のある会話」と定義されることがある。トランスビューは、見方（view）の融合（trans）という意味を表し、視点・観点の融合を意味する（サトウ, 2012）。

7 地下生活については、蟻族、かたつむり族、ネズミ族の3つの名称が存在する。賀照田らの論考によると、蟻族とは、2000年以降に出現した良い職業や高収入が得られず両親の金銭的サポートもあまり得られない大学卒業生のグループを指す。かたつむり族は、住宅価格の高騰した社会状況のなかで、ホワイトカラー（≒中産階級）という過去の理解が打ち砕かれた現実を表す（賀照田, 2014）。ネズミ族とは、2008年前後地下生活者が増加し、不動産の高騰により地上に家を借りるこ

とができない地方出身の低所得者層が本来居住用ではない地下の狭い部屋に住み、その様子が地下に巣を作って暮らすネズミに例えられて「鼠民」と呼ばれる（日経ビジネス, 2016）。

8　大漢族主義とは、漢族の文化を中心と考える思想および漢族の復興を唱える行為を指す。例えば、漢語による文学や芸術の振興、教育機会の拡大などを指すがはっきりと定義されていない（崔, 2013）。

9　Kさんの故郷は中国の東北部にある中国の朝鮮族がたくさん住んでいる地域である。その地方で話されている言葉を朝鮮語という朝鮮族の人々もいるが、Kさんが韓国語＞朝鮮語の割合で使用するため韓国語と表記した。

10　1960〜70年代は、「女は天の半分を支える」というスローガンのもとで、女性の社会的労働への進出が全面的にすすめられた。このスローガンは中国の女性解放を象徴する言葉となった。1980年代以降、改革開放政策による市場経済化が進むと、ある程度個の自由が認められるようになる一方で性別分業が拡大した（遠山, 2014）。

11　「ハングルのテレビ番組・ラジオ番組」NHK ゴガク https://www2.nhk.or.jp/gogaku/hangeul/（2018年11月18日）

12　他の地域の朝鮮語の教育については、中央アジアの朝鮮民族について論じたイ（1998）の論考がある。そこでは、アルマトゥ放送で1日20分の朝鮮語の番組が行われ朝鮮語学習を広めることに貢献している事例が記述されている。

第 2 部

越境する人々を受け入れる日本企業と地域社会

第6章 教育現場の実際

第1節 小学校高学年で来日した外国人児童の学級参加

　第6章では、教育現場の実際について、外国人児童の学級参加と小学校教員の教育経験を取りあげ検討する。第1節では、外国人児童が日本社会で伸び伸びと成長するために必要な要因について明らかにしたいと考え、日本の公立H小学校での支援記録を複線径路等至性アプローチ（Trajectory Equifinality Approach:TEA）にて可視化し、学級参加を促進・阻害する要因について探りたいと考えた。これらを検討することは、外国人児童の本質だけでなく彼ら／彼女らを取り巻く教師や支援関係者および保護者のニーズがどのように存在しているのかを明らかにできると同時に、今後の外国人児童の教育や支援における内容の向上を考える際に活動の資料として役立つものになると考えた。

1　問題の所在と研究目的

　日本では1990年前後の出入国管理及び難民認定法の改正以降多くの外国人が来日するようになった。現在、日本の学校で学ぶ外国の子どもたちは中国や韓国、台湾などの東アジア地域やフィリピン、ベトナム、カンボジアなどの東南アジア地域に加え、ブラジルやペルーなどの南米にルーツをもつ人々が多い。文部科学省の初等中等教育局国際教育課は外国人児童生徒に対して「日本語指導が必要な児童生徒」という言葉を用い調査報告をおこなっている。「日本語指導が必要な児童生徒」とは、「1. 日本語で日常会話が十分に

できない者及び 2. 日常会話はできても、学年相当の学習言語が不足し、学習活動への参加に支障が生じている者で、日本語指導が必要な者」（文部科学省, 2010）を指し本研究の対象者である外国人児童はこれらに分類される。

木村（2015）は、外国籍の子どもの教育に関する問題は「国民を育てる」ことを前提としていた「日本の学校」の根幹にかかわる問題であると指摘し、現行の制度では日本にいる外国籍の子どもが教育を受ける権利は保障されておらず、不法滞在など保護者の事情で学校教育を受けられない子どもたちが多数いると指摘する（木村, 2015）。日本の公立中学校、高等学校に在籍する外国につながる生徒に対して研究をおこなっている岡村は外国につながる子どもの経験する困難について①情報やサポートの不足②日本人の友だちとの関係③学校や教師への不信感④日本の学校内において同化することを求められているように感じる⑤周囲の日本人の異文化への理解不足⑥日本の部活動の文化への困惑という重要な指摘をしている（岡村, 2013）。

岡村の研究は公立中学校、高等学校に在籍する生徒が対象であるが小学校に通う外国人児童であっても共通する部分はいくつかあると考えられよう。14歳で中国から日本に渡った女性のライフストーリーを分析した豊田・相良（2016）では、誕生から14歳までの間の自己の人生について「親や家族の選択に付随するもの」と位置づけ、学齢期に日本に移住した径路を描いている。小学校中学年で台湾から日本に渡った台湾人女性を対象にした市川の研究では、外国人散在地域にある日本の小学校で担任教師に恵まれたものの日本人のクラスメイトからはいじめられ、学年相当の日本語能力が育たずにつらい思いをした事例（市川, 2017）も報告されている。豊田・相良（2016）や市川（2017）の事例ではいずれも大学への不本意入学を経験しており、外国人児童生徒が日本の学校において学業面で苦労している姿を確認できる。本研究ではこれまでの研究に学びながら、外国人児童の小学校での経験に着目することで1人の外国人児童が学級参加に至るまでの過程に影響を与えている力を明らかにできるのではないかと考えた。

調査概要

201X年10月から201Y年3月まで日本国内の公立H小学校にて日本語

指導が必要な児童に対する支援者という立場でかかわりデータを取得した。

2 研究方法

調査協力者と筆者との関係

調査協力者は、来日して1年に満たない中国の東北部出身の児童Z（以下Zさん）であり、Zさんの性別は女性。筆者はZさんが在籍する学級の支援者の1人である。

データ収集

研究に着手するにあたりH小学校の教員から許可を得た。なお、本研究は倫理的配慮のもとに実施され、結果に影響の出ない範囲でプライバシー保護を行っている。データの収集は、支援の際に気づいたことやH小学校の先生たちとのやり取りに基づき作成されている。

分析方法

観察記録をもとに逐語記録を作成し、KJ法の手順を用いてラベルを抽出した。その後、複線径路等至性アプローチ（Trajectory Equifinality Approach: 以下TEA）の概念であるEFP、P-EFP、BFP、OPP、SG、SD、SPOを用いて分析し図示化した。結果の真正性確保のために心理学を専門とする教育関係者1名に確認を依頼し、時期区分や図の描き方について指摘を受け修正した。その後、公立H小学校でZさんへ教育経験のある小学校教師1名に図の確認を依頼し児童の心性や学校という文脈を題材にした際に適切な表現について指摘を得た後、これらを修正した。

本研究の分析方法は、ヤーン・ヴァルシナー（Jaan Valsiner）の提唱する文化心理学の方法論に由来するTEAである。TEAは「人間の経験」を重視する方法論であり、安田によれば非可逆的な時間のなかで生きる人の行動や選択の径路は複数存在し、歴史的・文化的・社会的に埋め込まれた時間の制約により等しく辿りつくポイントがあるという。それを等至点（Equifinality Point:EFP）とよぶ（安田, 2012）。両極化した等至点（Polarized Equifinality

Point:P-EFP) (佐藤, 2012) は、EFP の対極にある点である。径路が発生・分岐するポイントは、分岐点 (Bifurcation Point:BFP) であり、BFP から枝分かれする径路は後戻りできない時間経過のなかで生じる (安田, 2012)。必須通過点 (Obligatory Passage Point:OPP) は、地政学的な概念であり、ある地点から他の地点に移動するまでにほぼ必然的に通らなければいけない地点である (サトウ, 2017)。

TEA において BFP と OPP を浮き彫りにする概念に社会的助勢 (Social Guidance:SG) と社会的方向づけ (Social Direction:SD) がある。SG は EFP への歩みを後押しする力であり、SD は EFP へ向かうのを阻害する力である (安田, 2015)。統合された個人的志向性 (Synthesized Personal Orientation: SPO) は、人が非可逆的時間を生きるなかでの「個人の内的志向性」(弦間, 2012) である。

荒川・安田・サトウら (2012) によると、研究で TEA を採用するには、1・4・9 の法則に基づいて考えることが望ましい。1 人を対象にした場合「個人の経験の深みを探ることができる」4±1 人を対象にした場合、「経験の多様性を描くことができる」9±2 人を対象にした場合、「径路の類型を把握することができる」という (荒川・安田・サトウ, 2012)。本研究では、Z さんに着目することで外国人児童の経験の深みを探ることを可能にすると考えた。

3　結果

本研究の論述及び図示化に際しては 1 人の事例を分析する研究をおこなった佐藤 (2012) の研究を参考にまとめた。Z さんが実際に辿った径路は ⟶ で理論的に仮定できる径路は - - - ▶ で表した。本文中の< >はカテゴリーである。その他の TEA の概念については図 1 に示した。Z さんに対する観察記録と教師とのやり取りから TEM 図 (図 2) を作成した。Z さんの成長の過程を 5 つに区分し、それぞれ「誕生から両親の来日」までを第Ⅰ期、「来日から公立 G 小学校」までを第Ⅱ期、「H 小学校での初期」を第Ⅲ期、「H 小学校での中期」を第Ⅳ期、「H 小学校での変容期」を第Ⅴ期とし、

Zさんの学級参加の径路を分析した。さらに、前述したTEAの概念に基づきZさんが学級参加するうえで影響を及ぼした様々な要因を、EFP、P-EFP、SG、SD、BFP、OPP、SPOで描いた。

図1　TEM図におけるTEA概念

第Ⅰ期（誕生から両親の来日）

2000年代に＜中国の東北部で漢族と少数民族の両親の元に誕生＞したZさんは、祖父母たちから＜綺麗な字を書くように厳しく躾けられる＞。Zさんが生まれた当時は出入国管理及び難民認定法が改正された影響で＜連鎖移民の増加＞が顕著であり中国では日本を目指す人々も多かった。＜厳しい祖父母の躾＞もあり成績優秀な子どもとして成長する。こうした時代背景のなかで＜両親が先に来日祖父母に育てられる＞。

第Ⅱ期（来日から公立G小学校）

しばらくして＜家族で暮らす基盤が整う＞と両親に呼ばれ＜来日＞＜両親との生活が再開＞した。最初に住んだ地域は日本語の指導が受けられる学校が近くになかった。＜G小学校転入（小学5年秋）＞後は、＜G小学校で日本語指導が受けられない日々を過ごす＞。この頃から＜故郷の友人とのSNSでの交流（中国語）＞がZさんの心の支えとなった。

第Ⅲ期（H小学校での初期）

＜日本に精通した日本在住の親戚の助言＞を得て日常的に日本語指導が受けられる＜H小学校転入（小学6年）＞した。転入と同時に、＜日本語指導が必要な児童が在籍する学級に入る・国際教室での学びを開始＞した。H小学校は若手の教師から管理職まで学校全体が外国人児童の教育に情熱をもつ環境だった。H小学校に入学すると＜国際教室での指導・中国語のわか

るクラスメイトとの出会い＞があり、一言も言葉を発せずに一日が終わることはなかった。一方で、Ｚさんは来日間もない時期にＧ小学校で日本語の指導や教科学習の助けとなるような支援を受けられずにしばらく過ごしていたため、＜学校で自分を表現できない日々が続く＞。

第Ⅳ期（Ｈ小学校での中期）

＜地域の日本語支援教室に参加＞した際は、Ｚさんと同じような境遇におかれている外国人児童たちとともに専門的な知識のある支援者から考える力を養う支援を受けた。

第Ⅴ期（Ｈ小学校での変容期）

ある日Ｈ小学校の依頼で＜中国語のできる支援者がＺの担当になる＞。入り込み授業の傍らで中国語と日本語を使い＜日本の三国志の本は正しくないと支援者に伝える＞場面があった。この日からＺさんに対して＜中国の教育経験を活かす個別支援（新聞・内容・記憶）＞が始まる。１カ月もたたないうちに＜テストでよい成績を修める＞。

Ｚさんの両親は仕事で忙しい日々を送っていた。ある日＜学校が一番楽しいと支援者に伝える＞。転校当初は自ら進んで担任教師に意見を言うことはなかったが、少しずつ＜担任教師に自分の気持ちを話せるようになる＞。こうしたやり取りを続けるうちに＜担任教師が児童Ｚの新しい面を発見する＞。冬になり学校行事の代表を決める場面ではＺさんが自ら行動し＜じゃんけんで勝ち学級代表に選ばれる＞。勝つと思わなかったので＜緊張しながら学級代表を任される＞。学校行事の準備をしている過程では、＜綺麗な中国語で同国人のクラスメイトに認められる＞場面もあった。

無事に＜学級代表での発表を成功し自信がつく＞と教室での振る舞いも変化した。声も大きくなり授業中担任教師の冗談に笑う場面も増えていった。中国語を使った支援の場面で中国社会の発展や中国人女性が社長として活躍していることを知ると、目を輝かせ＜将来社長になって活躍したい＞という思いを支援者や教師に打ち明けるようになり卒業式を前に＜日本の学級に溶け込み主体的に学級参加＞に辿り着いた。

第 6 章　教育現場の実際　147

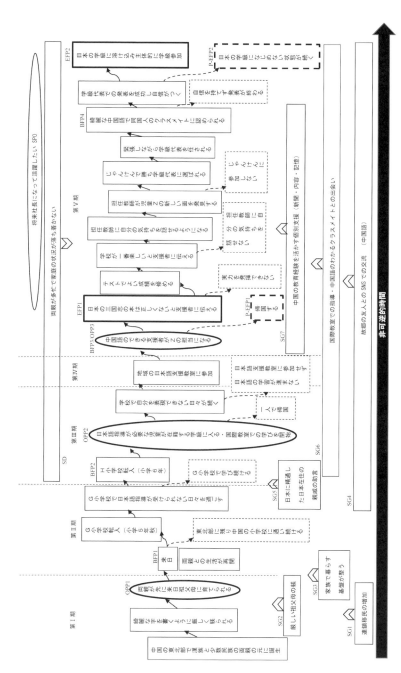

図 2　小学校高学年で来日した外国人児童の学級参加の径路

4 考察

　ここから、OPP、SG および SD に着目して考察する。これらの3つの概念に注目する理由は外国人児童が国境や異なる社会言語環境を越える際に歴史的・文化的・社会的に制約のある時間を生きていく過程で働く力を可視化することは、外国人児童の教育や支援にかかわる人々に有意義な知見を示せると考えたためである。サトウ（2017）によると、OPP は、「制度的必須通過点」「慣習的必須通過点」「結果的必須通過点」の3つに分類できる。制度的必須通過点は、義務教育のように法律で定められているような行為・経験である。慣習的必須通過点は、化粧のように慣習的に行われる行為・経験である。結果的必須通過点は戦争中の疎開など結果的に多くの人が行う行為・経験である（サトウ, 2017）。Z さんの事例では慣習的必須通過点に＜両親が先に来日祖父母に育てられる＞OPP1 が該当し、こうした径路は同じ中国人女性を対象にした豊田・相良（2016）の事例でも描かれており現代で中国から日本に移住する家庭の子どもたちの多くが経験すると考えられる。＜日本語指導が必要な児童が在籍する学級に入る・国際教室での学びを開始＞OPP2 及び＜中国語のできる支援者が Z の担当になる＞OPP3 は制度的必須通過点の一例として位置づけられるだろう。

　SG では、社会状況に関する SG1、家庭教育に関する SG2、家庭状況に関する SG3、友人とのつながりに関する SG4、身内からの情報支援に関する SG5、専門的な指導や同じ環境の仲間との出会いに関する SG6、学校での個別支援に関する SG7 が捉えられた。奥山（2018）は、外国人児童が困難を乗り越える際に必要な要因について①理解ある親②身近な日本人の親しい友だち③進学について情報をもつ担任教師等の支援であり、文章読解や作文については教師の指導が期待されると述べている（奥山, 2018）。Z さんの事例では両親が多忙で家庭が落ち着かない状況のなかで H 小学校での日本語指導だけでなく中国の教育経験を活かせるような個別支援を受けられたことが困難を乗り越えることにつながったと考えられる。他方、SD では＜両親が多忙で家庭の状況が落ち着かない＞が捉えられた。Z さんは体調がすぐれない日でも「学校が一番楽しい」と語り H 小学校に登校して授業や支援を

受けようとした。「感情を表出する」場の重要性は岡村（2013）も指摘しており、H小学校はその機能を果たしていたのだろう。外国人児童の保護者からは「日本の学校は親がやらなくてはいけないことが多く負担が大きい」という声を聞くことがある。外国人児童の親が日本語を十分にできない場合「日本の保護者のように児童についてその日のうちに伝えられないことがもどかしい」と話してくれた教師もいた。日本の学校で学ぶ外国人児童生徒たちが増加する今日において現場の教師と保護者たちをつなぐシステム作りも急務である。

5　おわりに

　Ｚさんの事例は日本の小学校に中途編入した外国人児童の一つの事例として位置付けられる。外国人の子どもたちが日本で暮らすようになった背景には、家庭の都合だけでなく迫害や戦火などから逃れてくるケースも少なくない。日本国は不法滞在の家庭の子どもたちも含めて「子どもの教育」をどのように進めていくのかを再考する時が来ている。

　「学校が一番楽しいと支援者に伝える」ことができた背景には、Ｚさん自身が学級内で「日本の三国志の本は正しくないと支援者に伝える」ことができた環境であったことも影響しているだろう。このことは、学級担任が言語や文化の壁を乗り越えて、Ｚさんの良さを引き出そうと常に見守っていたことに加え、中国語のできる支援者が身近におり、Ｚさんが中国で学んだ内容や中国特有の習慣などについて肯定的に接していたことも支えとなっていたといえるだろう。

第2節　日本語指導が必要な児童に対する教育経験は日本人教師にどのような気づきをもたらしたのか

　第1節では、小学校高学年で来日した外国人児童の学級参加について検討した。第2節では、日本語指導が必要な児童に対する教育経験が日本人教師にどのような気づきをもたらしたのかを検討する。

1　日本語指導が必要な児童生徒への教育状況

　外国人の子どもたちが増加するにつれて、教師の仕事内容も変化してきた。教員同士の問題の共有や制度的な支援の枠組みが十分にないなかで、外国人の子どもや保護者に接する担任教師が保護者との意思疎通の困難や文化的背景の異なる子どもたちの対応に戸惑うこともあるという。同僚教師や管理職から十分な理解が得られない場合には、対象を崩し休職や離職を選択するケースもあるという[1]。

　日本の学校では、「外国人児童生徒等教育を担う教員の養成・研修モデルプログラム開発事業」(文部科学省, 2017)が着手され大学等の研究機関が主導となり、教員や支援員の育成や体系的なモデルプログラムの開発が進められている。

　それでは、外国人の子どもや保護者に向き合う教師たちは実際にどのような経験をしているのだろうか。日本において外国人の子どもたちと教師の間の問題が表面化してきたのは平成2年(1990年)の「出入国管理及び難民認定法」の改正と翌年の平成3年(1991)の施行が契機である。こうした社会背景をうけて、教師たちの状況も変化していった。

教育経験に関する先行研究

　これまで日本の学校における教師と外国人の子どもたちに関する研究では、「ニューカマー」という表現が用いられてきた。「ニューカマー」という言葉の使用自体が国籍や言語、人々の出自の詳細を十分に議論していないと

の批判もできるが、本書における「ニューカマー」とは 1980 年代後半、新たに来航した人々であり、在日中国人や日系南米人、フィリピン人などのさす田渕（2013）の定義を用いる。

　これまでニューカマーを論じた研究として、ニューカマーの子どもの対処をめぐるストラテジーについて研究を行った金井（2005）、南米と中国にルーツを持つ子どもたちの異質性への配慮について言及した金井（2007）、エスニック・マイノリティの子どもに対する教師の表象の金井（2003）、ボーダーという概念を取り上げて多文化教室において文化の差異に能動的に働きかけることで子どもたちへの関係性への変化を探った金井（2001）がある。金井による一連の研究では、米国で社会言語学や教育人類学の分野で研究されてきたボーダーという概念に注目し、多文化教室において教師の役割を議論するにはニューカマーの子どものセルフエスティームと文化的アイデンティティの観点が重要であることが述べられている（金井, 2001）。1 人の教師の実践に焦点をあてた金井（2005）では、ニューカマーの子どもの対処のあり方をめぐって、教師がどのような葛藤を経験し、自らが経験する葛藤を解決するためのストラテジーを選択しているのかを検討しており、教師がニューカマーの子どもに対処するということは様々な葛藤と格闘しながら解決を模索する過程そのものであると指摘している。

　さらに、エスニック・マイノリティの子どもの担任を受け持つ教師に着目した金井（2003）では、教師は、子どもの国籍や生育地、両親の出身地などの子どもの異質な文化背景に関する何らかの知識があるものの、教師が教室で子どもに対処する際に、子どもの異質な文化的背景が子どもの言動に及ぼす影響について考慮しにくくなっていると指摘する。そして、教師がエスニック・マイノリティの子どもが○○人として生きる現実世界に歩み寄り、個々の子どもたちが自らの文化的アイデンティティを自由に決定し表明できるよう、子どもの声に耳をすまし身体の動きを注意深くみる必要があるという。

　また、金井（2007）では、1 人の教師の実践に着目し教師がニューカマーの子どもの異質性を配慮しようとする際にどのような葛藤を経験しているのかを明らかにしている。具体的には、教師はニューカマーの子どもとその家

族に配慮しながら、子どもが学校や教室の学習に参加できるよう対処しているが、教師の対処は時として教師の意思とは裏腹に子どもを学校や教室での学習から疎外するように作用する。加えて、ニューカマーの子どもとその家族の日本での生活状況に配慮していながらも学級経営を重視するためには、子どもを学校や教室での学習から疎外するよう作用することがあると述べる。

それでは、他の観点から教師についてみていくことにしよう。

ネイティブ日本語教師の海外経験について着目した北出（2017）の研究では、若手ネイティブ日本語教師2名にインタビューを実施し、海外での赴任経験を通じて生じた葛藤やアイデンティティの変容について述べている。1人は、期待と現場の齟齬に落胆しており、もう1人は、先輩日本人教師の存在や、意識的に他の教師と関係構築をしてきたことがプラスになったことを述べている。

教師が学校という空間で経験する日常を描き出すことは、教師の働き方や日本語指導が必要な児童生徒をはじめ日本人児童に対する教育に対しても有益な知見を示すのではないかと思われる。

本研究では、これまであまり注目されてこなかった日本語指導が必要な児童に対して教育経験を持つ教師に着目し、経験のプロセスの記述を複線径路等至性アプローチ（TEA）によって可視化することで、日本語指導が必要な児童に対する教育経験が日本人教師にどのような気づきをもたらすのかを明らかにすることを目指す。

2　研究方法

調査協力者の概要

日本語指導が必要な児童が在籍する小学校で働く教師4名（全員女性）に対し、インタビューを行った。インタビュー実施に際し、事前に内容について許可を得た。A小学校には、通常級と特別支援学級のそれぞれに日本語指導が必要な児童が在籍している。

第 6 章　教育現場の実際　153

表 1　研究協力者の概要

	概要
T1	大学を卒業して教師になった。A 小学校ではベテラン教師である。通常学級と特別支援学級の両方の担当経験がある。
T2	大学を卒業して教師になった。A 小学校ではベテラン教師である。音楽の授業担当。音楽教育と他の教育との応用について関心がある。
T3	大学卒業後 5 年以内に A 小学校に着任した。日本語指導が必要な児童への教育について責任ある立場にある。大学時代、日本語指導が必要な児童について学ぶ機会がなかった。
T4	A 小学校ではベテランにあたり、日本語指導が必要な児童への教育について責任ある立場にある。日本語指導が必要な児童を初めて受け持ったのは前任校である。

倫理的配慮

　インタビュー開始前に、研究使用について説明を行い同意を得た後、IC レコーダーへの録音と筆記で面接内容を記録した。本研究は、結果に影響を与えない範囲でプライバシー保護を行っている。

データ収集

　本研究の協力者は、日本の公立A小学校で働く小学校教師4名である。「日本語指導が必要な児童」が比較的多く在籍する小学校であり、多様な文化的背景を持つ児童に対する教育や支援に対して、関心のある教師が集まっている。4名に共通するのは、①日本の教育機関で教師になるための勉強をした、②公立 A 小学校に勤めている、③女性である、④インタビューを依頼した時点で「日本語指導が必要な児童」に対する教育への関心が高くよりよい教育を模索している、の 4 点であり、学校内での担当学年や授業は共通する部分もある。

　本研究で扱うデータは、公立 A 小学校内で 4 名が語った内容を用いた。201X 年 2 月から 201X 年 3 月の間で児童が帰宅した放課後や空いている時間にお願いしたものである。1 回あたりの時間は、T1 先生（76 分）、T2 先生（21 分）、T3 先生（28 分）、T4 先生（10 + 16 分）で一人あたり平均 37 分

であった。

　4名の協力者のインタビューは、基本は1回であるが、十分な時間がとれなかった場合は、2回にわけて半構造化インタビューを行った。準備した質問項目は、教師を目指したきっかけや教員免許取得の経緯、一般職の経験の有無や現在の学校への異動した時期、専門科目等である。加えて、これから教師を目指す人たちへの期待も語ってもらった。

データ分析

　本研究では、複線径路等至性アプローチ（Trajecotry Equifinality Approach: TEA）を分析に用いた。TEAとは、Jaan Valsinerの提唱する文化心理学の流れを組む方法論である。日本国内では、2000年代に京都の立命館大学のサトウゼミを中心に発展した方法論である。基盤を作りあげたのは、不妊治療の女性の研究を行った安田裕子や化粧の研究を行った木戸彩恵、プロセスの研究を行った福田茉莉、理論的枠組みをサトウと安田と共に提唱した荒川歩であった[2]。

　TEM図の妥当性については、協力者のうちT4先生に確認を依頼しその後T1先生に協力してもらった。T4先生には、4名の図や本文の記述の適切さについて助言を受け必要に応じて修正した。T3先生については、自身の語りと経験を振り返りより適切な表現を教えてもらった。

　4名の語りをもとにTLMGを入れ込んだTEM図を作成した。T4先生の語りからは、インタビュー時間が最も短いながらも明確に2つの課題への語りが見られたため、TLMG図を入れ込んだTEM図を作成した。いずれもA小学校での教育経験に関する語りでは、内面の変容が見られたので、その地点を必須通過点および発生の三層モデルとした。

分析概念

(1)研究開始時は、等至点（Equifinality Point:EFP）を「A小学校で働き続ける」としていたが、分析の過程で、A小学校で働き続けるうちに、仕事に対する問題意識を育んでいき印象深い経験をしていることがわかってきた。1人1人の分析結果をTEM図で描くことで、教師の学校での日

常と内面の変容を詳細に示すことができるのではないかと考え、個別の等至点を設定した。

(2) 等至点を設定した後に、分岐点（Bifurcation Point:BFP）及び発生の三層モデル、価値変容点について検討した。

(3) そして、等至点に向かうのを阻害する力（Social Direction:SD）、援助的に働く力（Social Guidance:SG）をそれぞれ設定した。

(4) 最後に、TLMG について再検討し、T4 先生に 2 つの自己が見られたので、2 つ目の TLMG を描いた。

質的調査法の飽和への手続き

　それぞれの TEM 図を完成させた後に 4 名に共通の TEM 図を作成した。なお、本研究では、TEA 研究会（2017 年 3 月の沖縄国際大学）でコメントを得たのち、T4 先生に対面でそれぞれの図を見てもらい TEM 図や論文の記述について意見をもらい、教育現場に還元できるよう TEM 図や記述について修正加筆をおこなった。その後、T4 先生を介し T1 先生に連絡をとってもらい、T1 先生とは対面で TEM 図や記述について意見をもらい筆者の思い込みで記述していたカテゴリーや TLMG の三層について助言を得たのち、修正と加筆をおこなった。

　日本語指導が必要な児童への教育経験は日本人教師にどのような気づきをもたらすのかを明らかにするために、TEM 図を作成した。TEM 図作成の際には、非可逆的時間のなかで発生の三層モデル（TLMG）での変容と価値変容点（VTM）について詳しく書かれている廣瀬（2012）の研究を参考に進めた。全体の記述については、ネイティブ日本語教師の海外教育経験が教師成長をどのようにうながすのかについてまとめた（北出, 2017）の論考を参考にした。

　次の通り、それぞれの分析結果の図を示した（図 3 から図 7）。

3 結果―日本語指導が必要な児童への教育経験を通じ それぞれの気づきに至った 4 名の経緯

T1 先生、T2 先生、T3 先生、T4 先生の教師経験と生じた葛藤

　T1 先生、T2 先生、T3 先生、T4 先生はそれぞれ日本の大学で教員免許を取得し、小学校教員になる。教師として児童たちに教えることにやりがいを感じていた。一方で、それぞれの BFP に見られるように葛藤や分かれ道を経験していた。T1 先生は、教師になりたての時期に苦労した経験から、A 小学校で特別支援学級の担当をするにあたり、どうしたらよい教育、環境づくりができるのかを常に考えていた。T2 先生は、ベテランの教師である。音楽の先生を長年続けており A 小学校の前にも勤務経験がある。日本語指導が必要な児童の魅力について音楽教育を通して発見し、他の教科と連携をはかりたいと常々考えていた。T3 先生は、教師になって何年もたたないうちに A 小学校に赴任した。学生時代に日本語指導が必要な児童生徒に関する教育や実習経験がなかったため、学校の内外でおこなわれる研修に積極的に参加していた。T4 先生は、ベテラン教師である。日本語指導が必要な児童に対する教育は、A 小学校の前任校で韓国人の子どもを担当したのが初めてだった。A 小学校に赴任後、日本人保護者への対応とは異なる教師力が必要な仕事内容にとまどいながらも、保護者と児童のためよりよい教育と環境をつくりたいと考えている。

A 小学校での経験と問題意識の変化

　T1 先生、T2 先生、T3 先生、T4 先生それぞれの A 小学校での経験と問題意識の変化の関係について、T1 先生、T4 先生に実際に意見をもらいながら作成した TEM 図が図 3 ～ 7 である。第 1 層には、T1 先生、T2 先生、T3 先生、T4 先生それぞれが A 小学校の日常で経験した日本語指導が必要な児童に対する教育経験のなかでも、印象深く BFP に代表される出来事を描いた。第 2 層は、第 1 層の経験や出来事から発生した気づきである。第 3 層では、第 2 層の気づきが集結し、T1 先生、T2 先生、T3 先生、T4 先生にとってどのような価値観の変化があり、どのような認識に至ったのかが示さ

れている。

T1 先生

　まず T1 先生は、A 小学校に赴任後、特別支援級の担任になり欧米の国語教育に刺激を受けつつ、日本語を一生懸命教えていた。そうした日常のなかで、言葉のつながらない親子に出会う。日本文化に馴染んでいない親を軽んじてしまう子どもたちに愕然とし、文字解釈よりも論理的な話し方を学ぶ国語教育が必要ではないかと考えるようになる。子どもの学びが大切だと実感していく（第１層）。A 小学校恒例の学校行事が近づき、近隣住民や大学生の手伝いをお願いすることになった。学校行事に向けて、発表までの過程や学びが大切であり、学習発表会で父母や留学生を巻き込む等の工夫をすると、これまで母親とよい関係を築けてこなかった児童 A の変化が見られた。学習発表会を終えて、国語教育の重要性に意識が向く。日本の国語教育も少しずつ変わろうとしているのだから、教師に期待されているのは抽象的な事柄や複雑な事柄をどう学ばせるかであると気づく。児童の将来を考えると、深層で理解できないと将来の仕事にも支障がくる。言語技術を学ぶ単元の増加が急務であると実感し、会話力を育成するだけでは高校入試を太刀打ちできないと思いがめぐる（第２層）。本当の意味で外国につながる子どもたちが自分の国を大切にするには継承言語が大切であり、相手文化を尊重する態度が必要。家で親と子がほそぼそと継承言語をつかう時間をもつことが必要で、小学校での VTM「母語支援を構築し保護者へのエンパワーメントが必要」に至る（第３層）。そして、抽象的・複雑な事項をどう学ばせるかを経て、EFP「児童にどう理解させていくかの研究が必要と気づく」。

158　第2部　越境する人々を受け入れる日本企業と地域社会

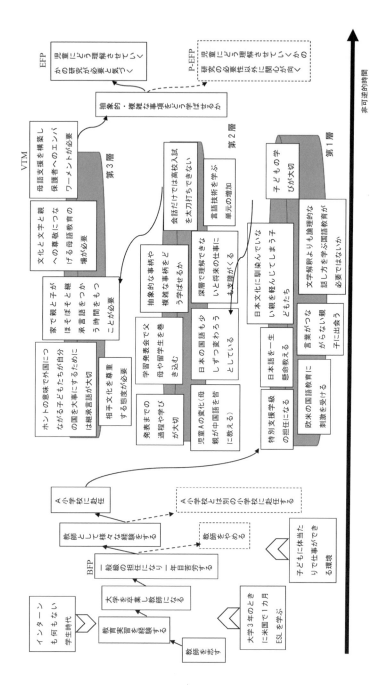

図3　T1先生のTEM図

T2 先生

　次に、T2 先生は、A 小学校に赴任前もいくつもの小学校で教育経験があった。A 小学校に赴任すると、国際教室に通う児童に音楽教育を開始する。日本語の力が十分に育っていない児童たちに歌唱で歌詞を理解させるのに苦労する。共通教材に出てくる言葉を理解できない子どもたちには、一つ一つ確認させなければならない。それまで楽器に触れていない子どもが多いことを知る。A 小読み（楽譜を読むときの読み方）を繰り返し実践し児童の頭の中にインプットさせる日々を送る。階名読みもできない児童に出会い戸惑うこともあった。しかし、日本語指導が必要な児童特有の音楽のセンスの良さに感激することもあった。子どもたちに音楽の力日本語の力を付けさせるために、日直になったら真似でもいいからしゃべらせることにした（第 1 層）。A 小の子たちはリズムうちに自信がないのが課題で、リズム感はあるのに自分に自信がない子が多い。日本の言葉は難しいけれど、自信が持てるようにリズムうちを 1 人 1 人やらせることにした。1 年生のときは何とかなる。でも、感じたことを日本語で話すのはすごく難しい。日本語指導が必要な児童たちには、考える力・応用力もある。音楽教育特有の楽器の弾き方・階名のインプットは難しい。5 年 6 年は難しい言葉があるから大変になる。音楽教育が他に活かせるのかという思いを巡らせていく（第 2 層）。

　CD を聴かせて授業をして耳で覚えさせて音楽に親しませることをしなくちゃ A 小の子たちには難しい。自分で考えたリズムを披露できるような形にしていくのが大切である。いろんな楽器に触れさせて音色に親しませるのも大切で国語教育からの接続を実感する。自信を持つと一緒になって楽しくやろうという意識が芽生える。伸ばしてくれる人が必要で、VTM「1 人 1 人に自信を持たせる「問い」「励まし」の教育が必要」だと実感する（第 3 層）。

　そして、EFP「日本と他の国の架け橋になる児童の育成の必要性に意識が向く」。

160 第2部 越境する人々を受け入れる日本企業と地域社会

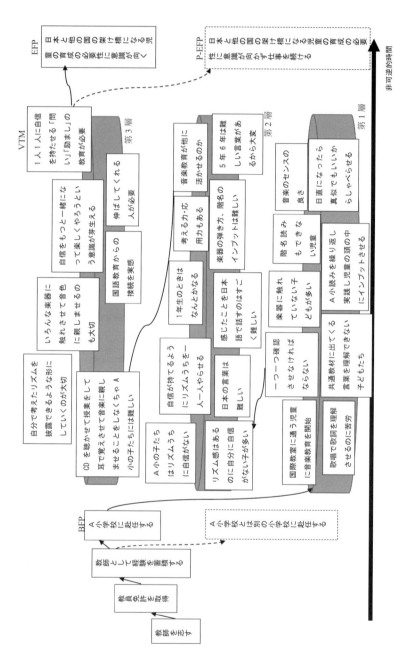

図4 T2先生のTEM図

T3 先生

　続いて T3 先生は、学生時代外国につながる子どもについて実習・勉強せずに大学を卒業した。教員になってから、A 小学校に赴任し、副担任・国際教室担当として働き始める。日本語が話せる子が多いことに驚く一方で、外国につながる子に対して全く知らない自分に気づく。国語に出てくる言葉がわからない児童に出会い、「自分でもどうすればいいかわかんなかった」と語る。「もともとの指導技術もないし、子どももきっとわかんないのに、子どもたちはわかったのかな」と過ごしていたという。授業中に児童に補足するようになると、（児童が）わからないときわからないと言ってくれるようになる（第 1 層）。

　算数の時間では、「より」「そうです」がわからない児童がいる。初めて読む文はわからない言葉に線をひかせ調べさせるようにした。日本語指導が必要な児童や日本人児童に対して国のことを教えるようにした。国際教室について他の児童にも伝えるようにし、同じ国に住み学んでいるという意識を育むようにした。A 小学校は、日本語指導が必要な児童に関する行事があるのがすごいと思う。大学での実習の一カ月じゃ何も身につかないし、わかったふりをする児童 H とも出会った（第 2 層）。

　算数は言葉プラス α の厳しさがある。母語が読めない児童がいる。心細い思いをせずに子どもたちがいることができる環境つくりが大切であり、児童も教師も「わからない」といえることが大切。そして VTM「ベテランの先生の仕方を一年くらい見られる配置が必要」であると実感する（第 3 層）。その後、EFP「初任者の配置に期待を見出す」。

162　第2部　越境する人々を受け入れる日本企業と地域社会

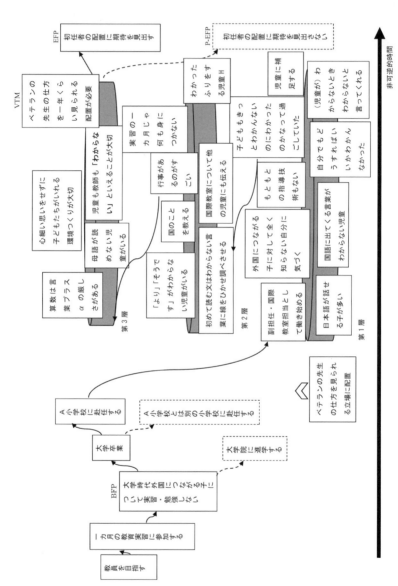

図5　T3先生のTEM図

T4 先生　一つ目の TLMG

　最後に、T4 先生は、分析の結果二つの TLMG が描かれた。一つは、保護者に対する関わりの変容を可視化した TLMG である。もう一つは、日本語指導が必要な児童に対するかかわりの変容を可視化した TLMG である。T4 先生は、A 小学校の保護者の対応は、これまでの勤務経験がすぐに活かせないと感じていた。外国籍の児童が増加したことで地域住民たちの間でも問題が共有され、早くから教員だけでは十分に指導できないと実感し、教育にあたってきた。地域住民や大学生のボランティアの支援が開始し、児童にとってよりよい教育空間つくりに一歩を踏み出した矢先に、A 小学校で保護者との関わりに葛藤経験が生じた。それまでの勤務校では、保護者に配る学校便りや連絡帳の作成にそれほど苦労せずに取り組んできた。しかし、A 小学校では日本人の保護者のようにすぐに日本語が通じないことが多く、日本語指導が必要な児童の保護者との意思疎通ができないことがしばしばあった。

　日本人の保護者であれば、児童の様子が心配なときにすぐに保護者に連絡をとって家庭状況を確かめることができる。しかし、A 小学校では、日本語指導が必要な児童の保護者が心配（学校から保護者への連絡が理解できているかの意味）だから電話をかけたいけどかけられない日々が続く。家庭と教師をつなぐ通訳が小学校に常駐しているわけではないので、今日伝えたいことが伝えられないのが日常である。気を遣う日本語指導が必要な児童の保護者との連絡がいくつも重なり、保護者とのやりとりが遅い時間まで続く（第1層）。日本の保護者だったら親と連絡をとることは気軽にできた。仮に、通訳がいてもタイムリーに話してもらえない。日本語指導が必要な児童の保護者に電話をかけたら心配に思うかもしれない。いつも遅い時間に面談をしたり連絡をとるのは実は違うと伝えなければと思う。伝えたいことは伝えたい、子どもだけでは子どもは育っていかない。教師が全て保護者に合わせるんじゃない（第2層）。お互い歩みより子どもを育てていこう、日本語指導が必要な児童の保護者の都合に合わせて努力する。教師が保護者にお願いして一緒に協力し合って子どもを育てていく。VTM「教師の思いを伝え保護者と関わる」に至る（第3層）。

T4 先生　二つ目の TLMG

　二つ目の TLMG では、A 小学校に赴任後、国際教室担当になってからの子どもと他の教師たちの関わりの経験について述べる。

　T4 先生は、A 小学校に赴任すると、国際教室担当になった。そして、一年生の担当になる。これまでも複数年小学校教師として経験を積んできた T4 先生は、ああ一年生ね同じ、とこれまで通り教育を行えば万事うまくいくと考えていた。しかし、ある日これまでとは異なる日常に気がつく。授業中、「はい」っていったのに、その先が何も進まない。「わかりましたか」に「はい」と答える児童に戸惑うようになる。日本語指導が必要な児童たちは、「はい」の返事の意味がわかっていない。このことがきっかけとなり T4 先生は、近隣の学校を借りて学習会を実施することになる。当たり前に伝わらない日々に、「わかりません」や違う言葉を教えなければいけないと思うようになる（第 1 層）。

　子どもたちの「はい」って言葉を信じちゃいけない。担任のほうが子どもとのつながりが長いのだから、担任と国際が連携するにはどうしたらいいかを考える。勉強会が充実してくると、この学校は大きく違うと実感できるようになる。言葉だけでは駄目だなと感じ、テキスト・時間配分も改善するようになった。音声と書くことが必要でなるべく目で見てわかるもの、言葉と絵が必要である。言葉ではまず通じていないし、どんな支援ができるかな（第 2 層）という思いがめぐる。

　「はい」っていうのは子どもにとって挨拶みたいなものだろうか。確かめることが大切であり、担任と国際担当の連携強化が必要である。自分（教師）が活かされなければ学校はよくならない。悩みは皆で共有する。そして、個々の教師が孤立しない環境つくりが大切で、子どもたちが「見てわかる」ものを準備するのが当たり前になり、VTM「国際も担任もどちらも相手を気遣いながらやればうまくいく」に至る（第 3 層）。そして、EFP「子どもとのかかわりが変わる」。

第 6 章 教育現場の実際 165

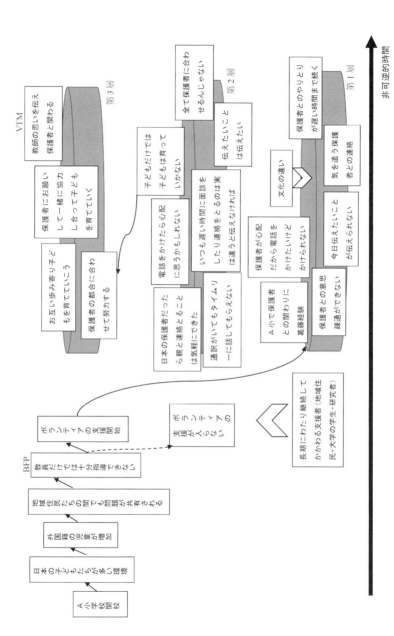

図 6 T4 先生の TEM 図 1/2

166　第 2 部　越境する人々を受け入れる日本企業と地域社会

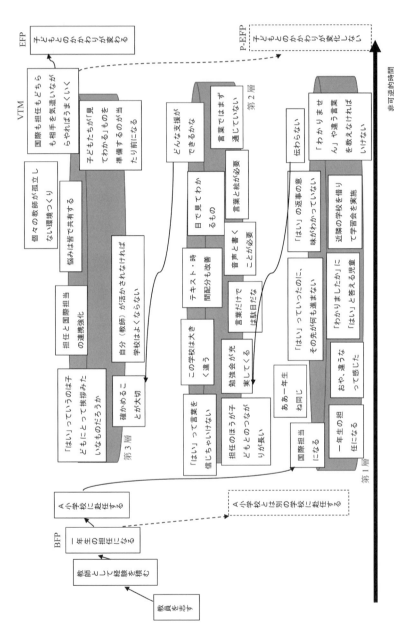

図 7　T4 先生の TEM 図 2/2

第 6 章 教育現場の実際 167

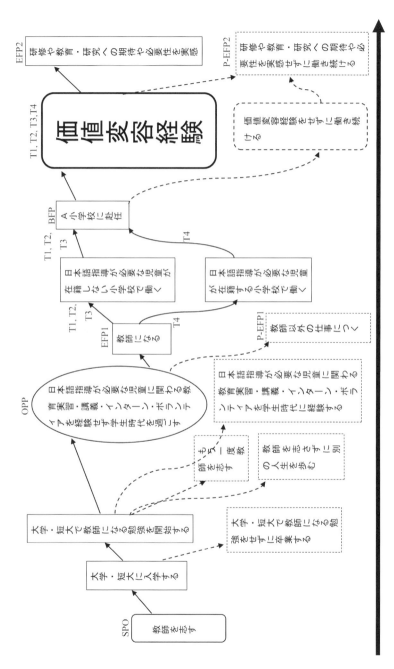

図 8　4 名の統合の TEM 図

統合の図 8 からみえてくる今後の教師養成への示唆

T1、T2、T3、T4 先生の語りとそれぞれの TEM 図を再分析した結果、図 8 の統合の図が示された。教師を志すという意志のもと、大学や短大に入学し大学・短大で教師になる勉強を開始した 4 名の教師たちは、日本語指導が必要な児童に関わる教育実習・講義・インターン・ボランティアを経験せずに学生時代を過ごした。教師になると、日本語指導が必要な児童が在籍しない小学校で働く、日本語指導が必要な児童が在籍する小学校で働くという径路を辿り、A 小学校に赴任した。その後、価値変容経験を経て、研修や教育・研究への期待や必要性を実感するに至る。

4 考察

日本語指導が必要な児童への教育経験に着目すると、日本人教師 4 名には、同じ A 小学校で働くという環境的な共通の要因はありながらも、明らかになった気づきは異なる。

T4 先生は、A 小学校という場での教育経験を通していくつもの問題意識を育み、それが二つの TLMG につながったといえる。TLMG は、TEA において分岐点における「自己のモデル」(サトウ, 2015) である。分岐点について、ハーマンスの対話的自己理論を援用して説明したサトウらによれば、外在化する他者や文化的・社会的言説を内在化した自己と人生径路を歩む合目的的な自己との対話により生じるためらいの状態であり、複数の自己による対話関係によりもたらされるものだという(福田, 2015)。T4 先生の TLMG からは、自己との対話も示唆された。

T3 先生と T4 先生の TEM 図からは、日本語指導が必要な児童との出会いを通じて、刺激をうけ、自らを変容させていこうという教師像が示された。また、自らの成長のために教師が希求する資源が、教師の経験によって異なり、若手の教師(T3 先生)には、学生時代の教育実習や教員養成に関わる授業と結びつけて問題意識を生成していたと思われる。そして、教師としての成長のためには教育機関や学校外での研修の充実を期待していたことが窺える。ベテラン教師ほど、長時間労働や保護者とのやり取りに気を配り、

実践の場を重視していることが示唆された。

5　まとめ

　本研究では、日本の公立小学校で働く日本人教師4名に対するインタビューに基づき、複線径路等至性アプローチを用いて可視化した。本研究の限界は、調査対象が一つの学校の教師に限られており一般化するにはさらなる調査が必要な点である。

　統合したTEM図からは「教師を志す」「日本語指導が必要な児童に関わる教育実習・講義・インターン・ボランティアを経験せず学生時代を過ごす」「教師になる」を経てそれぞれが「日本語指導が必要な児童が在籍しない小学校で働く」「日本語指導が必要な児童が在籍する小学校で働く」「A小学校に赴任」、「価値変容経験」を経て、「研修や教育・研究への期待や必要性を実感」に辿りついた。

　結果から、ベテラン教師ほど長時間労働や保護者とのやりとりに気を配り、実践の場を重視していることが示唆された。若手の教師は、大学時代の教育実習では経験しない未知の世界との遭遇を実感し、教師としての自己の成長のためには教育機関や学校外での研修の充実を期待していた。本研究の実施により、学校という組織で働く教師たちの内面の変化のプロセスを明らかにした。

第3節　当事者意識を育む教育はなぜ必要か

　第3節では、学校教育の場において、歴史の共有がどのようになされているのかを、教師経験者に対する聞き取りをもとに検討する。第2節では、日本語指導が必要な児童に対する教育経験が日本人教師にどのような気づきをもたらしたのかについて検討した。第3節では、教師一人に踏み込んでの検討をしていきたいと思う。

1　どのようにして当事者意識を育む平和教育の必要性を認識するのか

　日本語指導が必要な児童生徒[3]たちが、日本の学校で歴史を学ぶ際に戸惑うことがあるという話を聞くことがある。また、保護者からは、日本の社会科教科書の戦争の記述について、信頼が得られないことが理由で、帰国を選択するという話も聞く。

　文部科学省（2019a, b）の調査によると、日本語指導が必要な児童生徒の数は、約5万人となり、2016年の調査より16.3％増加した。うち、日本語指導が必要な外国籍の児童生徒数は、約4万人で前回調査より18.7％増加した。日本語指導が必要な日本国籍の児童生徒数は、約1万人で前回調査より7.9％増加した。日本語指導が必要な外国籍の児童生徒の母語別在籍状況は、ポルトガル語が最も多く約1万人、次いで中国語9,712人、フィリピノ語7,919人、スペイン語3,788人、ベトナム語1,845人、英語1,106人、韓国・朝鮮語595人にのぼっている。こうした状況下では、様々な背景を持つ子どもたちに対して、相手の文化や言語、歴史的背景を含めた当事者意識をもつことが必要になる。

　現代日本では、地方自治体において、外国人施策が進められている。特に、外国人施策に積極的に取り組んでいる自治体は、大きく3つに分けられる。第一に、1970年代に在日コリアンを対象とする施策（主に人権施策）を始めた自治体と1990年代にニューカマーを対象とする施策（主に国際化施策）を始めた自治体である。代表例としては、大阪市（人権型）、浜松市（国

際型)、川崎市(統合型)があり、これらはいずれも人口規模の大きな都市で、外国人の権利保障や生活支援に取り組み、その後、外国人の地域社会への参加の促進、日本住民への働きかけ、多文化共生をめざす地域づくりへと施策の幅が拡大し体系化された。特に、大阪市は、在日韓国・朝鮮人の人権保障に取り組んできた(山脇, 2004)。

「当事者」という言葉は「社会的弱者」という意味で使われることが一般的であるという指摘がある。例えば、交通事故に巻き込まれた人たちや災害や犯罪などの被害者として使われることも多い。「社会的弱者」と呼ばれる人たちは、自らが弱い存在ではなくて、社会的に弱い存在にされている(ロニー, 2004)。本節での当事者意識は、相手の立場に立ちものを見たり考えたりすることをさす。

現在、世界では様々な平和教育が実践されている。「平和」と「教育」の2つの概念によって、「平和教育」が構成されていると考えると、村上(2004)は、5つの平和教育のタイプに分類できると述べる。

一つ目の「平和についての教育」(education about peace)では、戦争や紛争や構造的暴力などの平和問題を題材(教材)として、取り上げ、平和問題に関する知識を提供しようとする。二つ目の「平和のための教育」(education for peace)では、平和をめざしての教育であり、平和を志向する性格や態度や技能(スキル)を学習者に育成することを目的とする。三つ目の「平和を大切にする教育」(education in peace)または「平和を通じての教育」(education through peace)では、教育方法そのものが平和的であるべきとされる。四つ目の「教育における平和」(peace in or through education)では、教育行政、学校、教室などの各レベルの組織において、紛争・暴力・葛藤などが少ない平和的な状況(場)を形成しようとする。五つ目の「積極的平和としての教育」(education as a positive peace)では、単に戦争がない「消極的平和」の成立だけでは不充分とみなし、貧困・差別・不正義がない「積極的平和」な社会においてのみ、1人1人の教育権(学習権)が充分に保障されると考える。ここには、教育界における男女差別や障害者差別、マイノリティ差別をなくすことがめざされる。さらに、日本国内のみを問題にするのではなく、開発途上国の貧困問題を改善して子ども達の就学率の向上や教育権を

人々に保障する社会状況を創ることに参加することも期待される（村上,
2004：279-280）。

　日本の平和教育は、第二次大戦の戦争体験の継承を中心に行われてきた。
現在、学校教師のほぼ全員が戦争体験を持っておらず、子どもたちにとって
戦争体験は過去の歴史的事項になりつつある。日本の学校では、平和教育は
教科ではないため、平和問題に対する子どもたちの自主的判断を育てるもの
でなければならない。また、学校現場での平和教育実践に対して政治的規制
が働くことがあるため、学校教師はあるべき平和な社会をイメージしなが
ら、論理的な平和問題の扱い方を実践力として身につけることが大切である
（村上, 2004）。本節における平和教育とは、過去の戦争に関わる場所を子ど
もたちが実際に訪れ、その場所で何が起きたのか犠牲になったのはどのよう
な人たちだったのかを考える教育をさす。

　反戦平和をめざした平和教育の実践は、保守政権による再軍備・防衛力強
化、愛国心向上をめざす政治状況の中で、教育現場で政治的対立を起こすこ
とが多かった。米軍・日米安保条約[4]・自衛隊基地や日本軍の戦争加害責任
や日の丸・君が代などの政治的課題を「平和」を教える題材として学校教育
内で扱おうとすると、学校外部からの政治的規制や教職員間の葛藤が生じ、
学校内が「平和的」でなくなるという意図と結果が異なる状況を生み出すこ
ともある（村上, 2004）。

　また、平和教育への規制の強まりを感じる例として「学校現場で、戦争を
体験した方々が重い口を開いて話をされてきた「事実」に触れようとするこ
とは、すでにそれほど簡単なことではなくなっている」（北上田, 2016：145）
という変化も指摘されている。

　このように日本では、平和教育が容易ではない事例も出てきているが、一
つの方法として次の指摘がある。テッサ・モーリス＝スズキ氏が韓国の独立
記念館を訪れた際の体験である。

　「大学院生は、韓国人、日本人、在日コリアン、そして日本にいるオース
トラリアの交換留学生たちだった。その一人一人が、自分自身の歴史教育の
経験と大衆的なメディアから得た歴史の記憶とを、記念館の極めてナショナ
リスティックな歴史展示と比較し合ったのである。日本人学生は、自らが受

けた歴史教育と展示との落差を語り、韓国人学生のなかには、この記念館の
ナショナリスティックな展示に批判的な見方をしようとする学生もいた。さ
らに「朝鮮籍」の在日コリアンは、朝鮮学校（民族学校）で学んだ歴史の見
方についてコメントを述べてくれた。一緒に議論することで、見学に参加し
た私たちは、まさに議論したという経験によって自らの過去についての見方
がわずかに変化したことに気付いた」（テッサ・モーリス＝スズキ，2013：
100-101）とあるように、一緒に議論することで、自らの過去についての見
方が変化することも明らかになっている。

　かつては、戦争を体験した当事者がいたが、最近では、戦争を体験した当
事者が減少している。このことについて、前述した北上田（2016）は、「「戦
争体験者に比べて若い人の説明は重みがないね」「非体験者であるあなたに
何ができるの？」といった言葉は何度も投げかけられてきた」と述べる。戦
後75年が過ぎて、戦争を体験しその実相を語ることができる当事者が減少
している今の状況で、戦争を体験しない人々が当事者意識を持つことが、戦
争体験を継承することを可能にすると思われる。

　日本の子どもたちが戦争について学ぶ機会の最たるものは学校教育であ
る。そこで教師がどのような教育を行うかによって、子どもたちが当事者意
識を持つかは異なるだろう。では、教師は具体的に「当事者意識を育む平和
教育の必要性」をどのように認識するのだろうか。そして、教育の場で当事
者意識を育む平和教育の必要性を感じるのにはどのような経験がきっかけと
なり、その経験が教師にどのような認識をもたらすのだろうか。そこで、本
稿では、「当事者意識を育む平和教育の必要性を感じている」教師経験者1
名を対象に、教師をめざすまで及び教師生活での経験を通して「どのような
経験が教師の教育に対する認識に影響を与えるのか」、そして「教育の場で
どのような当事者意識に対する認識がみられるのか」を、複線径路等至性ア
プローチ（Trajectory Equifinality Approach: 以下 TEA）（安田・サトウ編，
2017）を用いて考察する。

2　方法

　教師の経験を詳細に把握する必要がある。そこで、教師が「当事者意識を育む平和教育の必要性を認識し、教材作成する」に至った径路を分析するため、対象者の経験を抽出し、それらに働く社会的な諸力を理解しつつ、非可逆的時間とともに生きる人間の経験を描くことができる TEA を用いて質的に分析する。

調査協力者の概要

　協力者は、大学で教育を専攻した後、小学校教員として児童に教える経験を通して当事者意識を育む平和教育の必要性を感じている元小学校教師 1 名（協力者 T さん：以下 T）である。インタビューは、2019 年冬から 2021 年春にかけて実施した。対面とメールで 1 回ずつ実施した後に半年ほど時間をあけて対面での確認を行い、分析結果に加筆修正を加えた。

　研究協力者 T の概要である。

表 2　研究協力者 T の概要

　元小学校教師の女性で、国籍は日本である。朝鮮戦争がおきた 1950 年代に日本人の両親の元に日本で生まれた。幼少期、実家の空いている部屋を朝鮮人の親子が借りて住んでいた。朝鮮人の親は家の近くで働いていた。大学では教育学を専攻した。日本の学校で教える戦争体験に疑問をもち、教員時代から日本国内の戦争にかかわる場所を訪ね、資料や証言を収集してきた。地域や修学旅行先の人たちとやり取りをする中で、戦争遺跡がなくなっていくことや、現地に立ち、子どもたちが自分の目でみて理解できる教材が必要だと考えるようになる。朝鮮人や中国人の戦争体験も含んだ戦争記憶の伝承の活動を実施している。教師を退職後、平和教育に関わる教材を自費出版し、小学校、中学校、高校に配布した。

研究デザイン

本研究では、生を享けた個人がその環境のなかで生命を維持し人生をまっとうするために記号を取り入れつつ生きていくプロセスを描く心理学的試みである複線径路等至性アプローチ (Trajectory Equifinality Approach: 以下TEA) を分析手法として用いる。

データ収集は、主に対面での半構造化インタビューを実施し、内容の確認はメールで行った。インタビュー内容は、幼少期の経験や戦争にまつわる記憶のエピソード、教師時代印象に残ったことなどである。

分析方法

語りをもとにメモをとり、Tの人生のストーリーを再構成した。TEAは、分析概念が複数存在する。本研究では、研究課題および研究協力者の属性・人数から等至点 (Equifinality Point:EFP)、分岐点 (Bifurcation Point:BFP)、社会的助勢 (Social Guidance:SG)、社会的方向づけ (Social Direction:SD)、統合された個人的志向性 (Synthesized Personal Orientation：SPO) を用いた。

TEA の概念説明

人が非可逆的時間を生きるなかで等しく辿りつくポイントがありこれを等至点と呼ぶ (神崎・サトウ, 2015)。等至点の前には、いくつかの分かれ道が存在しこれが分岐点である (サトウ, 2015)。等至点への歩みを後押しする力が社会的助勢 (SG) であり、等至点に向かうのを阻害する力が社会的方向づけ (SD) である (安田, 2015)。統合された個人的志向性 (SPO) は、個人の内的志向性である (弦間, 2012)。

倫理的配慮

本研究は、倫理的配慮に基づき実施され、結果に影響を与えない範囲でプライバシー保護を行っている。

176　第2部　越境する人々を受け入れる日本企業と地域社会

3　結果

　図9はTのTEM図である。図の作成にあたり、廣瀬（2012）と上川（2017）の作成手順および記述を参考にした。表3は、図9を分析するために整理した概念表である。図を描く際に、理論的に仮定される径路を点線で示した。

表3　TEA の概念表

概念	本研究の位置づけ
等至点：EFP（Equifinality Point）	当事者意識を育む平和教育の必要性を認識し教材作成する
両極化した等至点：P-EFP（Polarized Equifinality Point）	これまでの平和教育に疑問を持たずに生きていく
分岐点：BFP（Bifurcation Point）	日本語を話せない朝鮮人親たちとの出会い
社会的方向づけ：SD（Social Direction）	被害者としての戦争体験しか知らない教員たち
社会的助勢：SG（Social Guidance）	①父の戦争体験 ②朝鮮戦争の影響を肌で感じる ③教師に反論できる高校・大学時代 ④勉強会に参加 ⑤サークル活動での経験 ⑥マイノリティが権力に抑圧される社会に違和感 ⑦戦争に関わる証言・資料収集
統合された個人的志向性：SPO（Synthesized Personal Orientation）	当事者意識を育む教育が次世代に必要

当事者意識を育む平和教育に対する協力者 T の認識―TEM 図からの分析結果

　協力者 T が EFP「当事者意識を育む平和教育の必要性を認識し教材作成する」に至るまでの経験を TEM 図に表し、その全体像を4つの期間に区分した。具体的には、以下の通りである。

　　第Ⅰ期　朝鮮人の親子に出会いマイノリティに関心をもつ
　　第Ⅱ期　マイノリティの生活支援

第Ⅲ期　教員として経験を積み批判的に自らの経験を振り返る
第Ⅳ期　当事者意識を育む平和教育の教材作成

　それぞれの区分ごとに、表3で示した分析結果を中心に、協力者Tの語りを記述する。図9は、協力者Tの語りに基づいて、当事者意識を育む平和教育に関する協力者Tの経験をTEM図に示したものである。第Ⅰ期〜Ⅱ期は、マイノリティとの経験が語りの中心であり、第Ⅲ期は、SDとSGの影響をうけながらSPOが示され、第Ⅳ期のEFPに向かっていることから、協力者T自身が当事者意識を育む平和教育の必要性を認識している期間と考えられる。

　以下では、TEMの概念により分類された経験を＜　　＞で示す。

第Ⅰ期　朝鮮人の親子に出会いマイノリティに関心をもつ

　Tは、＜朝鮮戦争がおこった1950年代に生まれる＞。満州国での＜父の戦争体験＞を聞いて育つ。住んでいた地域は、朝鮮戦争による好景気の影響を受けており、＜朝鮮戦争の影響を肌で感じる＞。近くに朝鮮人が働く職場があり、実家では＜朝鮮人の親子に部屋を貸す＞ことがあった。この頃から、＜マイノリティが権力に抑圧されることに違和感＞を感じていた。

第Ⅱ期　マイノリティの生活支援

　＜教師に反論できる高校・大学時代＞を過ごし、＜大学で戦後の日本の教育を学び影響を受ける＞。大学では、いろいろなことに挑戦した。＜勉強会に参加＞し、教育について議論する日々を送った。＜サークル活動での経験＞を積み、台風で家が流された人のために、小学校の先生と解決のために奔走する。＜子どものためのサークル活動で様々な立場の人に出会う＞。「被差別部落出身者もおられたけれど、小学校の先生と相談に行きました」と語った。＜朝鮮人の子どもや保護者の支援活動に参加＞することもあった。＜日本語を話せない朝鮮人親たちとの出会い＞があり、＜マイノリティの生活支援＞に力をいれて大学生活を送った。その後、小学校の＜教員になる＞。大学時代から継続して＜マイノリティが権力に抑圧される社会に違和

感＞を持っていた。

第Ⅲ期　教員として経験を積み批判的に自らの経験を振り返る

　教員になると、＜日本に住む朝鮮人や中国人が戦争でどんな目にあったのか取り上げにくい日本の教育に直面＞する。この頃から、＜当事者意識を育む教育が次世代に必要＞だという内的志向が表れた。＜被害者としての戦争体験しか知らない教員たち＞に出会い、子どもたちの教育をどうしようか日々考えた。＜戦争被害者として教える日本の教育に違和感を覚える＞日々を過ごす。教員時代、修学旅行先は京都か伊勢神宮だった。「このままでは子どもたちのためにならないのではないか」と考え、＜修学旅行先について疑問を持ち行動をおこす＞。修学旅行先を広島に変更し、戦争体験について多面的に教えるようになった。そして、＜犠牲になった隣人たちを視野に入れて空襲・原爆投下を教える＞教育を続けた。＜朝鮮人中国人に向き合った平和教育が必要＞と実感し、授業や修学旅行の傍ら、＜戦争に関わる証言・資料収集＞を行った。広島に子どもたちを引率した際は、日本人被爆者の話だけでなく、犠牲となった朝鮮人の話もして、子どもたちと対話を重ねた。

　「歩いて探すことで分かってきたことがあるんです。戦争に協力した暮らし、戦争末期の暮らし、オーストラリア兵らが川崎重工に向けて歩いた新開地、韓国併合や朝鮮中国とのかかわり、戦後すぐに朝鮮民族の言葉を教える学校を作ったが、GHQに中止を命じられた阪神教育闘争も調べました」資料館で話を聞いたり、学校の100年史などを活用した。

　丸山に連合国軍捕虜の収容所があったことや空襲にあったといわれる朝鮮人労働者の骨が納められている供養塔、神戸電鉄の工事をした朝鮮人労働者を記念する像や朝鮮人集落跡、中国人空襲犠牲者の慰霊碑がある中華義荘なども歩いて調べた。

第Ⅳ期　当事者意識を育む平和教育の教材作成

　Ｔは、戦後生まれであるが、父親から戦争のことをよく聞かされ、「子どもたちにも戦争のひどさを語り、真実を知り考え、戦争を止められる人になってほしい」という思いを抱いて教員を続けていた。

定年退職後、＜当事者意識を育む平和教育の必要性を認識し教材作成する＞ことに本腰をいれ、平和教育に関する教材を自費出版した。

平和教育の教材には、かつてのアメリカ軍の無線基地がいまは観光地となっている場所や学童集団疎開の記録、朝鮮人労働者の像、中国人犠牲者の慰霊の位牌などが掲載されている。また、Tが父親から聞かされたエピソードすなわち1930年代の中国東北部「満州」においては、朝鮮人や中国人が軍隊によって残酷な目にあい、戦争に召集された立場では、本当のことは知らされず、あるいは言えない状況であったことも載せてあり小学生から高校生までが活用できる内容である。

その根底にあるのは、「子どもたちや若い人に戦争の実相を伝えたい」という思いと、＜当事者意識を育む教育が次世代に必要＞という教員時代からの認識だった。

当事者意識を育む平和教育に対する認識に影響を与えた SD および SG

ここでは、「どのような経験が教師の教育に対する認識に影響を与えるのか」を考察するにあたり、協力者Tの認識に影響を与えた社会的要因と心理的要因を明らかにするために、TEM図から示されたSDを表4に、SGを表5にまとめた。

表 4　TEM 図から示された SD

同僚教員との関係	被害者としての戦争体験しか知らない教員たち（第Ⅲ期）

表 5　TEM 図から示された SG

1. 家族関係	父の戦争体験（第Ⅰ期）
2. 研修・教育	勉強会に参加（第Ⅱ期）、サークル活動での経験（第Ⅱ期）
3. 教師との交流	教師に反論できる高校・大学時代（第Ⅱ期）
4. 社会環境	朝鮮戦争の影響を肌で感じる（第Ⅰ期） マイノリティが権力に抑圧される社会に違和感（第Ⅱ期、第Ⅲ期、第Ⅳ期）

5. 教材準備	戦争に関わる証言・資料収集（第Ⅱ期、第Ⅲ期、第Ⅳ期）

　まず、SD は表4のように、「被害者としての戦争体験しか知らない教員たち」が示された。第Ⅰ期から第Ⅲ期までまとめると、教員になり様々な背景をもつ同僚との交流から被害者としての戦争体験をもつ教員の存在に気づいたことが SPO の＜当事者意識を育む教育が次世代に必要＞という志向を表す要因になったことがわかった。

　次に、SG は表5のように「家族関係」「研修・教育」「教師との交流」「社会環境」「教材準備」の5種が明らかになった。第Ⅰ期～Ⅳ期までまとめると、家族関係や研修・教育、教師との交流、社会環境、教材準備等の具体的な経験が主体的な行動につながり、SPO ＜当事者意識を育む教育が次世代に必要＞という志向性を表した。SPO や EFP へ影響を与えたと考えられる。

4　考察―教育の場でどのような当事者意識に対する認識がみられるのか

　本節では、TEM により協力者1名が EFP ＜当事者意識を育む平和教育の必要性を認識し教材作成する＞に至る径路を分析した。そして、当事者意識を育む平和教育に対する認識に影響を与えた SD および SG を検討した。

　「教育の場でどのような当事者意識に対する認識がみられるのか」に対しては、協力者が大学で、研修・教育や教師との交流、社会環境等の SG を受けながらサークル活動や朝鮮人の子ども、親たちとの出会い、社会的マイノリティとの出会いを通して、多様な立場に置かれている人々の当事者意識を学び、育んでいたと思われる。

　他方、教員になってからは学校で子どもたちとの対話や、地域社会および修学旅行先で人々や遺跡を通して当事者意識を育む教育が必要であることを認識していったと考えられる。こうした結果から考えると、学校で子どもたちに対して、当事者意識を育む教育を行うためには、教師自らが学生時代に大学の外の社会に目を向けて、経験を積むことが大切であるといえるだろう。

第 6 章 教育現場の実際 181

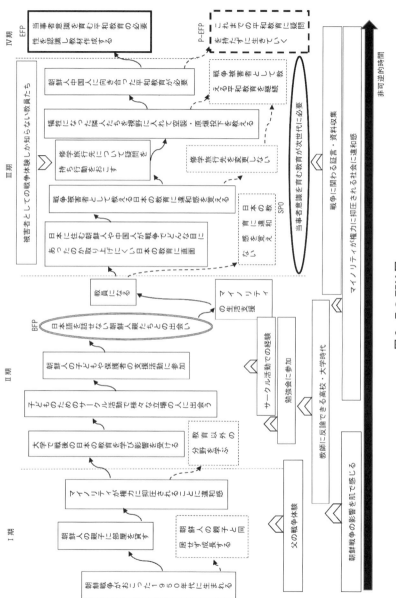

図 9 T の TEM 図

まとめ

　協力者1名を対象にTEAを用いて分析し、協力者TのEFP＜当事者意識を育む平和教育の必要性を認識し教材作成する＞に至るまでの経験とその経験に影響を与えた社会的・心理的要因を記述した。

　協力者Tの平和教育の取り組みは、子どもたちを中心に「ネーションを横断する物語や疑問に自らをさらした」（テッサ・モーリス＝スズキ, 2013：101）と言えるだろう。また、「当事者意識を育む平和教育の必要性を認識し教材作成する」行為は、戦争の「「非体験者」だからこそ可能になる様々な「戦争」についての語り方」（北上田, 2016：149）の実践例であろう。

　日本語指導が必要な子どもたちが増加する昨今において、本節で取り上げたTの当事者意識を育む平和教育をめぐる取り組みは、平和教育という枠を超えて、多言語多文化の共生の可能性を拡げるものである。

5　おわりに

　本節は、教師経験者1名を取り上げたもので、現在の日本の教師の「平和教育」について、一般化することは困難である。今後は、学校で平和教育を行った経験のある他の教師にも聞き取りをおこない、検討を重ねる必要がある。崔文衡 元韓国歴史学会会長は、歴史の共有について、「近頃の「韓流ブーム」もあるが、両国若手研究者たちの日露戦争共同研究を通じての歴史共有基盤の準備が、歴史学徒としての私の一つの希望である」（2005年4月）と述べている（崔, 2015）。様々な角度からの歴史の共有が期待されている。

　当事者意識を育む教育は、日本における多文化共生社会の実現に向けても、優先されるべき重要な取り組みの一つである。そのためには、外国人施策の推進に取り組む自治体の取り組み（表6）なども参考にしながら、「人権」「連携」などをキーワードに考えていくことも有効であろう[5]。

第 6 章　教育現場の実際　183

表 6　外国人施策の推進に取り組む自治体

自治体	外国人施策の体系化の経緯 （山脇 2004：231）	地域日本語教室
大阪市 （人権型）	1994 年大阪市市民局市民部人権啓発課 外国人施策の連絡調整部門 1999 年「人権行政基本方針」（※課題の一つに外国籍住民にかかわる問題をとりあげる） 2000 年「人権尊重の社会づくり条例」	小・中・高等学校が交流し連携することによって、それぞれの支援の在り方についての認識を深めるとともに、校種間での協力支援体制が充実した。また関係団体との連携により、支援員の紹介や派遣などの体制が充実した。（大阪府）（文部科学省 2009a）
浜松市 （国際型）	自治体として初めて国に外国人施策の基本方針を求めた提言「外国人受け入れ及び在日外国人に関わる基本方針をまとめ、省庁間の政策を総合的に調整する組織の早期設置」 国際交流室（1999 年）→国際課（2003 年）	外国人生徒が多数在籍している中学校 10 校への指導補助者 26 名の派遣 外国人生徒の実態に応じた取り出し指導、授業補助、放課後学習支援等の実施（文部科学省 2009b）
川崎市 （統合型）	2003 年「識字・日本語学習活動の指針」の策定、識字・日本語学習活動を多文化共生の地域づくり	－

注
1　2015 年 8 月に実施した小学校教師からの聞き取りに基づく。
2　詳しくは、サトウ（2009）を参照されたい。
3　文部科学省総合教育政策局国際教育課の平成 26 年 1 月の発表によると、「日本語指導の対象となる児童生徒」について、「小学校、中学校、中等教育学校の前期課程、特別支援学校の小学部及び中学部に在籍する日本語指導が必要な児童生徒」と定義している。本稿では、高等学校に在籍する生徒も含めて日本語指導が必要な児童生徒という言葉を用いる。
4　日米安全保障条約は、1951 年に調印され 1952 年 4 月に講和条約・日米行政協定とともに発効された。1960 年 1 月に新日米安全保障条約が日米地位協定とともに調印された。日本国とアメリカ合衆国との間の相互協力及び安全保障条約である

184 第 2 部　越境する人々を受け入れる日本企業と地域社会

（山本, 2020）。

5　表 6 は、外国人施策の推進に取り組む自治体である。これらは、外国人の権利保
　障・生活支援→外国人の地域社会への参加→日本人住民への働きかけ→多文化共
　生をめざす地域づくりへと施策の幅が広がり体系化された自治体である。

第7章　外国人住民の行政サービス申請の
プロセス

　第7章では、外国人住民の行政サービス申請のプロセスについてコミュニティ心理学的観点から検討する。前章では、外国にルーツをもつ人々の言語と経験について、教育現場を取り上げ当事者である外国人児童と学校の教師を事例に検討したが、学校の外の世界いわゆる地域や行政で生じている課題までは検討できなかったからである。

1　問題

　日本に暮らす外国人住民が増加するにつれて、介護や介助への要請も高まりつつあるが、助けを必要としている当事者やその家族が情報そのものにアクセスできずにいることも少なくない。最新の法務省在留外国人統計を見ると、65歳以上の総在留外国人の比率は、韓国、中国、朝鮮、台湾が上位を占めている（法務省, 2020）。日本では、近い将来高齢化により以前は理解できていた日本語がわからなくなり、母語や母国語での介護や介助を必要とする人々の急増が予測される。

　高齢期にある在日外国人および外国にルーツを持つ日本人の生活上の課題は、①健康上の問題、②経済的な問題、③日本語の問題（言葉の壁によって通院や受診に関する問題が生じる）、④家族間の問題だけでなく、文化やアイデンティティに関する問題がある（荻野, 2017）。こうした様々な問題が生じたときに、言葉や文化の壁を乗り越え、通訳・翻訳する力を備えた介護者が必要になるだろう。

　在日コリアンの福祉に関わる代表的な研究として、金・黒田（2008）があ

る。この研究では、母国語と日本語の場面を比較した回想法の分析から、重度の認知症であってもバイリンガル話者の特徴である自然なコード切り替え（コード・スイッチング）が出現すること、母国での日本語学習経験の有無や家庭や周辺の言語環境などの言語使用の背景によって、母国語と日本語による表現には個人差が見られること、日本語の場面より母国語の場面において肯定的感情表出の得点が高くなることを見出している。

　認知症は、脳の器質的な変化が原因でありその多くにおいて、根本的に有効な治療法はない。「よりよいケア」そのものが一つの薬、治療となり適切なケアが必要である。認知症高齢者にとっては、一瞬の笑いは大切であり、感情表出への働きかけは、意味のあるアプローチである（金, 2008）。「認知機能の障害が先天性あるいは発育期にみられる場合は、知的障害といい、成年期以降に起こる認知機能の障害は、「認知症（dementia）」という。WHO（World Health Organization）による「認知症」の定義では、「通常、慢性あるいは進行性の脳疾患によって生じ、記憶、思考、見当識、理解、計算、学習、言語、判断など多数の高次大脳機能の障害からなる症候群」とされている。この症候群は、アルツハイマー病（Alzheimer's disease:AD）、脳血管性疾患（vascular dementia:VD）、あるいは、脳を障害するその他の病態で現れる」（金, 2010：12-13）。

　箕口（2007）は、中国帰国者を対象としたアクションリサーチを通して、多文化社会におけるコミュニティ心理学的アプローチの実践的展開とその課題を追究した。それによると、帰国者に対する支援体制は、いくつかの課題が残されているものの、帰国者に対する日本語学習支援者との相互支援ネットワークを中核としつつ、コミュニティ支援の方向で動いていることが明らかになっている。特に、インターネットを介した情報交換・相互支援の広がりは顕著であり、中国帰国者定着促進センターを発信基地とする帰国者支援ネットワークは、他の定住外国人支援ネットワークと連携しながら、一つの"ネットワーク・コミュニティ"を形成しつつあることが示された。課題として、帰国者のボランティア・ネットワークとの連携をさらに広げていくことと、帰国者自らによるセルフヘルプ・グループへの支援活動の強化が必要であると指摘する。

介護者にかかわる議論として、近年、ケアラー[1]という表現が看護学の領域で論じられるようになった。ケアラーは、「介護」、「看病」、「療育」、「世話」、こころや身体に不調のある家族などへの気づかいといったケアの必要な家族や近親者・友人・知人など無償でケアする人（日本ケアラー連盟, 2016）と定義されている。

本章であつかう「介護者」は、表1の通り、介護業務従事者とケアラーに分けられる。介護保険法や障害者総合支援法による介護者は、介護業務従事者・介護職である。ケアラーは、①日常的に介護を担う家族内の介護者（社会からは見えにくい）、②近隣住民・親戚等の介護者（家族が介護を担えない場合など）である。

表1　本研究における介護者の区別

介護業務従事者	ケアラー
介護保険法や障害者総合支援法による介護者	① 日常的に介護を担う家族内の介護者（社会からは見えにくい）
介護業務従事者・介護職を指す	② 近隣住民・親戚等の介護者（家族が介護を担えない場合など）

ケアラーへの負担が蓄積すると、介護うつの疑いの状況から介護殺人などへ発展することもある。湯原（2011：48）は、介護殺人の現状について、法曹関係者や研究者向けに公開されているデータベースに載せてある19の事例のうち、心中または被介護者の殺害を思い止まれなかった要因の一つにうつの影響が疑われるものが7件あると指摘している。このことから、ケアラーへの支援という視点での検討も重要である。人々が、介護者を必要とする状況に陥った際に、全ての人が必要な情報にふれ、必要な助けを受けられているとは限らない。特に、外国人住民の場合、言語の問題で必要な情報の存在を知らずアクセスできなかったり、仮にアクセスできたとしても理解ができず、社会的なサービスを申請するまでに至らない場合もある。

それに対して、外国人住民とその家族が行政サービス申請に至るプロセスを明らかにした研究は、これまで見当たらない。

本研究では、行政機関での行政サービス申請をするに至った外国人住民の2つの事例をもとに、外国人住民とその家族が、行政サービス申請に至るまでを阻害・促進する要因について明らかにしたいと考え、X地域で障害を専門にアセスメントする専門職に就いている行政職員Tさんからの聞き取りと事例検討用に用いられたアセスメント票で記述されたデータを複線径路等至性アプローチ（Trajectory Equifinaity Approach:TEA）にて可視化した。

これらを検討することは、日本の行政機関において行政サービス申請をする外国人住民とその家族が、行政サービス申請に至るまでの阻害・促進する要因だけでなく、介護者を必要とする外国人住民やその周辺の人々のニーズがどのように存在しているのかを明らかにできるとともに、今後の外国人住民の行政サービス申請における支援サービスの向上を検討する上で、これらに関わる行政担当者、介護が必要な人と障害を持つ外国人住民とその家族および、福祉や言語教育を専門とする専門家たちが、発展的な議論を展開する資料として役立つものになると思われる。

行政サービス申請と方法

本章で調査対象とするAさんとBさんは、ともに介護者を必要としている。日本で行政機関に介護者を申請するには、いくつかの方法がある。一つは、障害者総合支援法に基づく方法で、Aさんの申請はこれに該当する（表2参照）。次に、介護保険法に基づく方法で、Bさんの申請はこれに該当する。

表2　常時介護を要する障害者を対象とするサービスとその対象者像

障害者総合支援法における「常時介護を要する者」を対象とした事業	
重度訪問介護	重度の肢体不自由又は重度の知的障害若しくは精神障害により行動上著しい困難を有する者であって常時介護を要する者
行動援護	知的障害又は精神障害により行動上著しい困難を有する障害者であって常時介護を要する者
	障害支援区分3以上であって、障害支援区分の認定調査項目のうち行動関連項目等の合計点数が10点以上である者

療養介護	病院等への長期入院による医療的ケアに加え、常時の介護を必要とする身体・知的障害者
生活介護	地域や入所施設において、安定した生活を営むため、常時介護の支援が必要な者
重度障害者等包括支援	常時介護を要する障害者等であって、その介護の必要性が著しく高い者

「常時介護を要する障害者を対象とするサービスとその対象者像」(厚生労働省 2015：3)より作成

　Aさんは、来日前に韓国で知的障害の判定を受けており、「行動援護」に該当する。日本の介護保険制度は、通常65歳以上にその利用が認められている。Bさんは、現在50代であるが、特定疾病に罹患したため、「第2号被保険者」に該当したことから、介護保険サービスの利用が可能になり、訪問介護サービス申請により要介護4の認定を受けた[2]。

2　方法

(1)データ収集

　201X年Y月日本国内にあるX地域にてフィールドワークを行った。X地域は、古くから朝鮮半島にゆかりのある人々が居住し、近年では韓国から移住する人々が増加する地域の一つである。X地域で長年障害を専門にアセスメントする専門職についている研究協力者(行政職員：Tさん)からX地域における外国人の現状について話をきき、事例検討用に用いられたアセスメント票から当事者の生活背景が記述されている欄を抽出した。このデータは実事例であるものの、事例検討時には、個人の特定が出来ないようにマスキングされ、個人情報の保護に配慮したものである。本研究では、研究協力者の承諾を得て、この事例データを使用している。

190 第2部 越境する人々を受け入れる日本企業と地域社会

（2）調査者の概略

Aさん	主な介護者は、母親。201X年に母親と韓国から来日した。現在は父親との3人暮らしである。来日前に韓国で知的障害の判定を受けた。両親と本人は日本語が話せない。平日の昼間は、生活介護施設に通う。生活介護施設では、日本語でやりとりを行う。休日は家族と家で過ごす。日本では、中度の知的障害の判定を受けた。国籍不明。
Bさん	日本人の妻が介護者でありケアラーである。妻は、仕事をしている。以前は、日本語で妻と会話ができたが現在は忘れてしまい韓国語で独り言を言うようになった。テレビで放送される韓国語のドラマを観ている。介護保険法では要介護4の認定を受けている。韓国籍。50代、男性。

　2名の共通項は、調査時点でX地域に住民票がある、申請時点で就労していない、介護者を希望している、韓国語の使用者である、自宅で家族と同居しているなどである。

（3）倫理的配慮

　研究を始める前に研究協力者に対して、①研究趣旨、②研究への参加は自由意思によること、③研究協力中断の保証、④匿名性の確保、⑤データの管理方法等について説明した。また、作成したTEM図と分析結果の内容を提示し、公表の可否について研究協力者から許可を得るなどの倫理的な配慮を行った。

（4）分析方法

　アセスメント票の記述をもとに一人一人のTEM図を描いた。本研究では、「人間の経験」を重視する複線径路等至性アプローチ（Trajecotry Equifinality Approach:TEA）を採用した。

　本研究の分析及び結果の図示化については2名を分析対象とし、実際にデータから読み取れる径路だけでなく、理論的に可能な径路を積極的に描き出した。そうすることで、実際に言葉や制度、心の壁などで公的な制度や必要な支援を受けられない人々に対して、どのような仕組みが必要なのかを検討する材料を示せると考える。記述については、北出（2017）の図の描き方と本文の記述を参考にした。本文中の＜　　＞は、カテゴリーである。

ここから、TEA の基本的な考え方を説明する。ヤーン・ヴァルシナーの提唱する文化心理学の方法論に由来する TEA は、EFP P-EFP BFP OPP SD SG などの概念をもつ。安田によると非可逆的な時間のなかで生きる人の行動や選択の径路は複数存在し、歴史的・文化的・社会的に埋め込まれた時間の制約によって等しく辿りつくポイントがあるという。それを等至点（Equifinality Point:EFP）とよぶ（安田, 2012a）。両極化した等至点（Polarized Equifinality Point:P-EFP）（佐藤, 2012）は、EFP の対極にある点である。径路が発生・分岐するポイントは、分岐点（Bifurcation Point:BFP）であり、BFP から枝分かれする径路は後戻りできない時間経過のなかで生じる（安田, 2012a）。必須通過点（Obligatory Passage Point:OPP）は、地政学的な概念であり、ある地点から他の地点に移動するまでにほぼ必然的に通らなければいけない地点である（サトウ, 2017）。

TEA では BFP と OPP を浮き彫りにする概念に社会的助勢（Social Guidance:SG）と社会的方向づけ（Social Direction:SD）がある。SG は EFP への歩みを後押しする力であり、SD は EFP へ向かうのを阻害する力である（安田, 2015a）。荒川・安田・サトウ（2012）によると、研究で TEA を採用するには、1/4/9 の法則に基づいて考えることが望ましい。1 人を対象にした場合「個人の経験の深みを探ることができる」4±1 人を対象にした場合、「経験の多様性を描くことができる」9±2 人を対象にした場合、「径路の類型を把握することができる」という。

本研究では、A さん B さんのアセスメント票に着目し、TEA の理論を用いて TEM 図を描くことで、アセスメント票に描かれた個人の経験の深みを探ることを可能にし、介護者を必要とするに至った外国人住民やその家族のニーズや状況および介入ポイントを示せるだろう。

（5）外国人住民の行政サービス申請の可視化

アセスメント票の記述をもとに分析した結果を図 1 および図 2 に示す。なお、本研究の結果の真正性を保つために、研究協力者である T さんに本文と TEM 図の確認を数回に渡って依頼し、修正箇所について指摘を得た。修正した箇所は、T さんの専門の記述と用語の使い方などである。表 3、表 4

192　第2部　越境する人々を受け入れる日本企業と地域社会

に本研究における TEA の用語と意味と具体例をまとめた。

表3　TEA の用語と意味と具体例

用語	本研究における意味
等至点：EFP	行政機関でのサービス利用申請
両極化した等至点：P-EFP	サービス利用申請できずに家族あるいは個人で抱え込む
分岐点：BFP	問題行動
必須通過点：OPP	Aさん ① 福祉サービスを利用するために療育手帳を申請 ② 両親と韓国語での会話を続ける ③ 生活介護施設での言葉の問題 ④ 韓国語を理解する介護職員が必要 Bさん ① ケアラー（日本人の妻）の体調悪化 ② 日本語を忘れる ③ 韓国語で独り言をいう ④ 夫婦間で日本語のコミュニケーションが困難 ⑤ 障害福祉サービス（居宅介護）申請 ⑥ 韓国語を理解する介護職員を希望
社会的方向づけ：SD	Aさん ① 両親とAさん本人が日本語を話せない ② 障害による強いこだわり Bさん ① ケアラー（日本人の妻）の通院 ② ケアラー（日本人の妻）の負担（介助・仕事） ③ 障害による日本語能力の喪失
社会的助勢：SG	Aさん ① 父親との同居開始 ② Aさんの母親が主な介護者（ケアラー） ③ 韓国語を話せるガイドヘルパーと母親が通所に同行 Bさん ① 韓国語のドラマをテレビで観る

表4　AさんとBさんの時期区分

Aさん EFPへ	Bさん EFPへ
第Ⅰ期：知的障害の判定を受ける	第Ⅰ期：闘病と身体の変化
第Ⅱ期：来日から療育手帳の申請	第Ⅱ期：介護サービスを要する変容期
第Ⅲ期：韓国語のできる知人の助けを借りる	第Ⅲ期：家族（ケアラー）の負担の表面化とやりくり
第Ⅳ期：言語問題の具体化	第Ⅳ期：言語問題の具体化
第Ⅴ期：韓国語を理解できる介護職員が必要	第Ⅴ期：韓国語を理解できる介護職員を希望

3　結果(1)　AさんがX地域で行政サービス申請をするまでのプロセス

第Ⅰ期　知的障害の判定を受ける

　Aさんは、来日前＜韓国に居住＞していた。韓国では＜知的障害の判定を受ける＞。

第Ⅱ期　来日から療育手帳[3]の申請

　その後、＜母親と来日＞した。日本では、＜父親との同居開始＞し、＜福祉サービスを利用するために療育手帳を申請＞する。＜両親とAさん本人が日本語を話せない＞状況が続く。来日後、＜Aさんの母親が主な介護者（ケアラー）＞としてAさんを支える。

第Ⅲ期　韓国語のできる知人の助けを借りる

　＜通訳できる韓国籍の知人を介して情報収集や手続きを開始＞する。その後、＜生活介護施設を利用開始＞。

第Ⅳ期　言語問題の具体化

　生活介護施設で＜問題行動＞が発生し、＜韓国語を話せるガイドヘルパーと母親が通所に同行＞するようになる。Aさんは＜両親と韓国語での会話を続ける＞ことができているが、＜生活介護施設での言葉の問題＞、＜障害に

194　第2部　越境する人々を受け入れる日本企業と地域社会

よる強いこだわり＞もあり、＜生活介護施設での問題行動＞もおきる。＜職員が常に付き添い介助する＞ようになる。

第Ⅴ期　韓国語を理解できる介護者を希望

　＜施設や街中でトラブルをおこす＞。その後、＜複数の介護者の付き添いが必要＞になり、＜韓国語を理解する介護者が必要＞を経て、＜行政サービス申請＞に至る。

4　結果（2）　BさんがX地域で行政サービス申請をするまでのプロセス

第Ⅰ期　闘病と身体の変化

　Bさんはもともと＜日本に居住＞している。以前は職人をしていたが、いまはやめている。＜心筋梗塞やくも膜下出血を患い両下肢に筋力低下＞が出現した。

第Ⅱ期　介助を要する変容期

　＜移動や移乗に介助を必要とする＞ようになり、＜問題行動＞をおこすようになった。＜目が離せない状況＞が続き、＜夜間も頻繁に介助が必要＞になる。

第Ⅲ期　ケアラーの負担の表面化とやりくり

　＜ケアラー（日本人の妻）の負担が大きい＞状態が続く。＜ケアラー（日本人の妻）の通院＞も続いており、＜ケアラーの負担（介助・仕事）＞も増加する。ケアラー（日本人の妻）が仕事のときは、＜ケアラーの家族が訪ねて介助を行う＞こともある。

第Ⅳ期　言語問題の具体化

　Bさんの妻への負担が続き、＜ケアラー（日本人の妻）の体調悪化＞がおきる。Bさんは、＜日本語を忘れる＞を経て、＜韓国語で独り言をいう＞よ

第 7 章　外国人住民の行政サービス申請のプロセス　195

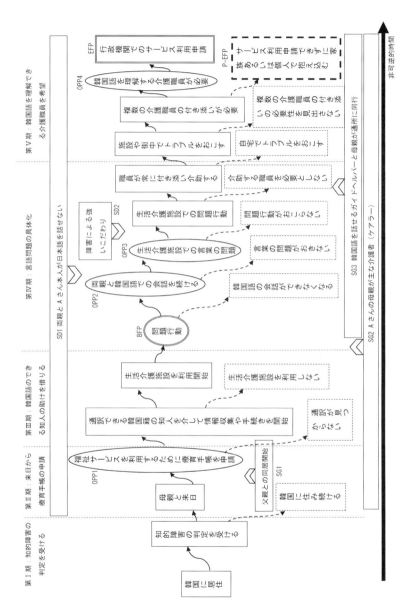

図 1　A さんの TEM 図

196 第2部 越境する人々を受け入れる日本企業と地域社会

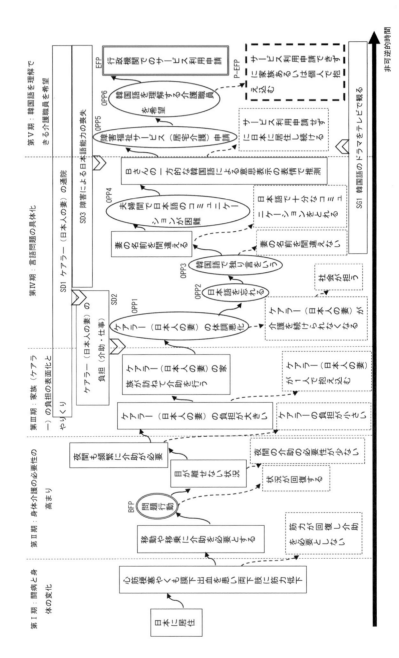

図2 BさんのTEM図

うになる。＜障害による日本語能力の喪失＞もあり、＜妻の名前を間違える＞ようになり、＜夫婦間で日本語のコミュニケーションが困難＞になる。＜Ｂさんの一方的な韓国語による意思表示の表情で推測＞するようになる。Ｂさんは、＜韓国語のドラマをテレビで観る＞ことが気晴らしになっている。

第Ⅴ期　韓国語を理解できる介護者を希望

　＜自立支援法（居宅介護）申請＞をおこない、＜韓国語を理解する介護者を希望＞し、＜行政サービス申請＞に至る。

5　考察―外国人住民の行政サービス申請のプロセスから導かれた韓国語を理解する介護者を希望する人々の実態

TEA で可視化する意義

　ＡさんとＢさんの事例は、共通点が多いように思われるが、分岐点である「問題行動」までの経験やそこから EFP「行政サービス申請」に至るまでのプロセスは少しずつ異なる。言語問題の具体化までの現象にそっていえば、Ａさんは日本語未習で来日しているため韓国語以外の言語にかかわる現象は現れていない。しかし、Ｂさんは、日本に居住し母語である韓国語と日本語を話すバイリンガルであったが、病気が理由で日本語を忘れ始めている。これは、在日外国人高齢者が年を重ねるにつれて母語へとシフトするコード・スイッチングの現象が現れる（金, 2012）前に、母語へとシフトする現象が現れたことを意味する。

　次に、TEA の特徴である「描き出すことに意味があると考えられる径路を積極的に描き出す」（安田, 2012b）ことで援助的介入のポイントの可視化を試みた。これは、病気であれ問題行動であれ、発生してしまってから対応することで問題解決するよりも、問題が起きる前に介入することで未然に防ごうとする発想をもつ（植村, 2012）というコミュニティ心理学への貢献を目指すものである。

　以上から、TEA で可視化された結果から導き出された特徴とコミュニテ

ィ心理学の観点から、外国人住民の行政サービス申請について考察する。

①径路と援助的介入のポイントの可視化

可能な径路を描き出すことについて、安田（2015b）は、行動や感情・認識は、常に様々な可能性や複線性をはらみながら、文脈の制約を受けつつ、時間経過のなかで一つの径路として実現していくという。

まず、AさんとBさんの問題行動から第Ⅳ期の言語問題の具体化にかけての径路と援助的介入のポイントについて検討する。

Aさんの第Ⅳ期に着目すると、「問題行動」、「両親と韓国語での会話を続ける」、「生活介護施設での言葉の問題」、「生活介護施設での問題行動」、「職員が常に付き添い介助する」と続いている。Aさんが利用する生活介護施設は、日本語でコミュニケーションをとることが求められる。そのため、韓国語を話すガイドヘルパーを介さない限り、Aさんは周囲の人々とコミュニケーションをとることができない。ここから、Aさんの通所に同行するガイドヘルパーの他に生活介護施設内で韓国語を話せるスタッフが常駐することにより、「問題行動がおこらない」、「介助者を必要としない」径路を描くことができる。

Bさんの第Ⅱ期の「問題行動」から第Ⅳ期の言語問題の具体化の過程では、分岐点である「問題行動」の後に「目が離せない状況」、「夜間も頻繁に介助が必要」、「ケアラー（日本人の妻）の負担が大きい」、「ケアラーの家族が訪ねて介助を行う」、「ケアラー（日本人の妻）の体調悪化」と続く。そして、「日本語を忘れる」、「韓国語で独り言をいう」、「妻の名前を間違える」、「夫婦間で日本語のコミュニケーションが困難」、「Bさんの一方的な韓国語による意思表示の表情で推測」と続く。この時期に、社会的助勢（SG）が皆無であることから、第Ⅰ期の「心筋梗塞やくも膜下出血を患い両下肢に筋力低下」の時期に、ケアラーである日本人の妻を支えるような社会制度や支援が必要であることが示唆された。

Bさんの第Ⅲ期から第Ⅳ期にかけて、社会的方向づけ（SD）が連続して径路にかかっている。「ケアラー（日本人の妻）の通院」、「介護者の負担（介助・仕事）」、「障害による日本語能力の喪失」などのSDはあるものの、同じ

時期に社会的助勢（SG）が少ない。水岡（2015）は、介護家族においても家族を構成するメンバーそれぞれが社会とかかわり、固有の経験を参照し、環境や人々と相互作用を行いながら新しい歴史を形成すると指摘する。SG「韓国語のドラマをテレビで観る」が出現する以前に、ケアラーである日本人の妻やケアラーの家族を支えるような場所や人とのつながりが求められる。

②必須通過点から導き出される外国人住民の径路の特徴

　必須通過点には、文化的・社会的な制約や制限がかかり、必須通過点こそが文化を描くツールとして重要である。TEAでは、「制度的必須通過点」「慣習的必須通過点」「結果的必須通過点」がある（サトウ, 2017）。必須通過点を見ていくことで、外国人住民の経験の共通性や彼ら彼女らのニーズが解明できる。

　AさんとBさんからは、3つの必須通過点が得られた。制度的に存在するものである「制度的必須通過点」は、Aさんは「福祉サービスを利用するために療育手帳を申請」、Bさんからは「自立支援法（居宅介護）申請」が示された。慣習的に実施している、実施した方がよいとされている「慣習的必須通過点」では、Aさんの「両親と韓国語での会話を続ける」が示された。

　多くの人に共通して生じる経験や状態で制度的・慣習的必須通過点を除く「結果的必須通過点」は、Aさんの径路では、「生活介護施設での言葉の問題」、「韓国語を理解する介護者が必要」が示された。Bさんの径路では、結果的必須通過点として「ケアラー（日本人の妻）の体調悪化」、「日本語を忘れる」、「韓国語で独り言をいう」、「夫婦間で日本語のコミュニケーションが困難」、「韓国語を理解する介護者を希望」が示された。「結果的必須通過点」では、言語問題が多くを占めていた。

表5　必須通過点の分類

必須通過点の種類と内容	本研究の事例
制度的必須通過点 （制度的に存在しているもの）	Aさん ①福祉サービスを利用するために療育手帳を申請
	Bさん ⑤障害福祉サービス（居宅介護）申請
慣習的必須通過点 （慣習的に実施している、実施した方がよいとされているもの）	Aさん ②両親と韓国語での会話を続ける
結果的必須通過点 （多くの人に共通して生じる経験や状態、制度的・慣習的必須通過点を除く）	Aさん ③生活介護施設での言葉の問題 ④韓国語を理解する介護職員が必要
	Bさん ①ケアラー（日本人の妻）の体調悪化 ②日本語を忘れる ③韓国語で独り言をいう ④夫婦間で日本語のコミュニケーションが困難 ⑥韓国語を理解する介護職員を希望

分類は、福田（2015：22）を参考に作成。

　本研究で明らかになった必須通過点では、制度的に存在する療育手帳の申請や自立支援法申請、慣習的に存在する両親との韓国語での会話や多くの人に共通して生じる言葉の問題や韓国語を理解する介護者の重要さ、ケアラーの体調悪化、日本語を忘れ韓国語で独り言をいうなどが示された。外国人住民に対して、これらに対応できる社会制度や非公式・公式的な支援や援助を考えていくことが求められる。

　荒川区では、災害時にコミュニケーションをとることが困難な障害者に向けて、中国語、韓国語、英語、日本語から成る多言語版の「荒川区コミュニケーション支援ボード」[4] が開発されている（図3参照）。このような取り組みに学びながら、多言語多文化に配慮したさらなる

図3　手当てしますか？

言語ツールの開発も期待される。

③外国人住民が行政サービス申請に至るまでに阻害・促進する力

　Aさんのプロセスでは、阻害する力として「両親とAさん本人が日本語を話せない」「障害による強いこだわり」が示された。促進する力としては、「父親との同居開始」「Aさんの母親が主な介護者（ケアラー）」「韓国語を話せるガイドヘルパーと母親が通所に同行」が示された。Bさんのプロセスでは、阻害する力として「ケアラー（日本人の妻）の通院」「ケアラーの負担（介助・仕事）」「障害による日本語能力の喪失」が得られた。促進する力としては、「韓国語のドラマをテレビで観る」が示された。

　外国人が受け入れ国で直面する壁について論じた鈴木（2009）によると、「言葉の壁」は、受け入れ国の言葉がわからず、受け入れ国で生活していくうえで必要な情報を十分に入手することができないことであり、「制度の壁」とは、ある権利が外国籍の者に付与されておらず対象者として想定されていないことから、制度利用という局面で不都合が多く、外国人が受け入れ国において社会経済的上昇を果たすことを困難にするものである。「心の壁」とは、異なる文化をもつ者に対する差別や偏見であり、外国人の社会参加を阻害し、結果的に、外国人自身のなかに社会やホスト住民に対する否定的感情や時に憎悪を生み出す危険性がある。

　日本で視聴が可能な韓国語のドラマは、統一王朝と現代を扱ったものが多い。ドラマのあらすじだけでなく、韓国特有の音楽や衣裳、登場人物の感情の描写や場面から発信される行動様式は、日頃日本で生活する韓国にゆかりのある人々にとっては、懐かしい場所に思いを馳せるものでもあり、日常では得られない感性を刺激するものとなる。これは、メディアに発信された韓国ドラマの視聴が、日本が外国人住民に提供できる制度的な限界を補完する役割を果たすことを示唆した。

④介護者への支援という視点

　BさんのTEM図では、「ケアラー（日本人の妻）の体調悪化」、「夫婦間で日本語のコミュニケーションが困難」が示された。尹（2014）によると、介

護者は自分が介護者であることを認めてもらうことを望んでいる。Bさんの妻は、無償の介護をする介護者つまりケアラーである。東京のNPO法人が約2,000人を対象におこなった調査によると、ケアラーの男女別内訳は女性が3分の2、男性が3分の1を占めている。就労状況別では、正規雇用者が6人に1人、非正規雇用者が6人に1人、17人に1人は失業中であった。知的障害者のケアラーの5人に2人弱が孤立感を感じている（NPO法人介護者サポートネットワークセンター・アラジン,2011）という。

「介護者支援」の課題について検討した湯原（2011）は、被介護者だけでなく、介護者に対しても支援が必要であり、できない部分を代わりに社会が担うという発想を持たない限り、事態は打開できないと述べる。ケアラーであるBさんの妻の通院が続いていることから、ケアラーを支える仕組み作りも急務であろう。Bさんの事例では、日本人の妻が韓国語を理解するよう努力することで新しい展開も期待できる。一方で、Bさんの妻の体調が悪化し、ケアラーとして介護を続けられない道も考えられる。Bさんの妻は、夫の介護と韓国語の理解という二重の負担を抱えている。こうした状況に対しては、多言語多文化に配慮した家族支援が必要であり、福祉や言語、医療の専門家が連携して支援制度を構築することが急務である。

Aさんの事例からは、外国人住民が社会制度を利用する際に通訳者が重要な役割を担うこと、Bさんの事例からは、日本の言語状況に対する社会制度の不足をメディアが補完する役割を果たしていることが示された。AさんとBさんともに、日本語が理解できない状況にあるため、福祉制度や病院を利用する際に、韓国語のわかる人材の配置や言語サービスが必要である。これは、福祉や医療分野において、外国人住民と意思疎通ができる人材の育成や言語サービスの充実が求められていることを意味する。Aさんの事例では、Aさん自身そしてAさんの家族に対しては、日本語学習について前向きなデータは得られていない。Aさんと両親が日本での生活に困らずにすむように日本語学習の環境を整えていく必要がある。被介護者を無償で世話をする介護者に対しては、「介護者（ケアラー）支援法の制定と国及び自治体の介護者支援戦略の策定」が必要（日本ケアラー連盟,2016）との指摘もある。

日本は、高齢社会を迎えており、政府は2025年をめどに「重度な要介護

状態となっても住み慣れた地域で自分らしい暮らしを人生の最後まで続けることができるよう、住まい・医療・介護・予防・生活支援が一体的に提供される地域包括ケアシステムの構築」（厚生労働省, 2013）を提唱している。外国人住民の議論にとどまらず、介護される人、介護をする人やその家族等が孤立しない社会のために、日本だけでなく、国外の知見からも学びながら、行政機関、実践家、研究者たちが連携して発展的な議論を進めていくことが喫緊の課題である。

6　まとめ

　本研究は、外国人住民の行政サービス申請の過程を可視化した。2つの事例とも、行政機関での行政サービス申請に辿りついている。AさんとBさんのTEM図から、通訳が見つからない、自宅でトラブルをおこす、ケアラーが1人で抱え込む、ケアラーが介護を続けられなくなるなどの行政サービス申請に辿り着けない径路を示した。また、メディアに発信された韓国ドラマの視聴が、日本が外国人住民に提供できる制度的な限界を補完する役割を果たしていること、ケアラーを支える仕組み作りが急務であることを述べた。研究協力者である行政職員のTさんによると、「外国籍の第二言語習得者の場合、ゴールを医学モデルと社会モデルのいずれで考えるかによって方向が異なり、福祉では社会モデルを目指す」と言う。また、Bさんにおいては、ウェルニッケ野などの言語野損傷が考えられるという。このような状況では、「公的な法制度の支援の他に、外国籍のコミュニティなどの非公式な資源とのアクセスが可能であれば、別の分岐点も存在可能」であるという。こうした環境に言語教育の知見をどのように還元させていくのかは今後の課題である。

　本研究の限界は、X地域に住民票があることを前提に対象を絞り議論を進めてきているため、無国籍の人々、住民票（住民基本台帳）に記載されていない人々については論じていない点にある。今後は、事例をさらに増やし、行政職員や家族などを対象とした研究も実施し、外国人住民の行政サービス申請に向けた新しい支援モデルを構築することが期待される。

注

1　ケアラーには、介護を担う子ども（ヤングケアラー：young carer）という呼び方がある。家族にケアを要する人がいる場合に、大人が担うようなケア責任を引き受け、家事や家族の世話、介護、感情面のサポートなどを行う18歳未満の子どもである。ヤングケアラーへの支援は、北欧やイギリス、オーストラリアで進められている（青木, 2018）。

2　介護保険では、被保険者の範囲を40歳以上の者とし、被保険者が要支援または要介護状態となった場合は保険給付として介護サービスが利用できる。40歳以上の障害者も原則として介護保険の被保険者となり（身体障害者療護施設や重症心身障害児施設の入所者等は被保険者とされない）、要支援または要介護の状態となったときは、保険者の認定を受けて、保険給付として介護サービスを利用する（遠藤, 2000）。

3　療育手帳制度は、知的障害児・者への一貫した指導・相談を行うとともに、これらの者に対して各種の援助措置を受けやすくするため、児童相談所又は知的障害者更生相談所で知的障害と判定された者に対して、都道府県知事又は指定都市市長が交付する。重度（A）とそれ以外（B）に区分される。「重度（A）の基準は、①知能指数が概ね35以下であって、次のいずれかに該当する者」「食事、着脱衣、排便及び洗面等日常生活の介助を必要とする。」「異食、興奮などの問題行動を有する。」「② 知能指数が概ね50以下であって、盲、ろうあ、肢体不自由等を有する者」であり、それ以外（B）の基準は、「重度（A）のもの以外」である（厚生労働省（発行年不明）「療育手帳制度の概要」参照）。

4　荒川区コミュニケーション支援ボードは、明治安田こころの健康財団が作成した「コミュニケーション支援ボード」を基に作成された。これらは、話し言葉によるコミュニケーションにバリアのある知的障害や自閉症の人たちが使いやすいコミュニケーション支援のツールの開発と、それが使える地域の環境作りを目指し作られた。

第8章　越境者のキャリアと将来設計

第1節　高度人材のゆくえ

　第8章では、越境者のキャリアと将来設計について取り上げる。第1節では、高度人材のゆくえについて、日本に留学した経験を有する5名を対象に検討する。

1　課題設定と研究の目的

　近年、日本に留学後、日本企業に就職する人々が増加している。企業側は採用枠を拡大し、留学生向けの説明会を開いている。また、大学での教育に関与するなど積極的な動向が見られる。日本側の思惑とは裏腹に、日本企業に就職した外国籍社員たちの「日本企業の文化や規範への不適応」「意思疎通や人間関係構築の困難」などが報告されている。日本に関心を持ち来日し、教育機関で習得した日本語やその他の専門知識を活かすことを夢見て、日本企業に就職した外国籍社員たちは、日本語の授業やゼミ、専門の授業で学んだ知識が十分に活かせずに、自らの期待と企業側の期待が不明瞭なままの状況におかれ、身体の不調や業務遂行の困難を訴えることも少なくない。外国籍社員が仕事について悩みや問題を抱えた際にかけこめる「相談窓口」は十分に確保されておらず、「退職」を選択することも多い。本研究における「越境する人々」とは、来日時に非日本国籍で、在留資格が留学生の身分である人々をさす。

　越境する人々のキャリア形成に関連するこれまでの研究は、島田・中原

(2014)の新卒外国人留学生社員の組織適応と日本人上司の支援に関する研究及び李 (2015) の高度外国人労働者の職業性ストレスに関する研究がある。島田・中原 (2014) では、元留学生の組織への愛着の低下や長期的展望が見えないこと、職務満足度の低下について指摘している。李 (2015) では、高度外国人労働者の「抑うつ感」が高く、メンタルヘルスが不調であることが予測できるため、危機管理のための予防的なアプローチの必要性を指摘している。日本における当該研究の先駆的なものとしては、前述した研究に加え、日本で働く女性外国人社員のジェンダーとキャリア形成に着目した鈴木 (2017) や外国人社員のコンフリクトに着目した鍋島 (2017) がある。鈴木 (2017) では、文系出身総合職の女性たちが、日本企業特有の長時間労働に直面し、将来、納得のいく子育てや介護のできない日本を去っていく可能性があることを指摘している。鍋島 (2017) では、OJT における指導内容について外部講師を招いて知る機会の必要性について言及している。市川 (2017) においては、「永住権」取得のための手段として日本企業で働く事例を報告しており、外国籍社員が日本企業就職後のキャリア形成を支える資源の開発の重要性を述べている。

外国籍社員のキャリア形成に関する諸外国の状況では、中国に進出した日系企業の採用・人事担当者を対象にした葛西 (2013) がある。そこでは、中間管理職の平均年齢が 30 代前半に集中していることや、3.1 年から 5.0 年が勤続年数として最も多く、中国の日系企業に採用される人材は一定数は辞めていくものの定着率について問題視するまでに至っていないと指摘している。これまでの研究では、日本企業或いは、海外の日系企業を辞めた社員の事例について深く掘り下げたものは見当たらない。

本研究の目的は、「人間の経験」を扱う複線径路等至性アプローチ (Trajectory Equifinality Approach:TEA) (安田・サトウ編, 2012) を用いて、外国籍社員が日本企業で働くプロセスを可視化し、彼ら／彼女らに必要な環境整備について考察することである。

研究内容

2018 年から 2019 年にかけて、日本企業や組織で働いた経験を有する外国

籍社員 5 名を対象に半構造化インタビューを行い、日本企業に定着する・定着しないプロセスを可視化した。

分析方法である TEA には、1/4/9 の法則が存在する。安田によると、事例数が一つの場合は、個人の生の歴史性をより詳細に描き出すことができるという。4±1、3 から 5 の事例の場合、共通性と多様性をとらえることができるという。9±2、7 ～ 11 事例を対象とする場合、径路の類型化が可能になる（安田, 2015）。

2 分析方法

分析方法は、複線径路等至性アプローチ（TEA）を採用した。

調査者の概略

A さん	中国の内陸にある都市部の出身。故郷では、野菜の栽培が盛んである。日本に来たいと思ったのは、大学在学中に日本語を学んでからである。現在、日本企業で働きながら転職活動中。20 代男性。英語と日本語、中国語が堪能。
B さん	中国の国有企業で働いた経験がある。高校卒業後、地元の国有企業に勤めていたが変化のある毎日に憧れて退職と来日を決心。来日後は、緑の多い地方都市で留学生生活を送り、大学時代は 2 つのアルバイトを経験した。日本企業で働いた後、退職して中国に戻る。中国では複数の仕事を経験して再来日した。40 代女性。中国語と日本語ができる。
C さん	中国南部の都市出身。大学では日本語を勉強しその後来日した。来日後は、大学院に進み言語教育について深く学ぶ。現在、日本企業でサービス業に従事しており、近い将来外資系の会社に転職希望。東京オリンピックの開催までは日本生活を楽しむ予定。英語と日本語、中国語が堪能。
D さん	中国の大学を卒業。来日後、日本語学校に通い大学院の文系で学んだ。現在就職活動中で将来は、中国の農業を活性化するリーダーとして国に貢献したいと考えている。農業について経験を積める日本企業への就職を希望している。20 代男性。日本語と中国語ができる。
E さん	中国の大学を卒業している。故郷は野菜の栽培が盛んな地域である。学生時代、大学の先生の紹介で日本人の通訳をしたことがきっかけで来日した。日本では文系の大学院に在籍し歴史について研究した。将来は国に戻って教育者になるのが目標である。30 代女性。日本語と中国語ができる。

208　第 2 部　越境する人々を受け入れる日本企業と地域社会

3　結果─日本企業でのアルバイト経験・就業経験を通じて異なる選択に至った 5 名の経緯

　本研究で対象とした 5 名は、学生時代あるいは大学を卒業後日本企業や日本国内の組織で働くという共通した経験を有する。インタビュー時点で、転職活動の真っただ中の A さん、中国の国有企業と複数の日本企業や組織、日系企業での就業経験を有する B さん、現在の職場に強い不満を持っている C さん、これから日本企業でしばらく働きゆくゆくは母国に帰って専門性を活かしたいと考えている D さん、学生時代のアルバイト経験や日本での就職の厳しさを痛感し、日本での就職にこだわらずに母国での就職を決心している E さん、という「共通性と多様性」(安田, 2015) が捉えられた。図 1 に TEM の用語の説明を示した。それぞれの違いがどのように生じたのかを明らかにするために、時期区分を表 2 に表しそのうえで各時期においてどのような違いが生じてきたのかを述べる。

表 1　TEM の用語ならびに本研究における意味と具体例

用語	本研究における意味
等至点：EFP	① 私費留学生の生活が続く ② キャリアアップのため外資系企業も視野に入れた数年後の転職を考える
両極化した等至点：P-EFP	① 留学の途中で国費留学生となる ② 転職を希望せずいまの職場で働き続けたいと考える
分岐点：BFP	生活のため職種を選ばずアルバイトに応募 仕送りが十分もらえるためアルバイトをせずに生活
必須通過点：OPP	日本での就職活動, 日本で就職活動を行わないことを決心
社会的方向づけ：SD	高い日本語力が裏目にでる職場環境
社会的助勢：SG	経験を積める日本社会

第 8 章　越境者のキャリアと将来設計　209

表 2　越境する人々のキャリア形成の時期区分

	時期区分の説明
第Ⅰ期	私費留学生として日本へ留学後アルバイトに応募するまで
第Ⅱ期	日本企業・組織でのアルバイト経験の有無と私費留学生の継続
第Ⅲ期	私費留学生の生活と日本での就職活動まで
第Ⅳ期	日本での就職活動を開始する・開始しないから印象的な出来事
第Ⅴ期	日本企業・日本社会での印象的な出来事を熟成させる
第Ⅵ期	転職を具体的に考える

第Ⅰ期

　私費留学生として日本へ留学したBさんCさんDさんEさんは、来日後さまざまな情報源からアルバイト情報を入手し＜生活のため職種を選ばすアルバイトに応募＞した。Aさんは、故郷の両親から仕送りをもらいアパートを借りて生活を送っていたが、アルバイトをしなくても仕送りでなんとかなったため学業に励んだ。

第Ⅱ期

　生活のためにアルバイトをしていたBさんCさんDさんEさんは、それぞれが＜日本企業・組織でのアルバイト経験有＞である。このうち、Cさんはアルバイト先で＜上司や管理職に認められ高い満足度を得る＞生活を送る。一方、Bさんは複数の日本企業でアルバイト経験をしていた。時給も高く休日出勤した際にはお弁当も出されて「いい経験だった」当時のアルバイトについて＜待遇に満足する＞様子を語った。DさんEさんは、複数のアルバイトを経験しており＜働き方・上下関係・賃金未払い＞などのトラブルに遭遇していた。Dさんは、大手の飲食チェーンで働いていた際に、働いた分だけ賃金が払われないことがあった。また、店の店長からある日突然呼び出され身に覚えのない説教を受けたという。賃金の未払いが決定打となりDさんは別のアルバイトにうつった。Eさんは、通っている大学に紹介された教育関係のアルバイトと小売店で働いていた。大学に紹介された教育関

係のアルバイトでは、職場の人間関係に恵まれてよい経験をしたという。日本の教育機関の状況を学び、子どもたちとも触れ合うことができ楽しかったという。他方、大手のコンビニエンスストアでは、十分な説明もなく自分よりも年齢が上の日本人女性がリーダーとなり、納得のいかない命令をうけることに苦痛を感じていた。同じ時間帯で働いていたにもかかわらず、日本人女性とEさんの間では時給に差をつけられ長期間それが続いたという。日本のスーパーに勤めていた時には、日本人のパート社員との仕事内容に差をつけられ肉体的に負担の大きい仕事を任されることに違和感を感じていた。その後も5名全員が＜私費留学生の生活が続く＞。

第III期

Cさんは、日本で留学生として生活を送り＜嫌なこともあるけれど日本で就職し経験を積みたい＞と思い、故郷での就職活動は全く考えていなかった。AさんBさんDさんは、＜日本で就職しキャリアを積みたい＞と考え＜日本での就職活動＞をスタートさせた。アルバイト先で様々な経験をしたEさんは、＜信念を曲げてまで日本で働くくらいなら国に帰る＞と考えていた。

第IV期

日本での就職活動を開始したAさんBさんCさんは、いくつもの会社の採用試験をうけて＜採用決定＞に辿り着いた。Dさんに至っては、現在就職活動中であり、しばらく日本で働いた後に国に戻り、農業の分野で国の発展に貢献したいと考えている。

Eさんは、＜日本で就職活動を行わないことを決心＞し、国に戻ることを第一に考えている。＜学生時代世話になった日本人教師への感謝の気持ち＞ももっている。

採用が決定したAさんBさんCさんは、それぞれ日本企業に就職した。Cさんは就職活動では知らされなかった＜期待を裏切る研修・職場＞にショックをうけた。配属された職場は、会社の方針とは全く異なる現場だった。英語や中国語ができる社員が他にいないため、Cさんは、外国人観光客が来

ると通訳を任された。日本人の客が同じことをしても何も言わないのに、C さんの故郷からきた観光客に対して同僚の日本人社員から「本当にそういっているの」と疑われることもあった。Cさんは、何度も＜外国人差別に遭遇＞した。

Bさんは、最初に入社した日本の会社に10年近く勤めた。家族を持ったあとも＜長時間労働＞が変わらず「誰のための人生」と繰り返し自問自答したという。Aさんは、入社して間もない時期は＜多様性を尊重した職場環境＞におおむね満足していた。＜尊敬する中堅社員との出会い＞もあり仕事は充実していたという。

第Ｖ期

日本企業特有の長時間労働に負担を感じていたBさんは、＜退職し帰国＞することを決心し＜中国の日系企業で働く＞ことをスタートさせた。Cさんは、＜人一倍働いても認めてくれない日本人社員たち＞との人間関係に戸惑い、大学院で熱心に学んだ日本語について＜日本語を学ばなければよかった＞と思うようになる。Aさんは、職場で＜すごい人（日本人）がいる＞と思う出会いが会った。「プロジェクトの全体像を把握しながら、自分の仕事を進める姿に感動した」と語り＜高い職務満足を得る＞。日本で就職活動を行わないことを決めたEさんは、日本にいながら＜日本企業へ就職活動せず母国の企業や組織に就職＞する道を模索した。

第Ⅵ期

新卒で日本企業に就職したCさんは、辛い経験もしているものの同じ業種で難関とされている外資系企業で働く夢の実現のためにいまの職場で経験を重ねている。Aさんは、しばらく職場に満足していたが秋頃から＜職務満足が低下（二カ月くらい）＞している。現在、＜転職活動中＞であり、自分の価値を外部に評価してもらいながらよい転職先があればすぐにでも転職したいと考えている。

Eさんは、国に帰り就職したら長く働きたいと考えている。Bさんは、＜日本で再就職＞し現在の仕事に高い満足を得ているので定年まで働く希望をも

212 第2部 越境する人々を受け入れる日本企業と地域社会

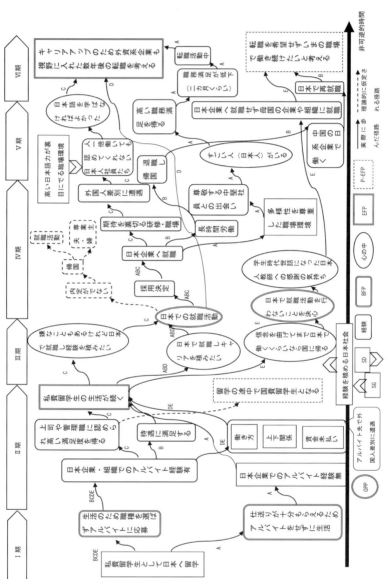

図1 越境する人々のキャリア形成

っている。

　以上のように、AさんCさんDさんは、＜キャリアアップのため外資系企業も視野に入れた数年後の転職を考える＞に至る。BさんとEさんは、＜転職を希望せずいまの職場で働き続けたいと考える＞に至る。

4　考察

それぞれの経験とキャリア形成

　本研究で対象にした5名は日本企業や日本の組織で働くという共通の経験を有する。来日後の日本での留学生活に基づいたキャリア形成の径路は、5名それぞれともに多様であった。高度外国人労働者のメンタルヘルスについて論じた李（2015）は、高度外国人労働者は、抑うつ感が高く、メンタルが不調であると指摘し、危機管理のための予防的なアプローチの必要性を指摘している。本研究のうち、最もメンタルヘルスが不調だったCさんは、「このまま今の職場で我慢を続けていたらうつ病になる」と語っていた。Cさんは、日本での留学時代に、日本企業でアルバイトを経験し、日本語学習だけでなく、アルバイト先の店長や日本人と交流できるよう努力を重ねてきた経緯がある。しかし、新卒で就職した日本企業の配属先では、日本人社員よりも熱心に働き仕事量が多いにもかかわらず、信用度が低く仕事への評価が低いことへ不信感をつのらせていた。日本人社員たちは、英語も満足にできないため、通訳が必要なときCさんを頼るが、感謝の気持ちを表すことはないという。Cさんは、インタビューの時点で都市部への転勤願いを出している。「もし転勤願いを出せなかったら退職している」と述べている。Cさんの勤める会社では、会社の支店の所在地によって従業員の外国人対応への水準が大きく異なり、外国人社員の受け入れにも差が出ていた。

　Cさんがこのような状況に陥った背景には、大学院で言語教育を専攻しており、日本語能力が非常に高いレベルにあったことが関係している。勤め先の日本人社員からは、「留学生だから」、「外国人だから」、「仕事も日本語もどうせわからないだろう」と最初から期待をされず、日本人以上に努力を重ねても認められない環境で新入社員として働いている。Cさんは、大学院時

代に大手の日本企業でアルバイト経験があり、日本で働くことに対してある程度の予測と期待を抱いていた。しかし、日本人の話す日本語や日本特有の空気を読む力が高いために、大学院時代の日本語学習を「あんなに必死になって勉強しなければよかった」と後悔することもあった。

　来日後の大学院時代に日本企業や日本の組織で唯一働いた経験のなかったAさんは、新卒で日本の会社に入社後しばらくは仕事に満足していた。目標となる先輩もみつかり高い職務満足を得ていたが、しばらくして同期が転職活動を始めたことや会社になれて仕事の全体像が見えてきた頃から、職務満足が低下（二カ月くらい）していった。その後、すぐに転職活動を開始している。Aさんは、「自ら成長しながら世界のどこででも働きたい」と語り、自らの労働価値を国際競争力の中に位置づけていた。自らを高める場所の一つとして、日本での就労を位置付けていた。Aさんの故郷は、現在も農地が多いが、改革開放政策以降、離農が進む。故郷の友人たちも都市部への就職を目指しており、その背景には、中国の急激な経済発展が関わっていた。

　Bさんは、国有企業での就業経験を経て日本に来日した。来日後の学生時代には、2つの日本企業でのアルバイトを経験し、大学卒業後は日本企業で働いた。家庭をもったあとも長時間労働で家族との時間をとれない日々が続き「誰のための人生」と繰り返し自問自答した。安定して給料の高い日本での仕事を辞めることに中国に住む親たちは皆反対したが、Bさんは退職し国に戻ることを選ぶ。国に戻ると、日本の生活に慣れきってしまった自分に気づく。何もできない自分にもどかしさを感じ、自動車メーカーや日系のホテルで日本語に関わる仕事に就く。簡単な仕事内容に単調な生活を感じるようになる。そして、日本語を教えても上達するのに時間がかかる現地のエリート社員たちに驚き、中国で自分の子どもの日本語習得が手遅れになってしまうくらいなら、早いうちに日本の環境で日本語を学ばせたほうがいいのではないかと思うようになる。その後、日本で再就職を果たしている。鈴木（2017）では、文系出身総合職の女性たちが、日本企業特有の長時間労働に直面し日本を去っていく可能性があることを指摘している。Bさんも「長時間労働さえなかったら、最初に勤めた日本企業をやめないですんだ」と語る。それは、中国での国有企業での働き方よりも日本で経験した仕事に新鮮

さを感じていたことも関係していた。子をもつ社員が長く働き続けることができるよう、制度を整える必要性が示された。

インタビュー時点で就職活動中だったDさんは、将来中国の農業の発展に貢献するために日本の農業法人で経験を積むことを望んでいる。Dさんの日本でのキャリア形成は、あくまでも技術の進んだ日本の方法を学び吸収したいというものである。こうした意欲のある外国籍社員が日本での仕事を終え帰国後も両国の経済や社会の発展に貢献できるようなマクロシステムの構築を進めることが必要である。

Eさんは、学生時代にも複数のアルバイト経験をしており、日常の日本人の姿を熟知している。大学で紹介された教育機関での経験は財産になったと語る一方で、留学生の多くが経験しているコンビニエンスストアやスーパーでのアルバイトの際に、疑問が生じたという。日本人のパート社員が楽な仕事をまかされていたのに対して、留学生は休憩も少なく、肉体的に酷使する仕事を命じられたと語っている。Eさんは日本に残り、自らの希望する仕事を目指す道もあったが、アルバイト先で経験した日本社会の現実を知ったことで、国に帰りじっくり腰を据えて働く道を選んだ。日本で大学や大学院に在籍しアルバイトに従事する留学生のなかには、日本人と同じ仕事内容にもかかわらず低い賃金を支払われていることを知りながら生活のために働いている留学生は少なくない。大手のコンビニエンスストアが、外国人人材の確保のために奨学金を整備しているが、企業側も本気で外国人人材を受け入れるのならば、日本企業における留学生の働き方について早急に改善する必要がある。具体的には、賃金や休日について国籍で決めるのではなく、仕事内容や能力に応じて日本人と平等におこなう必要がある。

以上のように、越境する人々のキャリア形成の研究では、＜生活のため職種を選ばずアルバイトに応募＞＜仕送りが十分もらえるためアルバイトをせずに生活＞を経て、＜私費留学生の生活が続く＞を辿り、＜日本での就職活動＞＜日本で就職活動を行わないことを決心＞を経て、＜キャリアアップのため外資系企業も視野に入れた数年後の転職を考える＞と＜転職を希望せずいまの職場で働き続けたいと考える＞に辿り着いた。

216　第 2 部　越境する人々を受け入れる日本企業と地域社会

表 3　本研究における心のなかの分類

分類		表示（　）は、該当する協力者
心のなか	経験	嫌なこともあるけれど日本で就職し経験を積みたい（C さん）
	キャリアの蓄積	日本で就職しキャリアを積みたい（A さん B さん D さん）
	信念を重視	信念を曲げてまで日本で働くくらいなら国に帰る（E さん）
	言語問題	日本語を学ばなければよかった（C さん）
	人との出会い	学生時代世話になった日本人教師への感謝の気持ち（E さん），すごい人（日本人）がいる（A さん）

　表 3 は、本研究の分析によって得られた心のなかの分類結果である。越境する人々のキャリア形成には、「経験」「キャリアの蓄積」「信念を重視」「言語問題」「人との出会い」が関係していた。また、中国の国有企業経験者であるBさんは、日本で働き続けることを希望していた一方で、他の4名は、中国の改革開放政策以後の離農の増加、中国の急激な経済発展による生活の西洋化がキャリア形成に関連していると思われる。

5　まとめ

　本研究では、外国籍社員が日本企業で働くプロセスを可視化した。中国の国有企業で働いた経験を有する者と 20 代から 30 代の元中国人留学生の間では、日本企業で働き続けることへの意識が異なり、その背景には、中国の急激な経済発展や離農の増加がかかわっていた。

第 2 節　留学生は日本企業に定着可能か

　第 2 節では、私費留学生として来日した 1 人の中国人女性をとりあげ検討する。第 1 節では、複数名を対象に越境する人々のキャリアと将来設計について論じたが、1 人の事例に踏み込むことができなかったためである。

1　課題設定と研究の目的

　中国社会は、北京オリンピックの成功と近年の急激な経済発展により変動を遂げており、そうした社会の変化は、人々の生き方や働きかたにも変化を与えている。人民網日本語版 (2014 年 8 月 26 日) では、妊娠・出産を経験した「専業主婦」の割合の増加や中国の高学歴女性の間に登場した、高級職としてゆとり、洗練、品位、ハイグレードなどの意味合いを兼ね備えた「専業主婦像」を紹介している。同時に、日本と中国の合作で作られた番組「中国・レッテルを貼られた女たち」では、「白富美」「剰女」「独立女性」と呼ばれる中国人女性にスポットライトをあて、女性の多様な生き方について提示している (NHKBS1：2017 年 9 月 20 日)。1980 年代の中国大陸では、大学入試で成功しさえすれば、他人から重んじられる階層の一員になることができたが、2000 年以降、大学入試に受かりさえすれば成功するという夢想は打ち砕かれている (河村訳, 2014)。

　今日では、中国から日本に多くの人々が来日している[1]。外国人労働者数も過去最高を記録 (厚生労働省, 2017) した。最新の国籍・地域別在留資格 (在留目的) 別在留外国人数は、中国 69.5 万人、韓国 45.3 万人、フィリピン 24.3 万人を記録しており日本の在留外国人数のうち約 3 割が中国から来日した人々によって構成されている (法務省, 2017)。国境を越えて来日した人々からは、母国では存在しない日本特有の「圧力」を経験するという声を聞くことも少なくない。

　これまで中国語圏の女性に対してライフストーリーインタビューを行ったものには幼少期に来日した事例から考察をおこなった研究 (茂木, 2014) や大学の女性教員の職能形成に関する考察 (小林 (新保) ほか, 2016) がある。その

218 第2部 越境する人々を受け入れる日本企業と地域社会

他、中国人残留孤児を育てた中国人養父母に着目した (張, 2010) 及び日本に留学中の中国人日本語専攻生の文化的アイデンティティと日本語を学ぶことの意義について探った (葛, 2017)、戒厳令が解除される前の台湾で幼少期を過ごした台湾人女性の研究 (市川, 2017, 本書第1章) がある。本研究ではこれまでの先行研究に学びながら、時間を捨象せずに一人の経験を深く掘り下げて分析を行うことで、留学生の在留資格で来日した一人の漢族女性が、留学修了後に日本への定住を模索するなかで出会う壁について、提示することを目指す。

　本研究の目的は、1990年以降に来日した中国人ニューカマーのなかでも、四川省出身で中国社会のマジョリティである漢族女性Mさんのライフストーリーを複線径路等至性モデリング (Trajectory Equifinality Modeling：以下TEM) (安田・サトウ編, 2012) を用いて分析し場所の移動だけでなく社会言語的状況も踏まえながら考察する。

2　調査概要

　研究方法は、半構造化インタビューを採用した。調査は、2015年から2017年にかけて日本国内で調査を行った。調査対象者のMさんの概略を下記に示す。

表4　Mさん概略

　四川省で生まれ来日前までを過ごす。中国では、大学進学後外資系企業に就職し、働きながら文系の大学院を修了した。大学院で出会った上海出身の友人に影響を受け、中国国外に出ることで自分の可能性を知りたいと思うようになる。四川語が話される地域で幼少期から長年過ごしたが、四川語はほとんど使わずに普通語（中国語）を使い成長した。

研究手続き

インタビュー終了後、逐次記録を作成しカテゴリー分けを行った。一連の流れは廣瀬（2012）を参照し進めた。本研究は、倫理的配慮を実施しており、研究結果に影響の出ない範囲でプライバシー保護を行っている。

本研究の分析方法に採用した複線径路等至性モデリング（TEM）[2] の特徴と概念について説明する。複線径路等至性モデリング（TEM）の特徴は、調査協力者と研究者の視点が研究成果に介在している点にある。時間を捨象せずに TEM 図を描き、記述に深みを持たせることで、M-GTA や KJ 法、アンケート調査などでは、削らざるをえないデータを扱う可能性を秘めた方法論である。質的研究では、研究者がみたいものに注目されがちだが、理論的に考えられる径路を描き出し、対象者の経験について時間を捨象せずに考えることで、人間の生命・生活・人生を丁寧に考えることを含む方法論である（サトウ, 2012）。日本国内では、社会教育や看護学など幅広い分野で採用されており、人間の「ライフの充実を支援する」（安田・サトウ, 2017）方法論の一つとして位置づけられる。

本研究で使用した複線径路等至性モデリング（TEM）の概念について下記表5に示す[3]。

表5　本研究での TEM の概念と意味

概念	本研究における意味
等至点（Equifinality Point:EFP）M さんの語りのなかで研究者が関心を持ったポイント	EFP1 来日 EFP2 中国系企業への転職 EFP3 中日をまたいで活躍
両極化した等至点（Polarized Equifinality Point:P-EFP）等至点と対極にある点	P-EFP1 四川省に留まる P-EFP2 転職しない、帰国 P-EFP3 専業主婦になる、中国で仕事をする
分岐点（Bifurcation Point:BFP）径路が発生するポイント、分れ道	BFP1 国外に関心がむく BFP2 中国人差別 BFP3 就職活動の壁を実感 BFP4 コミュニケーションの壁を実感 BFP5 同僚と自己の比較

社会的方向づけ（Social Direction:SD） 人が歩みを進めるなかで阻害・抑制的に働く力	SD1 年齢の壁 SD2 友人が多忙 SD3 残業が多く仕事だけの生活 SD4 身体の不調
社会的ガイド（Social Guidance:SG） 人が歩みを進めるなかで後押しや援助的に働く力	SG1 両親のアドバイス SG2 両親と離れた生活 SG3 習い事に通う SG4 日本の仕事の経験を積みたい SG5 友人の助言 SG6 学習が楽しい SG7 教師の支え SG8 中国進出への期待 SG9 生活感のある母国 SG10 多様な中国女性の生き方を知る SG11 朝鮮族と漢族の類似を実感
統合された個人的志向性（Synthesized Personal Orientation:SPO）個人の内的志向性	SPO 日本と言う舞台で活躍したい

　非可逆的時間（Irreversible Time）とは決して後戻りできない時間を指す。調査協力者は、表6に示した。

表6　協力者プロファイル

	年齢	国籍	来日	学歴	来日ビザ	言語資本	来日前の就業経験
Mさん	30代後半	中国	200X年	（中国）修士 （日）日本語学校→修士	留学	中・英・日	外資系企業

　インタビュー内容は、下記の通りである。第2回、第3回は、前回の内容を確認しながらインタビューを進めた。

第 8 章　越境者のキャリアと将来設計　221

表 7　インタビュー内容

	第一回目 (2015.10)	第二回目 (2017.5)	第三回目 (2017.7)
時間[4]	54 分	1 時間 18 分	26 分
インタビュー内容	幼少期から就職まで（来日前の経験と来日後の教育、留学目的）	修正点の確認 日本での差別体験、母国系企業の環境、中国出張	修正事項及び TEM 図確認、永住権申請や今後のキャリアについて

3　結果と考察

　分析の結果、8 つの時期区分が示された。下記の通り、四川省出身の M さんのライフストーリーを示す。＜　　＞は、カテゴリーであり、「　」は M さんの発話である。作成した TEM 図[5] は図 2 に示し、M さんの移動に基づいた社会言語環境と言語使用の変容については、表 7 に示した。M さんの故郷である四川省は、成都市を省都としており、中国西南地区の科学技術、商業貿易、金融の中心地であり、人口の高齢化の進行や子どもと同居している高齢者の多い内陸都市の一つである (談・今井, 2003)。

中国就学期

　漢族の両親のもとに＜四川省で誕生＞した M さんは、幼少期から大学入学までを＜地元の学校に通う＞ことで過ごした。＜両親のアドバイス＞ SG を受けて幼い頃から勉学に励み、当時は珍しくなかった＜両親と離れた生活＞ SG をしながら、＜習い事に通う＞ SG などして大学進学を目指した。

中国でのキャリア形成期

　無事、＜大学入学＞を果たすと充実した学生生活を送り＜就職（外資系）＞した。外資系企業で働くうちに、もう一度大学に戻って勉強する必要性を実感するようになる。働きながら、＜大学院入学（文系）＞し、業務にかかわる専門知識を修得した。

222　第２部　越境する人々を受け入れる日本企業と地域社会

表8　Mさんの経験した社会言語環境と言語使用の変容

	時期区分	中国就学期	中国でのキャリア形成期	日本留学準備期	日本留学期	日本留学変容期	日本キャリア形成期	中国回帰期	再変容期
社会言語環境	社会	四川語・普通語	四川語・普通語	四川語・普通語	日本語	日本語	日本語	日本語	日本語
	学校・職場	普通語	普通語・英語	普通語・英語	日本語・普通語	日本語・普通語	日本語・普通語	日本語・普通語	普通語・日本語
	主な言語使用	普通語	普通語	普通語	日本語	日本語	日本語	日本語	普通語

日本留学準備期

　Mさんは、もともと国外に出たいという思いはなかったが、外国に意識を向けるようになったのは、大学院時代に出会った上海出身の友人がきっかけである。Mさんとは異なる価値観を持つ友人との出会いによって、＜国外に関心がむく＞BFPようになり、＜友人の助言＞SGもあり、留学について本格的に考えるようになる。Mさんは、日本語を学んだことがなかったが、大学院修了後もよりよい就業環境を求めて何度か＜就職先を変える＞経験をした。＜日本の仕事の経験を積みたい＞SGという思いを抱いて＜来日＞EFP1した。

日本留学期

　来日すると、＜日本語学校で日本語を学ぶ＞機会を得る。友人の紹介で日本企業のアルバイトの面接に行った際、＜年齢の壁＞SDを実感し不採用になることもあった。別の＜日本企業でアルバイト＞を経験した際には、＜中国人差別＞BFPを受けることもあった。「チャイチャイって呼ばれて」と、中国人観光客が来店した際に、自分だけでなく、観光客までも馬鹿にされるような日本人の振る舞いに驚きを隠せなかった。その一方で、国籍も性別も関係なく自分を対等に扱ってくれる日本語学校の先生との出会いがあり、日

本語未習で来日したMさんは、<教師の支え>SGもあり、<学習が楽しい>SGと実感しながら留学生活を送る。

日本留学変容期

　猛勉強が実を結び希望していた<大学院入学>を果たす。学生生活は順調で環境に恵まれた。しかし、就職活動では、30から40社以上エントリーし、新卒として就職活動を行わなければならず、年齢が原因でエントリーができないこともあった<就職活動の壁を実感>BFPした。

日本キャリア形成期

　<大学院修了>後、製造業の中小企業（B社）に<日本企業就職>し営業を担当した。B社には、全体で3名の中国人社員が在籍していた。B社は、近い将来中国進出を計画しており、中国社会に精通しているMさんに期待していた。しかし、Mさんは、これまで日本語学校や大学院で学んだ知識が十分に活かすことができずに予想もしない不安を抱えながら日本での社会人生活を送る。冗談や笑い話についていけず孤独を感じ、営業先では、日本人同僚のように世間話をすることができずに日本で働く難しさを実感する<コミュニケーションの壁を実感>BFPした。

中国回帰期

　来日前に芽生えた<日本と言う舞台で活躍したい>SPOという夢の実現のために頑張ってきたMさんだったが、<中国進出への期待>SGに応えたい一方で<友人が多忙>SDでMさん自身も<残業が多く仕事だけの生活>SDを送らなければならなくなった。母国に帰国した際に、<生活感のある母国>SGに次第に心を動かされた。就職した日本企業でうまくいっていないことを同国人の知人に話すと、転職先を紹介され<知人の紹介で転職試験を受ける>ことになる。転職試験に合格し、内定が出て<日本企業退職>を選択し<中国系企業への転職>EFP2するに至る。

224 第2部 越境する人々を受け入れる日本企業と地域社会

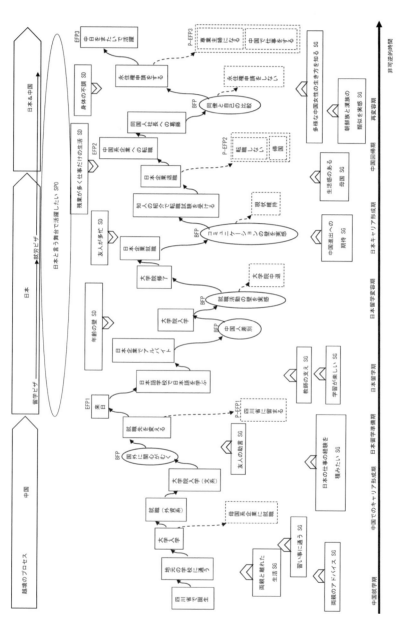

図2 MさんのTEM図

再変容期

「日本で働くようになって中国の環境がよく映るようになった」と感じるようになり、いずれは中国に戻って仕事をすることも考えるようになった。しかし、現在は就労ビザで仕事をしているため、今のままでは一つの仕事しかできない。昔からの友人と中国と日本を舞台に活躍したいという夢を思い出す。＜同国人社長への葛藤＞を感じながら、＜同僚と自己の比較＞BFPをすることで、自分の能力を肯定的に捉え直すことができた。「わたしの日本語は、全くできないわけじゃないんだ」日本企業で自信をなくした体験を客観的に捉えることができた。「わたしも努力が足りなかったかもしれない」と思うようになる。日本に来たことで＜朝鮮族と漢族の類似を実感＞SGし、たくさんの出会いがあるなかで＜多様な中国女性の生き方を知る＞SGことができた。「40歳を過ぎて転職するのは不安」と将来を悲観して＜身体の不調＞SDがでることもある。憧れを抱いて来日したMさんだったが、日本で働くことが中国人の自分には大変なことだと気づく。今年、永住権申請の加点条件に、出身大学が該当していることを知り、予定よりも早く申請可能なことを知る。＜永住権申請をする＞ことで、自分らしい生き方に一歩踏み出せたような気がしている。現在のMさんは、日本で学んだ経験を活かしてフリーランスで＜中日をまたいで活躍＞EFP3するという夢に向かって前進している。

4　考察

本節から、四川省出身の漢族女性のMさんが日本で高学歴を獲得し、日本企業に就職するも受け入れ体制が十分ではない職場環境が要因で中国系企業へ転職し、同国の少数民族の社長のもとでジレンマを感じながら成長する様子が明らかになった。日本における中国人留学生の動機づけに関して研究を行った小林（2014）は、大学時代にコミュニティに参加できない経験を乗り越えて「コミュニティの一員になる経験」を積むことで、中国人留学生が将来日本と中国という二つの社会でキャリア形成する事例を紹介している。Mさんは、日本企業就職後、精神的に疲弊していった。就職先の日本企業

では、勤務先に相談できる窓口や人間関係はなかったという。現在、母国系企業で働くMさんは、所属先を変えて日本社会に参画することで、小林（2014）の述べる「二つの社会でのキャリア形成」を継続している。

転職後の生活世界が安定した今、当時を振り返り「自分も日本企業になじめるように努力ができたのではなかっただろうか」と語った。一日の大部分を占める会社内において「日本語」「日本の規範」に全て合わせることに限界を感じていたのも事実である。言語使用の状況からみても、日本企業で働く際は「日本語」の使用が大部分を占めていたという。「日本社会のなかに非日本語を使って生きられるような言語環境をつくりだす努力」（イ, 2006）の必要性について指摘がある。非日本語つまりMさんにとって普通語（中国語）の使用が日常的に日本企業でも許容されるような環境であったのならば、身体への不調や退職の選択といった結果は違うものになっていたと思われる。鈴木（2017）は、外国人女性の長期的な就労を可能にするためには、大学において日本企業への就職活動と並行して考えるような指導が必要であると指摘する。それは、日本社会の実態を知る機会を増やすことである。Mさんのアルバイト先や就職先での差別体験は、これから日本での就職をめざす留学生にとって「日本社会に存在する差別」の現実を提示した。同時に、留学生を受け入れる日本側の関係者にとって、日本とは異なる文化や言語資源を有する人々の「多様性」を個人そして企業や組織レベルでどのように受容するのかについて考えなおす契機となるであろう。2008年に日本政府は留学生30万人計画[6]を発表し、留学生の大幅な受け入れ拡大を進めている。2017年4月には、高度人材の在留資格での「永住権」の短期間での申請が可能になった[7]。本研究で提示したMさんが日本企業を退職するまでのプロセスは、中国の日系企業や留学後日本での就職を目指す留学生と関係者にとって、現状理解の推進という点で意義があるだろう。

5 結論

本研究では、四川省出身の漢族女性Mさんのライフストーリーについて複線径路等至性モデリング（TEM）（安田・サトウ, 2012）を用いて分析し場

所の移動だけでなく社会言語的状況も踏まえながら考察した。研究の限界として、対象者が中国でも日本でも高学歴を取得した元留学生に限られている点にある。今後は、さらに対象者を広げて一般化に努めたい。

　日本政府や日本企業は、留学生の採用を海外進出の一時的な戦力として短期的に捉えるのではなく、将来日本と世界各地をつなぐ人的資源として長期的な視点で受け入れと育成を考える必要があると思われる。

　新型コロナウイルス感染症の流行で、多くの中国人が帰国した。Ｍさんは、ここ数年で永住許可申請を行い認められた。その後仕事に関わる難関資格を獲得した。国境をまたいでの移動の制限がなされたため、難関資格を獲得してもいかせていないと感じている。Ｍさんは、日本で様々な経験を重ねたが友人たちが中国に帰国する中でも日本に残り生活をすることを望んでいる。Ｍさんにとって、日本のどのような点が魅力なのかについては、明らかにすることができなかった。日本語や中国語などの言語学習の視点も取り入れながら今後の課題としたい。

注

1　外務省は、日中間の人的交流を拡大し、政府の観光立国の実現及び地方創生の取組に資するために中国人に対するビザの発給要件の緩和する措置を平成 29 年 5 月から開始。

2　詳細については、安田・サトウ編（2012）を参照されたい。

3　複線径路等至性モデリング（Trajectory Equifinality Modeling）の詳細については、Sato and Mori and Valsiner（2016）も参照されたい。

4　IC レコーダーで録音した時間を表記した。

5　TEM 図は、対象への理解を深めるための気づきのツールであり、分析者の思い込みを相対化する（荒川, 2012）ことが可能である。

6　「留学生 30 万人計画」とは、日本を世界により開かれた国として、アジア、世界の間のヒト・モノ・カネ、情報の流れを拡大する「グローバル戦略」を展開する一環として 2020 年を目途に 30 万人の留学生受け入れを目指すものである（文部科学省, 2017）。

7 申請条件の詳細については、法務省「日本版高度外国人材グリーンカード」の創設（法務省）を参照されたい。

終章　越境する人々の「言語」と経験
　　　—記号のズレ

　本研究は、1980 年代後半以降に東アジアから日本に渡った人々を中心に、人々が経験する「言語」と経験について明らかにした。

　特に、注目したのは、2 点ある。一点目は、日本社会がどのように日本語指導が必要な児童生徒や外国人、外国にゆかりのある日本人等を受け入れ、また日本語教育の実践により、どういった心理社会的課題がうかびあがるのかという点である。二点目は、そのうかびあがった課題に対して、どういった人々の心性の変化があり、越境する人々と受け入れる日本社会の人々がどのような対処をとっているのかという点である。これらに注目した理由は、第一に、既存の研究では日本語指導が必要な児童生徒や外国人、外国にゆかりのある日本人等に対して、日本語を学ぶために必要な環境を整えることに重点がおかれた主張が多く、日本語を学ぶことで抜けおちてしまういわば見えない部分について個別の事例を対象に丁寧に見た研究がほとんどなされてこなかった点にある。第二に、教育機関で働く教師および行政機関で働く行政職員が外国人や外国にゆかりのある日本人と出会ったことで生じる現場の声が社会に十分に届いているとはいえず、苦労し困難を抱える教師像や外国人や外国にゆかりのある日本人に対して差別的な態度をとる日本人という姿が強調されてきた点にある。こうした文脈では、外国人や外国にゆかりのある人々を社会的に弱い存在として表現し、人々に対応する日本人像を生成しがちである。それは、マジョリティの傲慢な視点を増長させることにつながりかねない。筆者は前述した 2 つの課題を明らかにするために、2013 年から 2021 年にかけて日本国内で文献資料調査とフィールドワーク、半構造化インタビューをおこなった。この期間に多くの人々に出会い、話を聴き、人

々の経験や心性に着目した。加えて、日本国内の公立小学校では、中国語を使った教育実践を行いながら、教育委員会の主導下で実施される日本語指導が必要な児童に対する教育について考察した。

　これらの作業を通して得られた知見は、次の通りである。まず、明らかなことは、第1部で示したように、日本は日本語で生活できてしまうため、日本語指導が必要な児童生徒や外国人を受け入れる際に、日本語教育に重点がおかれ、人々が有する言語資源に配慮した政策は後回しになりがちである。また、日本で子ども時代を過ごした人々は、日本語を習得したことで民族の言葉や国家の言葉の継承が難しくなる傾向があり、大人になってからどの言葉を優先すべきか（＝言語の優位性）について悩みがちであることが示された。中国で子ども時代を過ごした人々からは、文化大革命の記憶に思いを馳せながら、日本での子育てを選択した中国生まれの朝鮮族女性が、自身の息子の教育機会を日本で持ち続けることを望み、それが民族の言葉と国家語の継承を困難にしていることが示された。日本と中国それぞれの場所で過ごした人々のいずれにも共通していたのは、国家語（中国語）と民族の言葉（朝鮮語）を使いづらい日本社会を否定的にとらえ立ち止まるのではなく、自らを高めていくために経験を積む場所として位置づけており、それらは故郷や民族、民族の言葉への思いが深くかかわっていたことである。

　越境する人々を受け入れる日本企業と地域社会について論じた第2部では、日本語以外の言語（非日本語）の継承や使用を尊重することが難しい日本社会の実態と、こうした環境にありながらも非日本語を尊重しようと奮闘する人々を描写した。学校の状況を題材とした事例では、越境する人々との出会いを通じて、刺激を受け、自らを変容させていこうとする教師像、自らの成長のために教師が希求する資源が、教師それぞれの経験によって、学校の中と外に向けられることが明らかになった。特に、若手の教師ほど、学校の外に求める傾向があり、学生時代の教育実習や教員養成に関わる授業と結びつけて問題意識を生成していくことが示された。また、当事者意識を育む教育の実現には、「人権」「連携」などをキーワードに考えることが有効であることを指摘した。外国人住民の行政サービス申請に関連した研究では、韓国語を話す介護者を希望する事例から、外国人住民が社会制度を利用する際

に通訳者が重要な役割を担うこと、日本の言語政策をメディアが補完する役割を果たしていることが示され、福祉や医療分野において、外国人住民と意思疎通ができる人材の育成や言語サービスの充実が求められていることが明らかになった。越境する人々のキャリアと将来設計を題材にした研究では、5名のうち中国の国有企業で働いた経験を有する1名のみが日本で働き続けることを望んでいた。そうした背景には、中国社会の急激な経済発展や多言語人材としての自己のキャリアへの自信がかかわっていた。

　東アジアから日本に渡った人々は、自らを高める場所として日本を位置付けていた。越境する人々を受け入れる日本人たちは、未知の世界との遭遇に戸惑いながらも、人々との出会いから刺激をうけ自らを変容させようとしていた。

TEA を使うことの意義―日本語教育への示唆

　本書では、第1章から第8章まで一貫してTEAを採用した。一つの方法論を用いて示唆されたことは、越境する人々の言語は、生涯を通して捉える必要があることである。移民の言葉について、イ（2009）は、次のように述べている。言語習得の第一の場は、家庭であるが、このことはマジョリティにはいえても、マイノリティの言語については必ずしも当てはまらない場合がある。マイノリティの子どもにとっては、両親とのやりとりに劣らず、周囲の子どもとのやりとりが重要である。母語教育は、言語形成期だけで終わりになるものではない。ひとつの言語は、言語体系だけでできているのではなく、領域ごとに振り分けられたさまざまな言語使用域（レジスター）を含んでおり、私的なインフォーマルな領域もあれば、公的でフォーマルな領域もある。母語教育が低学年だけで終わり、それ以降第二言語習得に移行するとすれば、最初に習得した母語の地位が低下するという事態も起こりうる。そのため、母語による教育は、できる限り長期にわたり続けられることが望ましいのである（イ, 2009）。

記号のズレ（Misalignment of symbols）と課題

　本書は、ヤーン・ヴァルシナーの提唱する文化心理学に依拠する複線径路

等至性アプローチ(以下 TEA)を分析手法としている。TEA では、文化を記号の配置(Valsiner, 2007)として考える。私たちが生きる世界には、人の行為を導く記号がさまざまに配置されており、人々はそれを選びとりながら生活している(木戸, 2023)。これにより「同じ時空にいる 2 人の人間であっても、その経験する記号が異なると考えることもできる」(サトウ, 2012)。これを本書では、「記号のズレ(Misalignment of symbols)」とした。この「記号のズレ(Misalignment of symbols)」という理論は、ヴィゴツキーの文化の考え方、記号の心理学を基盤にしている。図 1 は、記号による媒介を表したものである。

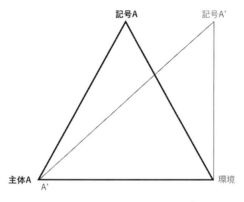

図 1　異なる主体の異なる記号[1]

　本書で記号のズレが示唆されたのは、第 6 章第 2 節の 4 名の教師たちの価値変容経験が起きている点にある。これは、教師に価値変容が起きなければ「問題のある児童」と認識したままであったが、価値変容が起きたことで自己(教師)と児童の間の認識のズレに気づき、研修や教育・研究への期待や必要性を実感したのである。この認識は、文化心理学における「文化」(木戸, 2023)を指していると思われる。
　本書の研究対象者である教師がポジティブな等至点を描く際には、認識のズレつまり「記号のズレ」が収束されていくプロセスを描くことを可能にし、ネガティブな等至点を描く際には、「記号のズレ」が拡大していくプロ

セスを描くと考えられる。このように、記号のズレを丁寧に見ていくことで、マジョリティもマイノリティも一見別の方向性を向いて対立が起きているように見える時でも、同じ目標に向かって複数の径路の1つを辿っているのだと考えることを可能にし、「包摂的な社会を作る切り札」（サトウ, 2023）となりうるだろう。

　ここから、記号のズレをネガティブにとらえるのではなく、個人の発達の1つの側面（複線性）としてとらえることで、日本に生きる越境者が多様に見えるけれども、実は同じ目標に向かって人生の複数の径路の1つを辿っているのだと考えることができる。

　本書では、1980年代後半以降に台湾、中国、朝鮮半島から日本に渡った人々と受け入れ側の日本社会の人々の経験に着目し、越境する人々が社会的抑圧をうけながらも、力強く生きる姿を描写した。それは、これからの日本や国際社会を牽引する「多言語ロールモデル」を描き出すことであった。しかし、いくつかの課題が残された。一点目は、分析方法に複線径路等至性アプローチ（TEA）を一貫して採用しているため、他の方法論を用いた観点からの考察がなされていない。二点目は、質的研究によりごく限られた人数を対象に研究を進めたため、一般化するには限界があると思われる。三点目は、言語と経験について、国家、個人、と民族についての考察も有意義であったと思われるが、今回はそこまで踏み込むことができなかった。以上について、今後の課題としたい。

注
1　サトウ（2012）の図4-6「異なる主体の異なる記号」をもとに作成。

参考文献

序章

朝日新聞 2019 年 9 月 20 日
　　https://www.asahi.com/articles/ASM9N00QRM9MUCVL027.html（2019 年 10 月 28 日）

何義麟（2014）『台湾現代史―二, 二八事件をめぐる歴史の再記憶』平凡社

行政院主計總處 編印「表 15　6 歳以上本國籍常住人口在家使用語言情形按地區別分」『99 年人口及住宅普查　總報告統計結果提要分析（民國 101 年 9 月）』p.26 https://www.stat.gov.tw/public/Attachment/21081884771.pdf（2019 年 10 月 29 日）

境愛一郎（2015）「4-5　GTA と TEM　2 つの方法論の立ち位置とコラボレーションの可能性」安田裕子・滑田明暢・福田茉莉・サトウタツヤ（編）『TEA 実践編　複線径路等至性アプローチを活用する』新曜社, pp.192–199

サトウタツヤ（2013）「監訳者あとがき」ヤーン・ヴァルシナー（著）サトウタツヤ（監訳）『新しい文化心理学の構築―＜心と社会＞の中の文化』新曜社, pp.489–491

サトウタツヤ（2015）「1-1　複線径路等至性アプローチ（TEA）TEM, HIS, TLMG」安田裕子・滑田明暢・福田茉莉・サトウタツヤ（編）『TEA 理論編　複線径路等至性アプローチの基礎を学ぶ』新曜社, pp.4–8

杉田敦（2016）「プロローグ―九八〇年代―「民営化」と消費社会の蔭で」杉田敦（編）『ひとびとの精神史　第 7 巻　終焉する昭和―1980 年代』岩波書店, pp.1–11

鈴木淳子（2005）『調査的面接の技法【第 2 版】』ナカニシヤ出版

国際交流基金「台湾（2016 年度）」
　　https://www.jpf.go.jp/j/project/japanese/survey/area/country/2016/taiwan.html（2019 年 10 月 29 日）

田渕五十生（2013）「第 2 章　日本の外国人の抱える問題」加賀美常美代（編）『多文化共生論―多様性理解のためのヒントとレッスン』明石書店, pp.32–51

松嶋秀明（2012）「4-1　当事者の視点を理解する　現場で交渉される意味をみる方法」武藤隆・やまだようこ・南博文・麻生武・サトウタツヤ（編）『質的心理学―創造的に活用するコツ』（初版第 5 刷）新曜社, pp.92–98

三ツ井崇（2014）「近代朝鮮社会と日本語―植民期とその前後」堀池信夫（総編集）増

尾伸一郎・松崎哲之（編著）『知のユーラシア5　交響する東方の知—漢文文化圏の輪郭』明治書院, pp.265–293

安田裕子（2014）「第2節　不妊治療経験者の子どもを望む思いの変化プロセス—不妊治療では子どもをもつことができなかった女性の選択岐路から」サトウタツヤ（編）『TEMではじめる質的研究—時間とプロセスを扱う研究をめざして』誠信書房, pp.17–32

劉傑・川島真（2007）「第12章　日中国交正常化から中国の改革開放へ」川島真・服部龍二（編）『東アジア国際政治史』名古屋大学出版会, pp.293–322

第1章

浅野和生（2004）「陳水扁総統の再選と台湾人アイデンティティーの高揚」『問題と研究』, 33, pp.41–61

市川章子（2016）「① TEA ワークショップ—分岐点分析の意義と「クローバー分析」の考え方—」『日本質的心理学会第13回大会 2016年9月24日 名古屋市立大学 質的研究法ワークショップ　配布レジュメ』, 未刊行

エリク・H・エリクソン（著）／西平直・中島由恵（訳）（2013）『アイデンティティとライフサイクル』誠信書房

岡村佳代（2013）「第5章　外国につながる子どもたちの困難・サポート・対処行動からみる現状」加賀美常美代（編）『多文化共生論 多様性理解のためのヒントとレッスン』明石書店, pp.101–123

川上郁雄・尾関史・太田裕子（2014）『日本語を学ぶ／複言語で育つ—子どものことばを考えるワークブック』くろしお出版, pp.69,75

川喜田二郎（1967）『発想法』中央公論新社

清河雅孝（2007）「日本における台湾人の国籍表記に関する法的問題—台湾人のアイデンティティの確立を中心として—」『産大法学』40, pp.157–176

呉瑞豪（2007）「台湾人アイデンティティの形成と変容過程」『国士舘大学大学院政経論集』10, pp.1–34

サトウタツヤ（2012）「第2節　質的研究をする私になる」安田裕子・サトウタツヤ（編）『TEMでわかる人生の径路—質的研究の新展開』誠信書房, pp.4–11

サトウタツヤ（2015a）「1-1 複線径路等至性アプローチ（TEA）」安田裕子・滑田明暢・福田茉莉・サトウタツヤ（編）『TEA理論編複線径路等至性アプローチの基礎を学ぶ』新曜社, pp.4–8

サトウタツヤ（2015b）「TEA研究会 配布レジュメ（2015年9月3日）」, 未刊行

鈴木淳子（2005）『調査的面接の技法（第2版）』ナカニシヤ出版

垂水千恵（1992）「周金波論―日本統治下の台湾に於ける日本語文学論Ⅰ」『日本文学』
　　41, pp.65–72

張玉玲（2005）「ミクロな視点から見る在日華僑のアイデンティティの形成過程―二世，
　　三世および「リターン者」のライフ・ヒストリーを通して―」『国立民族学博物館
　　研究報告』30（1）, pp.57–91

林初梅（2003）「1990 年代台湾の郷土教育の成立とその展開：台湾人アイデンティティ
　　の再構築過程の　断面」『東洋文化研究』5, pp.91–119

林欣儀（2001）「社会的変化から見る台湾での言語使用―「国語」と閩南語の使用を中
　　心として」『天理台湾学会年報』10, pp.109–119

廣瀬眞理子（2012）「1-2　ひきこもり親の会が自助グループとして安定するまで」安田
　　裕子・サトウタツヤ（編）『TEM でわかる人生の径路―質的研究の新展開』誠信書
　　房, pp.71–87

藤井省三（2011）『中国語圏文学史』東京大学出版会

藤田結子（2012）「「新二世」のトランスナショナル・アイデンティティとメディアの役
　　割―米国・英国在住の若者の調査から」『アジア太平洋研究』37, pp.17–30

宮下一博（1999）「アイデンティティ identity」中島義明・安藤清志・子安増生・坂野雄
　　二・繁桝算男・立花政夫・箱田裕司（編）『心理学辞典』有斐閣, pp.4–5

安田裕子（2012a）「第 1 節　これだけは理解しよう，超基礎概念」安田裕子・サトウタツ
　　ヤ（編）『TEM でわかる人生の径路―質的研究の新展開』誠信書房, pp.2–3

安田裕子（2012b）「第 5 節　9±2 人を対象とする研究による等至点の定め方と径路の類
　　型化」安田裕子・サトウタツヤ（編）『TEM でわかる人生の径路―質的研究の新展
　　開』誠信書房, pp.32–47

山ノ内裕子（2014）「トランスナショナルな「居場所」における文化とアイデンティテ
　　ィ―日系ブラジル人の事例から―」『異文化間教育』40, pp.34–52

若林正丈（1997）『台湾の台湾語人・中国語人・日本語人 台湾人の夢と現実』朝日新聞
　　社

渡辺剛（2007）「台湾人アイデンティティーと中台関係―台湾人は独立を選択するの
　　か？」『東亜』477, pp.10–17

台湾中央研究院 社会学研究所「圖片：T6.36　對自己的稱呼那一項最適合」
　　http://www.ios.sinica.edu.tw/TSCpedia/index.php/%E5%B0%8D%E8%87%AA%E5
　　%B7%B1%E7%9A%84%E7%A8%B1%E5%91%BC%E9%82%A3%E4%B8%80%E9
　　%A0%85%E6%9C%80%E9%81%A9%E5%90%88%EF%BC%9F（2017 年 5 月 1 日）

テレビで中国語 E テレ NHK ゴガク
　　https://www2.nhk.or.jp/gogaku/chinese/tv/（2017 年 5 月 1 日）

文部科学省「日本語指導が必要な児童生徒の受入状況等に関する調査（平成26年度）」
　　の結果について
　　http://www.mext.go.jp/b_menu/houdou/27/04/__icsFiles/afieldfile/2015/06/26/
　　1357044_01_1.pdf（2017年5月1日）

第2章

荒川歩・安田裕子・サトウタツヤ（2012）「複線径路・等至性モデルのTEM図の描き
　　方の一例」『立命館人間科学研究』25, pp.95–107

市川章子（2017）「台湾人アイデンティティ再考―複線径路等至性モデリングを用いて」
　　『対人援助学研究』6, pp.75–88

伊東美智子（2017）「第1節　社会人経験を経た看護学生の学びほぐし」安田裕子・サ
　　トウタツヤ（編）『TEMでひろがる社会実装―ライフの充実を支援する』誠信書房,
　　pp.69–88

上川多恵子（2017）「第1節　中国人日本語学習者の敬語使用」安田裕子・サトウタツ
　　ヤ（編）『TEMでひろがる社会実装―ライフの充実を支援する』誠信書房, pp.26–
　　48

川上郁雄（2011）『「移動する子どもたち」のことばの教育学』くろしお出版, pp.167–
　　168

川喜田二郎（2009）『発想法―創造性開発のために』中央公論新社

金花芬（2015）「在日朝鮮族の教育戦略―家庭内使用言語と学校選択を中心に」『人間
　　社会学研究集録』10, pp.49–70

金銀実（2012）「韓国在住の中国朝鮮族を訪ねて―問題発見の旅」『日本アジア研究』9,
　　pp.63–73

権香淑（2011）『移動する朝鮮族―エスニック・マイノリティの自己統治』彩流社

権香淑（2013）「第3章　「見えない朝鮮族」とエスニシティ論の地平　日本の新聞報道を
　　手掛かりに」松田素二・鄭根埴（編）『変容する親密圏／公共圏 4 コリアン・ディ
　　アスポラと東アジア社会』京都大学学術出版会, pp.77–97

権成花（2016）「日本に居住する中国朝鮮族の言語使用―内的場面におけるコード・ス
　　イッチングの使用を中心に」『千葉大学大学院人文社会科学研究科研究プロジェク
　　ト報告書』307, pp.73–94

高鮮徽（2011）「中国朝鮮族のグローバルな移動と韓国人、脱北者の関係」『言語と文化』
　　24, pp.51–67

サトウタツヤ（2012）「第4章　理論編―時間を捨象しない方法論, あるいは, 文化心理
　　学としてのTEA」安田裕子・サトウタツヤ（編）『TEMでわかる人生の径路―質

的研究の新展開』誠信書房, pp.209–242

サトウタツヤ (2009)「第 2 節 TEM を構成する基本概念」サトウタツヤ (編)『TEM ではじめる質的研究―時間とプロセスを扱う研究をめざして』誠信書房, pp.39–54

サトウタツヤ (2015a)「1-1 複線径路等至性アプローチ (TEA) TEM, HSI, TLMG」安田裕子・滑田明暢・福田茉莉・サトウタツヤ (編)『TEA 理論編 複線径路等至性アプローチの基礎を学ぶ』新曜社, pp.4–8

サトウタツヤ (2015b)「1-2 TEA における時間概念 時間の 2 つの次元」安田裕子・滑田明暢・福田茉莉・サトウタツヤ (編)『TEA 理論編 複線径路等至性アプローチの基礎を学ぶ』新曜社, pp.9–13

サトウタツヤ (2015c)「1-5 TEM 的飽和 手順化の問題」安田裕子・滑田明暢・福田茉莉・サトウタツヤ (編)『TEA 理論編 複線径路等至性アプローチの基礎を学ぶ』新曜社, pp.24–28

サトウタツヤ (2017a)「第 1 節 等至性とは何か―その理念的意義と方法論的意義」安田裕子・サトウタツヤ (編)『TEM でひろがる社会実装―ライフの充実を支援する』誠信書房, pp.1–11

サトウタツヤ (2017b)「第 5 章 TEA は文化をどのようにあつかうか―必須通過点との関連で」安田裕子・サトウタツヤ (編)『TEM でひろがる社会実装―ライフの充実を支援する』誠信書房, pp.208–219

茂住和世 (2015)「3-2 グローバリゼーションと進路選択―大学進学を希望する私費外国人留学生の進路選択プロセス」安田裕子・滑田明暢・福田茉莉・サトウタツヤ (編)『TEA 実践編複線径路等至性アプローチを活用する』新曜社, pp.132–137

鈴木淳子 (2005)『調査的面接の技法 [第 2 版]』ナカニシヤ出版

舘奈保子 (2013)「第 2 節 中華学校を選択した華僑保護者の教育戦略」志水宏吉・山本ベバリーアン・鍛治致・ハヤシザキカズヒコ (編)『「往還する人々」の教育戦略グローバル社会を生きる家族と公教育の課題』明石書店, p.41

田渕五十生 (2013)「第 2 章 日本の外国人の抱える問題」加賀美常美代 (編)『多文化共生論 多様性理解のためのヒントとレッスン』明石書店, pp.32–51

中国教育考試网「中国少数民族汉语水平等级考试」
〈http://mhk.neea.edu.cn/html1/folder/15073/13-1.htm〉(2019 年 8 月 11 日)

趙貴花 (2008)「グローバル化時代の少数民族教育の実態とその変容―中国朝鮮族の事例」『東京大学大学院教育学研究科紀要』47, pp.177–187

豊田香・相良好美 (2016)「複線径路等至性アプローチ (TEA) の生涯学習研究への適用可能性」『日本社会教育学会年報編集委員会 (編)〈日本の社会教育第 60 集〉社会教育研究における方法論』東洋館出版社, pp.174–186

中島和子（2011）『バイリンガル教育の方法増補改訂版─12歳までに親と教師ができること』アルク, pp.23–27

廣瀬眞理子（2012）「1-2 ひきこもり親の会が自助グループとして安定するまで」安田裕子・サトウタツヤ（編）『TEMでわかる人生の径路─質的研究の新展開』誠信書房, pp.71–87

法務省（2017）「平成28年における外国人入国者数及び日本人出国者数等について（確定値）」（平成29年3月3日）http://www.moj.go.jp/nyuukokukanri/kouhou/nyuukokukanri04_00064.html（2019年8月11日）

松岡榮志（2004）『クラウン中日辞典 小型版』三省堂, p.1485

文部科学省（2015）「日本語指導が必要な児童生徒の受入状況等に関する調査（平成26年度）」の結果について（平成27年4月24日）http://www.mext.go.jp/b_menu/houdou/27/04/1357044.htm（2019年8月11日）

安田裕子（2012）「第2節 臨床実践への適用可能性」安田裕子・サトウタツヤ（編）『TEMでわかる人生の径路─質的研究の新展開』誠信書房, pp.171–178

安田裕子（2015a）「2-2 分岐点と必須通過点 諸力（SDとSG）のせめぎあい」安田裕子・滑田明暢・福田茉莉・サトウタツヤ（編）『TEA理論編 複線径路等至性アプローチの基礎を学ぶ』新曜社, pp.35–40

安田裕子（2015b）「1-6 行動と価値・信念 発生の三層モデルで変容・維持を理解する（その2）」安田裕子・滑田明暢・福田茉莉・サトウタツヤ（編）『TEA実践編複線径路等至性アプローチを活用する』新曜社, pp.33–40

尹紅花（2010）「日本国内に居住する中国朝鮮族の生活形態に関する研究」『中国研究』18, pp.27–41

第3章

イ・ヨンスク（2009）『「ことば」という幻影─近代日本の言語イデオロギー』明石書店, pp.253–255

市川章子（2017）「台湾人アイデンティティ再考─複線径路等至性モデリングを用いて」『対人援助学研究』6, pp.75–88

伊東美智子（2017）「第1節社会人経験を経た看護学生の学びほぐし」安田裕子・サトウタツヤ（編）『TEMでひろがる社会実装─ライフの充実を支援する』誠信書房, pp.69–88

岡村佳代（2013）「第5章 外国につながる子どもたちの困難・サポート・対処行動からみる現状」加賀美常美代（編）『多文化共生論─多様性理解のためのヒントとレッスン』明石書店, pp.101–123

上川多恵子（2017）「第1節　中国人日本語学習者の敬語使用」安田裕子・サトウタツヤ（編）『TEM でひろがる社会実装―ライフの充実を支援する』誠信書房, pp.26–48

川喜田二郎（1967）『発想法―創造性開発のために』中央公論新社

木戸彩恵（2015）「4-4 移行, イマジネーション, そして TEM「鳥の目」からの分析,「亀の目」からの分析」安田裕子・滑田明暢・福田茉莉・サトウタツヤ（編）『TEA 理論編―複線径路等至性アプローチの基礎を学ぶ』新曜社, pp.97–100

木村元（2015）『学校の戦後史』岩波書店, pp.162–164

サトウタツヤ（2012）「第2節　質的研究をする私になる」安田裕子・サトウタツヤ（編）『TEM でわかる人生の径路―質的研究の新展開』誠信書房, pp.4–11

サトウタツヤ（2015a）「1-1 複線径路等至性アプローチ（TEA）TEM, HSI, TLMG」安田裕子・滑田明暢・福田茉莉・サトウタツヤ（編）『TEA 理論編複線径路等至性アプローチの基礎を学ぶ』新曜社, pp.4–8

サトウタツヤ（2015b）「1-5 TEM 的飽和―手順化の問題」安田裕子・滑田明暢・福田茉莉・サトウタツヤ（編）『TEA 理論編―複線径路等至性アプローチの基礎を学ぶ』新曜社, pp.24–28

サトウタツヤ（2015c）「TEA 研究会 配布レジュメ（2015 年9月3日）」, 未刊行

サトウタツヤ（2016）「複線径路等至性アプローチ（TEA）―分岐点分析の新手法として」『日本質的心理学会第13回大会（2016 年9月24日）配布レジュメ』, 未刊行

サトウタツヤ（2017a）「第1節 等至性とは何か―その理念的意義と方法論的意義」安田裕子・サトウタツヤ（編）『TEM でひろがる社会実装―ライフの充実を支援する』誠信書房, pp.1–11

サトウタツヤ（2017b）「第5章　TEA は文化をどのようにあつかうか―必須通過点との関連で」安田裕子・サトウタツヤ（編）『TEM でひろがる社会実装―ライフの充実を支援する』誠信書房, p.209

Zittoun, T. (2009). Dynamics of life-course transitions: A methodological reflection. In J. Valsiner, P. C. M. Molenaar, M. C. D. P. Lyra, & N. Chaudhary (Eds.) *Dynamic process methodology in the social and developmental sciences* (pp.405–430). New York: Springer. （木戸彩恵訳（2015）「4-4 移行, イマジネーション, そして TEM「鳥の目」からの分析,「亀の目」からの分析」安田裕子・滑田明暢・福田茉莉・サトウタツヤ（編）『TEA 理論編 複線径路等至性アプローチの基礎を学ぶ』新曜社, pp.97–100）

Zittoun, T. (2017). Imagining self in a changing world: An exploration of "Studies of marriage". In M. Han & C. Cunha (Eds.) *The subjectified and subjectifying mind.* Charlotte, NC: Information Age. （木戸彩恵（訳）（2015）「4-4 移行, イマジネーショ

ン，そして TEM「鳥の目」からの分析，「亀の目」からの分析」安田裕子・滑田明暢・福田茉莉・サトウタツヤ（編）『TEA 理論編—複線径路等至性アプローチの基礎を学ぶ』新曜社，pp.97–100）

Zittoun, T., & Cerchia, F. (2013). Imagination as expansion of experience. *Integrative Psychological and Behavioral Science*, 47 (3), 305–324.（木戸彩恵訳 (2015)「4-4 移行，イマジネーション，そして TEM「鳥の目」からの分析，「亀の目」からの分析」安田裕子・滑田明暢・福田茉莉・サトウタツヤ（編）『TEA 理論編 複線径路等至性アプローチの基礎を学ぶ』新曜社，pp.97–100）

Zittoun, T., & De Saint-Laurent, C. (2014). Life-Creativity Imaging one's life. In V. Glaveanu, A. Gillespie, & J. Valsiner (Eds.) *Rethinking Creativity: Contributions from social and cultural psychology*. London: Routledge.（木戸彩恵訳 (2015)「4-4 移行，イマジネーション，そして TEM「鳥の目」からの分析，「亀の目」からの分析」安田裕子・滑田明暢・福田茉莉・サトウタツヤ（編）『TEA 理論編—複線径路等至性アプローチの基礎を学ぶ』新曜社，pp.97–100）

Zittoun, T. & Valsiner, J. (2016). IMAGINING THE PAST AND REMEMBERING THE FUTURE How the Unreal Defines the Real, Sato, T., Mori, N., & J. Valsiner (Eds.) *Making of the Future: The Trajectory Equifinality Approach in Cultural Psychology* (pp.3–19) Information Age Publishing.

趙衛国 (2007)「中国人高校生の異文化適応過程—文化的アイデンティティ形成の要因に注目して」『東京大学大学院教育学研究科紀要』, 47, pp.337–346

中村和夫 (2015)「3-3 ポドテクスト ヴィゴツキー理論と TEM（TEA）」安田裕子・滑田明暢・福田茉莉・サトウタツヤ（編）『TEA 理論編—複線径路等至性アプローチの基礎を学ぶ』新曜社, pp.65–68

Valsiner, J. (2007). *Culture in minds and societies: Foundations of cultural psychology*. New Delhi: Sage.（サトウタツヤ（監訳）(2013)『新しい文化心理学の構築—〈心と社会〉の中の文化』新曜社）

広崎純子 (2007)「進路多様校における中国系ニューカマー生徒の進路意識と進路選択—支援活動の取り組みを通じての変容過程」『教育社会学研究』80, pp. 227–245

廣瀬眞里子 (2012)「1-2 ひきこもり親の会が自助グループとして安定するまで」安田裕子・サトウタツヤ（編）『TEM でわかる人生の径路—質的研究の新展開』誠信書房, pp.71–87

法務省 (2020) 第 1 表 国籍・地域別 在留資格（在留目的）別 在留外国人 2020 年 6 月末 http://www.moj.go.jp/isa/policies/statistics/toukei_ichiran_touroku.html（2021 年 1 月 12 日）

文部科学省（2020）「外国人の子供の就学状況等調査結果について」（令和 2 年 3 月）
https://www.mext.go.jp/content/20200326-mxt_kyousei01-000006114_02.pdf
（2021 年 1 月 12 日）

安田裕子（2015）「2-2 分岐点と必須通過点 諸力（SD と SG）のせめぎあい」安田裕子
・滑田明暢・福田茉莉・サトウタツヤ（編）『TEA 理論編―複線径路等至性アプロ
ーチの基礎を学ぶ』新曜社，pp.35–40

安田裕子（2017）「第 2 節 生みだされる分岐点―変容と維持をとらえる道具立て」安田
裕子・サトウタツヤ（編）『TEM でひろがる社会実装―ライフの充実を支援する』
誠信書房，pp.11–25

Levy, R., Ghisletta, P., Le Goff, J.-M., Spini, D., & Widmer, E. (2005). Incitations for
interdisciplinarity in life course research. In R. Levy, P. Ghisletta, D. Spini, & E.
Widmer (Eds.) *Towards an interdisciplinary perspective on the life course* (pp.361–391).
Amsterdam, etc.: Elsevier（木戸彩恵（訳）（2015）「4-4 移行，イマジネーション，そし
て TEM「鳥の目」からの分析，「亀の目」からの分析」安田裕子・滑田明暢・福
田茉莉・サトウタツヤ（編）『TEA 理論編 複線径路等至性アプローチの基礎を学
ぶ』新曜社，pp.97–100

第 4 章

伊東美智子（2017）「第 1 節 社会人経験を経た看護学生の学びほぐし」安田裕子・サ
トウタツヤ（編）『TEM でひろがる社会実装―ライフの充実を支援する』誠信書房，
pp.69–88

サトウタツヤ（2012）「第 4 章 理論編―時間を捨象しない方法論，あるいは，文化心理
学としての TEA」安田裕子・サトウタツヤ（編）『TEM でわかる人生の径路―質
的研究の新展開』誠信書房，pp.209–242

サトウタツヤ（2015）「1-1 複線径路等至性アプローチ 方法論的複合体としての TEA」
安田裕子・滑田明暢・福田茉莉・サトウタツヤ（編）『TEA 実践編―複線径路等至
性アプローチを活用する』新曜社，pp.4–7

サトウタツヤ（2017）「第 5 章 TEA は文化をどのようにあつかうか―必須通過点との
関連で」安田裕子・サトウタツヤ（編）『TEM でひろがる社会実装―ライフの充実
を支援する』誠信書房，pp.208–219

田渕五十生（2013）「第 2 章 日本の外国人の抱える問題」加賀美常美代（編）『多文化
共生論多様性理解のためのヒントとレッスン』明石書店，pp.32–51

仲里和花（2017）「在沖フィリピン人女性の多元的アイデンティティ」『沖縄キリスト教
学院大学論集』15，pp.29–40

中島和子(2001)『バイリンガル教育の方法増補改訂版 12歳までに親と教師ができること』アルク

花井理香(2016)「日韓国際結婚家庭の言語選択―韓国人母の韓国語の継承を中心に―」『社会言語科学』19(1), pp.207–214

安田裕子(2012)「第5節　9±2人を対象とする研究による等至点の定め方と径路の類型化」安田裕子・サトウタツヤ(編)『TEMでわかる人生の径路―質的研究の新展開』誠信書房, pp.32–47

安田裕子(2015)「1-5 促進的記号と文化―発生の三層モデルで変容・維持を理解する(その1)」安田裕子・滑田明暢・福田茉莉・サトウタツヤ(編)『TEA実践編 複線径路等至性アプローチを活用する』新曜社, pp.27–32

文部科学省(2016)「日本語指導が必要な児童生徒の受入状況等に関する調査(平成28年度)」の結果について」http://www.mext.go.jp/b_menu/houdou/29/06/__icsFiles/afieldfile/2017/06/21/1386753.pdf(2021年5月6日)

文部科学省(2018)「平成29年度『公立学校における帰国・外国人児童生徒に対するきめ細かな支援事業』に係る報告書の概要(横浜市)」(平成30年7月登録) https://www.mext.go.jp/a_menu/shotou/clarinet/003/001/1405472.htm(2021年5月6日)

第5章
第1節

市川章子(2020)「中国生まれの朝鮮族女性が日本定住を選択するまで―言語形成期後期に来日し帰国した事例から」『対人援助学研究』vol.9, pp.67–80

伊東美智子(2017)「第1節　社会人経験を経た看護学生の学びほぐし」安田裕子・サトウタツヤ(編)『TEMでひろがる社会実装―ライフの充実を支援する』誠信書房, pp.69–88

イ・ヨンスク(1998)「第8章 中央アジアの朝鮮民族」広瀬崇子(編)『イスラーム諸国の民主化と民族問題』未来社, pp.301–323

高木桂蔵(訳)(1990)『抗日朝鮮義勇軍の真相―忘れられたもうひとつの満州』(原著『朝鮮族簡史』延辺人民出版社(編)1986年発行)新人物往来社

韓秀蘭(2012)「中国延辺朝鮮族の中等教育における日本語教育の展望」『人文論叢』29, pp.175–183

賀照田(著)河村昌子(訳)(2014)「第八章　中産階級の夢の浮沈と中国の未来―近年のネット流行語から見る中国知識青年の経済的・社会心理的境遇」鈴木将久(編訳)『中国が世界に深く入りはじめたとき―思想からみた現代中国』青土社, pp.241–256

北出慶子（2017）「第2節 ネイティブ日本語教師の海外教育経験は教師成長をうながすのか」安田裕子・サトウタツヤ（編）『TEM でひろがる社会実装―ライフの充実を支援する』誠信書房, pp.48–68

金銀実（2013）「急激な社会変動に翻弄される中国朝鮮族―韓国出稼ぎ経験のある農民夫婦からの聞き取り」『日本アジア研究』10, pp.157–172

金花芬（2015）「在日本朝鮮族の教育戦略―家庭内使用言語と学校選択を中心に」『人間社会学研究集録』10, pp.49–70

権香淑（2011）『移動する朝鮮族―エスニック・マイノリティの自己統治』彩流社

小島泰雄（2016）「延吉農村における朝鮮族の移動性と農地の流動化」『地域と環境』No.14, pp.25–35

サトウタツヤ（2012）「第2節 質的研究をする私になる」安田裕子・サトウタツヤ（編）『TEM でわかる人生の径路―質的研究の新展開』誠信書房, pp.4–11

崔学松（2013）『中国における国民統合と外来言語文化―建国以降の朝鮮族社会を中心に』創土社

安田裕子（2012）「第1節 これだけは理解しよう、超基礎概念」安田裕子・サトウタツヤ（編）『TEM でわかる人生の径路―質的研究の新展開』誠信書房, pp.2–3

安田裕子・サトウタツヤ（2012）『TEM でわかる人生の径路―質的研究の新展開』誠信書房

安田裕子・サトウタツヤ（編）（2017）『TEM でひろがる社会実装―ライフの充実を支援する』誠信書房

李裕淑（2012）「第10章 世界に暮らすコリアン」小倉紀蔵（編）『現代韓国を学ぶ』有斐閣, pp.291–325

中華人民共和国公安部 中華人民共和国国籍法（全国人民代表大会常務委員会委員長令第8号）（1980年9月10日）http://www.mps.gov.cn/n2254314/n2254409/n2254410/n2254413/c3930378/content. html（2019年1月8日）

独立行政法人日本学生支援機構（2019）平成31年1月公表「平成29年度私費外国人留学生生活実態調査概要」https://www.jasso.go.jp/about/statistics/ryuj_chosa/h29.html（2020年4月1日）

日経ビジネス（2016年6月9日）https://business.nikkeibp.co.jp/atcl/report/15/258513/060800030/（2019年1月6日）

法務省（作成日不明）帰化許可申請
http://www.moj.go.jp/ONLINE/NATIONALITY/6-2.html（2019年1月8日）

第 2 節

市川章子(2017)「台湾人アイデンティティ再考―複線径路等至性モデリングを用いて」『対人援助学研究』Vol.6, pp.75–88

伊東美智子(2017)「第 1 節社会人経験を経た看護学生の学びほぐし」安田裕子・サトウタツヤ(編)『TEM でひろがる社会実装―ライフの充実を支援する』誠信書房, pp.69–88

イ・ヨンスク(1997)「特集 ネイション・言語・ポエジー『民族』を滅ぼす『国民』」『現代詩手帖』40(9)思潮社, pp.50–51

イ・ヨンスク(1998)「第 8 章 中央アジアの朝鮮民族」広瀬崇子(編)『21 世紀の民族と国家 第 3 巻 イスラーム諸国の民主化と民族問題』未来社, pp.301–323

外務省(2017)「中華人民共和国」(平成 29 年 8 月 31 日)https://www.mofa.go.jp/mofaj/area/china/data.html#01 (2018/11/16)

加々美光行(2016)『未完の中国―課題としての民主化』岩波書店

金銀実(2013)「急激な社会変動に翻弄される中国朝鮮族―韓国出稼ぎ経験のある農民夫婦からの聞き取り」『日本アジア研究』10, pp.157–172

金花芬(2014)「在日本朝鮮族の教育戦略―家庭内使用言語と学校選択を中心に」『人間社会学研究集録』第 10 号, pp.49–70

権香淑(2011)『移動する朝鮮族―エスニック・マイノリティの自己統治』彩流社

権寧俊(2000)「中国朝鮮族の「朝鮮語純化運動」と漢語：一九五七年の『延辺日報』紙面上の「朝鮮語純潔化討論」を中心に」『一橋論叢』123 巻, 3 号, pp.495–511

崔学松(2013)『中国における国民統合と外来言語文化―建国以降の朝鮮族社会を中心に』創土社

佐藤紀代子(2012)「1-1 DV 被害者支援員としての自己形成」安田裕子・サトウタツヤ(編)『TEM でわかる人生の径路―質的研究の新展開』誠信書房, pp.55–71

サトウタツヤ(2015)「TEA 研究会 配布レジュメ」(2015 年 9 月 3 日), 未刊行

サトウタツヤ(2017)「第 5 章 TEA は文化をどのようにあつかうか―必須通過点との関連で」安田裕子・サトウタツヤ(編)『TEM でひろがる社会実装―ライフの充実を支援する』誠信書房, pp.208–219

張嵐(2015)「第 5 章 ライフストーリーにおける異文化と異言語」桜井厚・石川良子(編)『ライフストーリー研究に何ができるか―対話的構築主義の批判的継承』新曜社, pp.117–141

遠山日出成(2014)関西中国女性史研究会(編)『増補改訂版 中国女性史入門―女たちの今と昔』人文書院, pp.74–75

Valsiner, J. (2007). *Culture in minds and societies: Foundations of cultural psychology*. New

Delhi: Sage.（サトウタツヤ（監訳）（2013）『新しい文化心理学の構築―〈心と社会〉の中の文化』新曜社）

安田裕子（2012）「第1項　はじめに―語りと TEM の接点」安田裕子・サトウタツヤ（編）『TEM でわかる人生の径路―質的研究の新展開』誠信書房, pp.171–178

尹紅花（2010）「日本国内に居住する中国朝鮮族の生活形態に関する研究」『中国研究』18, pp.27–41

第6章
第1節

荒川歩・安田裕子・サトウタツヤ（2012）「複線径路・等至性モデルの TEM 図の描き方の一例」『立命館人間科学研究』25, pp.95–107

市川章子（2017）「台湾人アイデンティティ再考―複線径路等至性モデリングを用いて」『対人援助学研究』vol.6, pp.75–88

岡村佳代（2013）「第5章　外国につながる子どもたちの困難・サポート・対処行動からみる現状」加賀美常美代（編）『多文化共生論―多様性理解のためのヒントとレッスン』明石書店, pp.101–123

奥山和子（2018）「キャリア形成を見据えた外国人児童生徒教育の必要性―TEM 分析を使って」『大学教育研究』第26号, pp.9–26

木村元（2015）『学校の戦後史』岩波書店, pp.162–164

弦間亮（2012）「3-2　大学生がカウンセリングルームに行けない理由・行く契機」安田裕子・サトウタツヤ（編）『TEM でわかる人生の径路―質的研究の新展開』誠信書房, pp.125–137

佐藤紀代子（2012）「1-1　DV 被害者支援としての自己形成」安田裕子・サトウタツヤ（編）『TEM でわかる人生の径路―質的研究の新展開』誠信書房, pp.55–71

サトウタツヤ（2017）「第5章　TEA は文化をどのようにあつかうか―必須通過点との関連で」安田裕子・サトウタツヤ（編）『TEM でひろがる社会実装―ライフの充実を支援する』誠信書房, pp.208–219

豊田香・相良好美（2016）「複線径路等至性アプローチ（TEA）の生涯学習研究への適用可能性」日本社会教育学会年報編集委員会（編）『〈日本の社会教育第60集〉社会教育研究における方法論』東洋館出版社, pp.174–186

文部科学省（2010）日本語指導が必要な外国人児童生徒の受入れ状況等に関する調査―用語の解説（初等中等教育局国際教育課）登録：平成22年4月 http://www.mext.go.jp/b_menu/toukei/chousa01/nihongo/yougo/1266526.htm（2018年11月9日）

文部科学省（2017）「日本語指導が必要な児童生徒の受入状況等に関する調査（平成28

年度）」の結果について（平成 29 年 6 月 13 日）http://www.mext.go.jp/b_menu/houdou/29/06/1386753.htm（2018 年 11 月 9 日）

安田裕子（2012）「第 1 節 これだけは理解しよう, 超基礎概念」安田裕子・サトウタツヤ（編）『TEM でわかる人生の径路―質的研究の新展開』誠信書房, pp.2–3

安田裕子（2015）「2-2 分岐点と必須通過点 諸力（SD と SG）のせめぎあい」安田裕子・滑田明暢・福田茉莉・サトウタツヤ（編）『TEA 理論編―複線径路等至性アプローチの基礎を学ぶ』新曜社, pp.35–40

第 2 節

金井香里（2001）「多文化教室における教師の役割―事例研究のための理論的枠組み」『カリキュラム研究』第 10 号, pp.113–124

金井香里（2003）「エスニック・マイノリティの子どもに対する教師の表象」『東京大学大学院教育学研究科紀要』第 43 巻, pp.245–254

金井香里（2005）「ニューカマーの子どもの対処をめぐる教師のストラテジー」『東京大学大学院教育学研究科紀要』第 45 巻, pp.235–244

金井香里（2007）「異質性への配慮をめぐる教師の葛藤」『東京大学大学院教育学研究科紀要』第 47 巻, pp.451–460

北出慶子（2017）第 2 節 ネイティブ日本語教師の海外教育経験は教師成長をうながすのか 安田裕子・サトウタツヤ（編）『TEM でひろがる社会実装―ライフの充実を支援する』誠信書房, pp.48–68

サトウタツヤ（2009a）「第 1 節 ZOF（目的の領域）による未来展望・記号の発生と『発生の三層モデル』」サトウタツヤ（編）『TEM ではじめる質的研究』誠信書房, pp.92–101

サトウタツヤ（2009b）（編）『TEM ではじめる質的研究』誠信書房

サトウタツヤ（2015）「1-1 複線径路等至性アプローチ 方法論的複合体としての TEA」安田裕子・滑田明暢・福田茉莉・サトウタツヤ（編）『TEA 実践編 複線径路等至性アプローチを活用する』新曜社, pp.4–7

田渕五十生（2013）「第 2 章 日本の外国人の抱える問題」加賀美常美代（編）『多文化共生論 多様性理解のためのヒントとレッスン』明石書店, pp.32–51

廣瀬眞理子（2012）「1-2 ひきこもり親の会が自助グループとして安定するまで」安田裕子・サトウタツヤ（編）『TEM でわかる人生の径路―質的研究の新展開』誠信書房, pp.71–87

福田茉莉（2015）「1-3 分岐点 人生径路における分岐とその緊張関係」安田裕子・滑田明暢・福田茉莉・サトウタツヤ（編）『TEA 実践編 複線径路等至性アプローチを

活用する』新曜社, pp.13–20

文部科学省 (2017)「平成 29 年度都道府県・市区町村等日本語教育担当者研修 外国人児童生徒等教育の現状と課題」http://www.bunka.go.jp/seisaku/kokugo_nihongo/kyoiku/todofuken_kenshu/h29_hokoku/pdf/shisaku03.pdf（2018 年 8 月 8 日）

第 3 節

上川多恵子 (2017)「第 1 節　中国人日本語学習者の敬語使用」安田裕子・サトウタツヤ（編）『TEM でひろがる社会実装―ライフの充実を支援する』誠信書房, pp.26–48

神崎真実・サトウタツヤ (2015)「1-3 開放システムと形態維持 形態維持と発生のプロセス」安田裕子・滑田明暢・福田茉莉・サトウタツヤ（編）『TEA 理論編 複線径路等至性アプローチの基礎を学ぶ』新曜社, pp.14–18

北上田源 (2016)「2「戦争体験者／非体験者」の二分法を超えた「当事者」として」栗原彬（編）『ひとびとの精神史 第 9 巻 震災前後―2000 年以降』岩波書店, pp.137–150

弦間亮 (2012)「3-2 大学生がカウンセリングルームに行けない理由・行く契機」安田裕子・サトウタツヤ（編）『TEM でわかる人生の径路―質的研究の新展開』誠信書房, pp.125–137

サトウタツヤ (2009b)（編）『TEM ではじめる質的研究』誠信書房

サトウタツヤ (2015)「1-1 複線径路等至性アプローチ (TEA) TEM, HSI, TLMG」安田裕子・滑田明暢・福田茉莉・サトウタツヤ（編）『TEA 理論編―複線径路等至性アプローチの基礎を学ぶ』新曜社, pp.4–8

崔文衡 (2015)「まず歴史の共有を」藤原書店編集部（編）『「アジア」を考える』藤原書店, pp.174–175

テッサ・モーリス＝スズキ (2013)『批判的想像力のために―グローバル化時代の日本』平凡社

廣瀬眞理子 (2012)「1-2 ひきこもり親の会が自助グループとして安定するまで」安田裕子・サトウタツヤ（編）『TEM でわかる人生の径路―質的研究の新展開』誠信書房, pp.71–87

村上登司文 (2004)「第 10 章 平和教育：平和を創る人を育てる」藤原修・岡本三夫（編）『いま平和とは何か―平和学の理論と実践』法律文化社, pp.278–304

文部科学省 (2009a) 平成 21 年度帰国・外国人児童生徒受入促進事業に係る報告書の概要（大阪府）https://www.mext.go.jp/a_menu/shotou/clarinet/003/001/1294707.htm（2021 年 9 月 18 日）

文部科学省（2009b）平成 21 年度帰国・外国人児童生徒受入促進事業に係る報告書の概要（浜松市）

https://www.mext.go.jp/a_menu/shotou/clarinet/003/001/1294654.htm（2021 年 9 月 18 日）

文部科学省（2014）「日本語指導の対象となる児童生徒」（総合教育政策局国際教育課）

https://www.mext.go.jp/a_menu/shotou/clarinet/003/1341927.htm（2021 年 6 月 22 日）

文部科学省（2019a）「日本語指導が必要な児童生徒の受入状況等に関する調査（平成 30 年度）」の結果について

https://www.mext.go.jp/content/20200110_mxt-kyousei01-1421569_00001_01.pdf（2021 年 6 月 22 日）

文部科学省（2019b）「7 日本語指導が必要な外国籍の児童生徒の母語別在籍状況」

https://www.mext.go.jp/content/20200110_mxt-kyousei01-1421569_00001_02.pdf（2021 年 6 月 22 日）

安田裕子（2015）「2-2 分岐点と必須通過点 諸力（SD と SG）のせめぎあい」安田裕子・滑田明暢・福田茉莉・サトウタツヤ（編）『TEA 理論編―複線径路等至性アプローチの基礎を学ぶ』新曜社, pp.35-40

安田裕子・サトウタツヤ（編）（2017）『TEM でひろがる社会実装―ライフの充実を支援する』誠信書房

山本章子（2020）『日米地位協定』中央公論新社

山脇啓造（2004）「第 8 章 現代日本における地方自治体の外国人施策：人権・国際化・多文化共生」内海愛子・山脇啓造（編）『歴史の壁を超えて―和解と共生の平和学』法律文化社, pp.219-248

ロニー・アレキサンダー（2004）「第 1 章 グローバルな課題と平和学：「当事者」を中心に」高柳彰夫・ロニー・アレキサンダー（編）『私たちの平和をつくる―環境・開発・人権・ジェンダー』法律文化社, pp.9-36

第 7 章

青木由美恵（2018）「ケアを担う子ども（ヤングケアラー）・若者ケアラー―認知症の人々の傍らにも」『認知症ケア研究誌』2, pp.78-84

荒川歩・安田裕子・サトウタツヤ（2012）「複線径路・等至性モデルの TEM 図の描き方の一例」『立命館人間科学研究』25, pp.95-107

荒川区（2014）荒川区コミュニケーション支援ボード.

https://www.city.arakawa.tokyo.jp/documents/2723/sienboard.pdf（2021 年 5 月 9 日取得）

植村勝彦 (2012)『現代コミュニティ心理学 理論と展開』東京大学出版会

NPO 法人介護者サポートネットワークセンター・アラジン (2011)「平成 22 年度厚生労働省老人保健事業推進費等補助金　老人保健健康増進等事業家族(世帯)を中心とした多様な介護者の実態と必要な支援に関する調査研究事業」http://www.carersjapan.com/images/activities/reserch2010_pamph.pdf(2021 年 5 月 9 日取得)

遠藤浩 (2000)「介護保険制度と障害者施策との関係について」月刊『ノーマライゼーション障害者の福祉』2000 年 5 月号 20 (226)

https://www.dinf.ne.jp/doc/japanese/prdl/jsrd/norma/n226/n226_01-01.html (2021 年 5 月 9 日取得)

荻野剛史(2017)「文献から見る高齢在日外国人等の生活上の課題」『福祉社会開発研究』9, pp.115–120

北出慶子 (2017)「第 2 節　ネイティブ日本語教師の海外教育経験は教師成長をうながすのか」安田裕子・サトウタツヤ(編)『TEM でひろがる社会実装―ライフの充実を支援する』pp.48–68, 誠信書房

金春男 (2008)「言葉を超えて 感情表出反応評価感情表出反応を用いる認知症の人のケアの質の尺度」『日本認知症ケア学会誌』7 (3), pp.548–552

金春男 (2010)『認知症在日コリアン高齢者の生活支援 バイリンガル話者の特徴に着目して』大阪公立大学共同出版会

金春男・黒田研二(2008)「バイリンガルの認知症高齢者との母国語による個人回想法」『老年社会科学』30 (1), pp.27–39

金春男 (2012)「ケアハウスにおける在日外国人高齢者への新たな生活支援の展開：在日コリアン高齢者のケアハウスへのリロケーションから考える」『社会問題研究』61, pp.49–58

厚生労働省 (2015)「常時介護を要する障害者を対象とするサービスとその対象者像」https://www.mhlw.go.jp/file/05-Shingikai-12601000-Seisakutoukatsukan-Sanjikanshitsu_Shakaihoshoutantou/0000091250.pdf(2021 年 9 月 13 日取得)

厚生労働省 (2013)「地域包括ケアシステムについて」.

https://www.kantei.go.jp/jp/singi/kokuminkaigi/dai15/siryou1.pdf(2021 年 5 月 9 日取得)

厚生労働省 (2018)「公的介護保険制度の現状と今後の役割」平成 30 年度厚生労働省老健局. https://www.mhlw.go.jp/content/0000213177.pdf(2021 年 5 月 9 日取得)

厚生労働省 (発行年不明)「療育手帳制度の概要」.

https://www.mhlw.go.jp/stf/shingi/2r9852000001vnm9-att/2r9852000001vota.pdf(2021 年 5 月 9 日取得)

佐藤紀代子 (2012)「1-1 DV 被害者支援としての自己形成」安田裕子・サトウタツヤ (編)『TEM でわかる人生の径路―質的研究の新展開』誠信書房, pp.55–71

サトウタツヤ (2017)「第 5 章 TEA は文化をどのようにあつかうか―必須通過点との関連で」安田裕子・サトウタツヤ (編)『TEM でひろがる社会実装―ライフの充実を支援する』誠信書房, pp.208–219

鈴木江理子 (2009)「『新たな住民』の到来と地域社会―共に生きる社会に向けて」庄司博史 (編)『移民とともに変わる地域と国家. 国立民族学博物館調査報告』83, pp.229–244.

日本ケアラー連盟 (2016) 地域包括ケアシステムの構築に向けた地域の支えあいに基づく介護者支援の実践と普及に関するモデル事業報告書 (平成 27 (2015) 年度　老人保健事業推進費等補助金　老人保健健康増進等事業) https://www.mhlw.go.jp/file/06-Seisakujouhou-12300000-Roukenkyoku/0000136701.pdf (2021 年 5 月 9 日取得)

福田茉莉 (2015)「1-4 必須通過点 径路の多様性と異時間混交性」安田裕子・滑田明暢・福田茉莉・サトウタツヤ (編)『TEA 実践編―複線径路等至性アプローチを活用する』新曜社, pp.21–26

法務省 (2020) 在留外国人統計「第 2 表の 2　国籍・地域別　年齢・男女別　総在留外国人」(2020 年 12 月) https://www.e-stat.go.jp/stat-search/files?page=1&layout=datalist&toukei=00250012&tstat=000001018034&cycle=1&year=20200&month=24101212&tclass1=000001060399&stat_infid=000032104293&tclass2val=0 (2025 年 2 月 16 日取得)

箕口雅博 (2007)「7 異文化間問題 [1] 中国帰国者の日本への適応過程と支援のあり方」日本コミュニティ心理学会 (編)『コミュニティ心理学ハンドブック』東京大学出版会, pp.755–761

水岡隆三 (2015)「3-6 介護家族の意思決定 経口摂取困難な高齢者への人口栄養導入をめぐる介護家族の意思決定過程」安田裕子・滑田明暢・福田茉莉・サトウタツヤ (編)『TEA 実践編―複線径路等至性アプローチを活用する』新曜社, pp.157–162

安田裕子 (2012a)「第 1 節これだけは理解しよう, 超基礎概念」安田裕子・サトウタツヤ (編)『TEM でわかる人生の径路―質的研究の新展開』誠信書房, pp.2–3

安田裕子 (2012b)「第 5 節 9±2 人を対象とする研究による等至点の定め方と径路の類型化」安田裕子・サトウタツヤ (編)『TEM でわかる人生の径路―質的研究の新展開』誠信書房, pp.32–47

安田裕子 (2015a)「2-2 分岐点と必須通過点―諸力 (SD と SG) のせめぎあい」安田裕子・滑田明暢・福田茉莉・サトウタツヤ (編)『TEA 理論編―複線径路等至性アプローチの基礎を学ぶ』新曜社, pp.35–40

安田裕子 (2015b)「1-8 径路の可視化 TEA による分析の流れ（その 2）」安田裕子・滑
　　田明暢・福田茉莉・サトウタツヤ（編）『TEA 実践編複線径路等至性アプローチを
　　活用する』新曜社, pp.47–51
湯原悦子 (2011)「介護殺人の現状から見出せる介護者支援の課題」『日本福祉大学社会
　　福祉論集』125, pp.41–65
尹一喜 (2014)「介護者が求める介護者支援：「介護者の会」による支援に着目して」『福
　　祉社会開発研究』6, pp.79–87

第 8 章
第 1 節
市川章子 (2017)「越境する人々のキャリア形成を考える」人生 100 年時代のキャリア
　　デザインシンポジウム　日本質的心理学会第 14 回大会（首都大学東京荒川キャン
　　パス）2017 年 9 月 9 日　配布レジュメ, 未刊行
葛西和恵 (2013)「中国進出日系企業の採用・人材育成―キャリア形成の実態と課題」
　　『法政大学キャリアデザイン学部紀要』第 10 号, pp.251–289
島田徳子・中原淳 (2014)「新卒外国人留学生社員の組織適応と日本人上司の支援に関
　　する研究」『異文化間教育』39 号, pp.92–108
鈴木伸子 (2017)「日本企業で働く女性外国人社員のジェンダーとキャリア形成：元留
　　学生で文系総合職社員の場合」『ジェンダー研究』第 20 号, pp.55–71
鍋島有希 (2017)「日本企業での就業を見据えた留学生支援―OJT における外国人社員
　　のコンフリクトへの対処方略に着目して」『留学交流』2017 年 7 月号, Vol.76 独立
　　行政法人日本学生支援機構, pp.30–39
安田裕子・サトウタツヤ（編）(2012)『TEM でわかる人生の径路―質的研究の新展開』
　　誠信書房
安田裕子 (2015)「1-9 緊張状態のあぶりだし TEA による分析の流れ（その 3）」安田
　　裕子・滑田明暢・福田茉莉・サトウタツヤ（編）『TEA 実践編 複線径路等至性ア
　　プローチを活用する』新曜社, pp.52–59
李健實 (2015)「日本における高度の技術・知識を持つ外国人労働者の職業性ストレス
　　とメンタルヘルス―日本人労働者との比較検討」『ストレス科学研究』30, 90–101
　　Public Health Research Foundation

第 2 節
荒川歩 (2012)「第 4 節　出来事を揃える―4±1 人程度のデータを扱ってみる TEM」安

田裕子・サトウタツヤ（編）『TEM でわかる人生の径路―質的研究の新展開』誠信書房, pp.21–32

市川章子 (2017)「台湾人アイデンティティ再考―複線径路等至性モデリングを用いて―」『対人援助学研究』Vol.6, pp.75–88

イ・ヨンスク (2000)「「国語」と言語的公共性」三浦信孝・糟谷啓介編『言語帝国主義とは何か』藤原書店, pp.337–350

NHK BS1 Asia Insight「中国・レッテルを貼られた女たち」https://hh.pid.nhk.or.jp/pidh07/ProgramIntro/Show.do?pkey=001-20170604-11-21443（2017 年 9 月 20 日）

外務省「中国人に対するビザ発給要件の緩和」平成 29 年 4 月 21 日 http://www.mofa.go.jp/mofaj/press/release/press4_004524.html（2017 年 9 月 20 日）

賀照田 (2014) 河村昌子 (訳)「第八章 中産階級の夢の浮沈と中国の未来―近年のネット流行語から見る中国知識青年の経済的・社会心理的境遇」鈴木将久［編訳］『中国が世界に深く入りはじめたとき 思想からみた現代中国』青土社, pp.241–256

葛茜 (2017)「中国人日本語専攻生の文化的アイデンティティと日本語を学ぶことの意義―留学中の元日本語専攻生のライフストーリーから」『日本語・日本学研究』第 7 号, pp.85–95

小林明子 (2014)「中国人留学生の日本語学習に対する動機づけの形成過程―日本における将来像との関連から」『異文化間教育』第 40 号, pp.97–111

小林（新保）敦子・川原 健太郎・松山 鮎子・山本 桃子・蒋偉・李 雪・孫佳茹 (2016)「早稲田大学出身女性教員の職能形成に関する一考察―日本及び中国の女性教員のライフストーリー分析を通じて―」『早稲田教育評論』30 巻 1 号, pp.21–43

厚生労働省 (2017)「「外国人雇用状況」の届出状況まとめ（平成 28 年 10 月末現在）」http://www.mhlw.go.jp/stf/houdou/0000148933.html（2017 年 9 月 20 日）

サトウタツヤ (2012)「第 2 節 質的研究をする私になる」安田裕子・サトウタツヤ編『TEM でわかる人生の径路―質的研究の新展開』誠信書房, pp.4–11

人民網日本語版「中国で専業主婦の割合が増加, きっかけは妊娠・出産」2014 年 8 月 26 日 http://j.people.com.cn/n/2014/0826/c94475-8774656.html（2017 年 9 月 20 日）

鈴木伸子 (2017)「日本企業で働く女性外国人社員のジェンダーとキャリア形成―元留学生で文系総合職社員の場合」『ジェンダー研究』第 20 号, お茶の水女子大学ジェンダー研究所, pp.55–71

Tatsuya Sato and Hitomi Tanimura (2016) The Trajectory Equifinality Model (TEM) As A General Tool For Understanding Human Life Course Within Irreversible Time, *Making Of The Future: The Trajectory Equifinality Approach in Cultural Psychology* Edited by Tatsuya Sato Naohisa Mori Jaan Valsiner A Volume In The Series: Advances In

Cultural Psychology: Constructing Human Development, pp.21–42

Tatsuya Sato and Naohisa Mori and Jaan Valsiner.（2016）*Making of The Future: The Trajectory Equifinality Approach in Cultural Psychology*（Advances in Cultural Psychology: Constructing Human Development）Information Age Publishing.

談麗玲・今井範子（2003）「世代同居家族の生活スタイルと同居意識（第 1 報）中国都市集合住宅における世代同居家族の住生活と住意識に関する研究―四川省成都における」『日本家政学会誌』Vol.54 No.10 *The Japan Society of Home Economics*, pp.841–854

張嵐（2010）「『中国残留孤児』を育てた中国人養父母―ライフストーリー調査をもとに」『年報社会学論集』第 23 号 *The Kantoh Sociological Society,* pp.106–117

廣瀬眞理子（2012）「1-2 ひきこもり親の会が自助グループとして安定するまで」安田裕子・サトウタツヤ（編）『TEM でわかる人生の径路―質的研究の新展開』誠信書房, pp.71–87

法務省【在留外国人統計（旧登録外国人統計）統計表】2016 年 12 月末 http://www.e-stat.go.jp/SG1/estat/List.do?lid=000001177523（2017 年 9 月 20 日）

法務省「日本版高度外国人材グリーンカード」の創設 http://www.immi-moj.go.jp/newimmiact_3/pdf/h29_04a_minaoshi02.pdf（2017 年 9 月 20 日）

茂木早（2014）「異文化間移動を経験した子どもたちの母語保持―中国から日本へ移動した子どもを中心に」『一橋大学国際教育センター紀要』5 号, pp.127–137

文部科学省「留学生 30 万人計画」骨子の策定について http://www.mext.go.jp/b_menu/houdou/20/07/08080109.htm（2017 年 9 月 20 日）

安田裕子・サトウタツヤ（編）（2012）『TEM でわかる人生の径路―質的研究の新展開』誠信書房

安田裕子・サトウタツヤ（編）（2017）『TEM でひろがる社会実装―ライフの充実を支援する』誠信書房

終章

イ・ヨンスク（2009）『「ことば」という幻影―近代日本の言語イデオロギー』明石書店

木戸彩恵（2023）「文化心理学の基本的射程」木戸彩恵・サトウタツヤ（編）『文化心理学〔改訂版〕』ちとせプレス, pp15–25

サトウタツヤ（2012）「第 4 章理論編：時間を捨象しない方法論, あるいは, 文化心理学としての TEA」安田裕子・サトウタツヤ（編）『TEM でわかる人生の径路：質的研究の新展開』誠信書房, p.218

サトウタツヤ（2023）「改訂版あとがき」木戸彩恵・サトウタツヤ（編）『文化心理学〔改

訂版）』ちとせプレス, pp.282–283

Valsiner, J. (2007). *Culture in minds and societies: Foundations of cultural psychology.* New Delhi: Sage.（サトウタツヤ（監訳）(2013)『新しい文化心理学の構築―〈心と社会〉の中の文化』新曜社）

初出一覧

本書における初出一覧は、下記の通りである。

第1章「台湾人アイデンティティ再考：複線径路等至性モデリングを用いて」『対人援助学会』Vol.6 pp.75-88 2017年

第2章「中国生まれの朝鮮族女性が日本定住を選択するまで：言語形成期後期に来日し帰国した事例から」『対人援助学研究』Vol.9 pp.67-80 2020年

第3章「想像を描く発生の三層モデル（TLMG）—外国人集住地域で日本語指導を受けた中国人青年の変容のプロセス—」『対人援助学研究』Vol.11 pp.126-140 2021年

第5章第1節「中国生まれの朝鮮族男性の進路選択過程：日本留学経験を中心として」『東アジア日本学研究』第4号 pp.129-142 2020年

第6章第1節「小学校高学年で来日した外国人児童の学級参加の径路：国際教室のある小学校に転校した事例から」『東アジア日本学研究』創刊号 pp.15-24 2019年

第6章第3節「元教師の平和教育」『東アジア日本学研究』第6号 pp.141-154 2021年

第8章第2節「四川省出身の漢族女性のライフストーリー」『日本語言文化研究』第五輯 下 pp.429-439 2018年

謝辞

　本書の第1章から第4章は、修士論文を基に構成されました。当時の指導教員の橋本ゆかり先生には、一年生の時から実践の場に入り、現場から問題を考える大切さを教えていただきました。入学直後「一番やりたい研究をしなさい」と助言をいただき、時間の許す限り外国人児童生徒に関わる実践の場に出向きました。実践では、貴重な経験をすることができました。支援者として入らせていただいた公立小学校の先生方には、教育実践の場を与えていただいただけでなく、外国人児童生徒や関連領域の問題について多くのことを教えていただきました。地域ボランティア教室でお世話になった館長、コーディネータの皆様、ボランティアスタッフの皆様からは、多様な視点で外国人児童生徒の問題を考える必要性と地域日本語教室の意義について教えていただきました。

　大学院でご指導いただいた金澤俊之先生、河野俊之先生、小川誉子美先生、金庭久美子先生、日本語教育コースの先輩や同期、後輩の皆様にも研究内容についてご指摘いただき、貴重なご示唆をいただきました。

　第5章から第8章は、博士論文を基に執筆しました。イ・ヨンスク先生、糟谷啓介先生、鈴木将久先生、星名宏修先生、ゼミの皆様にはとてもお世話になりました。博士課程では、研究に対してご指導いただくたけでなく、アジア地域に関連する人文学を通じて、世界が広がりました。生きることの尊さ、人間は自由であること、言語を学ぶ喜び、どれも日本の学校教育を受けてきた筆者にとって、不足していたものでした。

　さらに、博士課程では複線性や点線（理論的に考えられる径路）、等至性、ラプチャーなどのTEAの概念を探究する機会に恵まれました。人の人生や社会について、別の考え方もあるのではないかと思うようになりました。『文化心理学 改訂版』の「第6章イマジネーション」で木戸彩恵先生によってラプチャーは、「突発的な出来事」と訳されています。TEAは、複数の次元

で現象を捉え、語られた径路（実線）と理論的に仮定される径路（点線）で描いていきます。近い将来、文化心理学と言語学が融合した新しいテキストを書けるよう、これからも TEA に取り組んでいきたいと思います。

　TEA について深く学び続ける機会をくださいましたサトウタツヤ先生、安田裕子先生、学会等でご助言をくださいました先生方、お忙しいなか時間を調整しインタビューや調査にご協力くださいました皆様、出版に向けてご尽力いただいた玉川大学研究推進課の皆様、ひつじ書房の長野幹さん、海老澤絵莉さん、松本功社長に厚く御礼申し上げます。

　国立国語研究所の石黒圭先生、研究推進課及び教職員の皆様、プロジェクトでご一緒している若手研究者の皆様に心より感謝申し上げます。

　研究へご支援をいただいた下記の組織の関係者の皆様に厚く御礼申し上げます。

公益財団法人上廣倫理財団
一橋大学韓国学研究奨励費
一橋大学消費生活共同組合
韓国国際交流財団東京事務所
日本コミュニティ心理学会
日本質的心理学会
李煕健韓日交流財団
公益財団法人中村積善会

　本書は、日本学術振興会研究成果公開促進費課題番号 JP24HP5170 の助成を受けて出版しています。内容の一部に日本学術振興会若手研究 21K17965 医療・福祉分野における通訳・言語専門家の国家資格の確立に向けた国際比較研究の成果を含んでいます。

2025 年 1 月

索　引

い

1/4/9 の法則　43, 191, 207
伊東美智子　127
イ・ヨンスク　86, 134, 136
インタビュー　136

え

永住権申請　132, 225
M-GTA　219
援助的に働く力（Social Guidance:SG）
　　155

お

穏やかな日本社会　132
思い込みを相対化　227
音楽教育　153

か

介護　185
外国人差別　211
外国人施策　170
外国籍社員　206
介助　185
回路（Imaginary loop）　70
価値変容経験　169
価値変容点（Value Transformation
　　Moment）　17
上川多恵子　47

観察記録　143

き

帰化申請　136
記号のズレ（Misalignment of symbols）
　　231, 232
北上田源　173
北出慶子　155, 190
木戸彩恵　70
行政機関　203
行政職員　8, 203
共通性と多様性　207

く

グラウンデッド・セオリー・アプロー
　　チ（Grounded Theory Approach:
　　GTA）　7
クローバーカード（Clover Card）　19
クローバー図　72
クローバー分析（Clover Analysis）　17,
　　18, 22, 132, 133
　過去志向促進的想像（Past Oriented
　　　Promotional Imagination:POPI）
　　　18, 22, 72
　過去志向抑制的想像（Past Oriented
　　　Restrain Imagination:PORI）
　　　18, 22, 72
　中核の想像（Core Imagination:COIM）

18, 19, 22, 72
未来志向促進的想像 (Future Oriented Promotional Imagination:FOPI)
18, 22, 72
未来志向抑制的想像 (Future Oriented Restrain Imagination:FORI)
18, 22, 72

け
KJ法　20, 68, 143, 219
言語資源　40
言語や文化の壁を乗り越えて　149
現象の動き　8
弦間亮　144, 175

こ
国際教室　74
国籍離脱　136
個人の経験　8
個人の内的志向性　144, 175
言葉の優位性　36
子どもたちの想像力や可能性　19
コミュニティ心理学　197
孤立しない社会　203

さ
サトウタツヤ　7, 17, 132, 175
3回会う　67

し
時期区分　47, 68, 209
自己対話　135
自己の言葉　34
自己のモデル　26, 44, 168

躾　132
Zittoun　69, 70
私費留学生　107
社会的助勢／社会的ガイド (Social Guidance:SG)　17, 144, 155, 175
社会的方向づけ (Social Direction:SD)　17, 144, 155, 175
女性の多様な生き方　217
人権　182, 183

せ
制度的な限界を補完する　201

そ
相互の主観が融合　67
想像の回路 (Imagination as a loop)　70
想像力　32
想像／想像力の方向　18, 33, 81, 133, 135
促進的記号 (Promoter Sign:PS)　71, 101

た
対面でのやり取り　19
対話的自己理論　168

ち
地域包括ケアシステムの構築　203
地下生活　136
逐語記録　20, 69, 143, 219
中華学院　74

て

テッサ・モーリス゠スズキ　173

と

等至点（Equifinality Point:EFP）　17,
　154
同一の文脈　19
統合された個人的志向性（Synthesized
　Personal Orientation:SPO）　125,
　144, 175, 223
当事者意識　176
当事者視点　41
当事者の課題　89
特別支援学級　153
トランスビュー（Trans-View）　43, 67,
　136

な

中島和子　90

に

日本型いじめ　76
日本語能力試験　76
日本語能力の喪失　197
日本特有の「圧力」　217
日本の学校　142

は

ハーマンス　168
発生の三層モデル（Three Layers Model
　of Genesis: TLMG）　17, 68, 99,
　101, 155
　個別活動レベル　22, 26
　信念・価値観レベル　22, 26

促進的記号のレベル　22, 26

ひ

非可逆的時間（Irreversible Time）　17,
　144, 155
東アジアの言葉　135
東日本大震災　76
必須通過点（Obligatory Passage Point:
　OPP）　127
　慣習的必須通過点　84
　結果的必須通過点　84
　制度的必須通過点　84
廣瀬眞理子　20, 47, 69

ふ

複線径路等至性モデリング（Trajectory
　Equifinality Modeling:TEM）　8,
　16
プロセスへの意味づけ　135
文化化　43
文学への執着　35
文化的な出来事　133
分岐点（Bifurcation Point:BFP）　17,
　155, 168, 175

へ

平和教育　172, 182

ほ

包摂的な社会　233
母語教育　86
母語の大切さ　28

ま

マイノリティの言語 86
マジョリティの言葉 34

み

民族識別工作 121

も

毛沢東 121
問題が起きる前に介入する 197

や

ヤーン・ヴァルシナー (Jaan Valsiner)
　17
役割意識 34
安田裕子 7, 87, 175

ゆ

豊かな文化体験 85

ら

ライフストーリーシート 20
ライフストーリーの径路 34
ラプチャー (rupture: 突発的出来事)
　70, 83

り

両極化した等至点 (Polarized Equifinality
　Point:P-EFP) 17

れ

歴史的構造化ご招待 (Historically
　Structured Inviting:HSI) 42
歴史的構造化サンプリング (Historically

Structured Sampling:HSS) 16
連携 182, 183, 203

わ

分かれ道 73

【著者紹介】

市川章子（いちかわ あきこ）

［略歴］横浜国立大学大学院教育学研究科で修士号（教育学）を取得。一橋大学大学院言語社会研究科博士後期課程修了。博士(学術)。玉川大学等の非常勤講師、一橋大学大学院言語社会研究科韓国学研究センター研究員、言語社会研究科博士研究員を経て、現在、国立国語研究所共同研究員・プロジェクト非常勤研究員。専門は、日本語教育・文化心理学・社会言語学。

［主な著書］Chinese-Born Korean People's Experience and Present-Day Japan: Using TEA. *The Semiotic Field of the Garden: Personal Culture and Collective Culture* (Information Age Publishing,2024, 共著)、「日韓スタディーズと文化心理学が出会うとき」『日韓スタディーズ ①新たな研究と学び』(ナカニシヤ出版、2024、共著)など。

東アジアから日本へ越境する人々の「言語」と経験
―1980 年代後半以降を中心に

"Language" and Experiences of People Crossing the Border from East Asia to Japan: Focus on the Period from the Late 1980s

Ichikawa Akiko

発行	2025 年 3 月 24 日　初版 1 刷
定価	6000 円＋税
著者	© 市川章子
発行者	松本功
装丁者	大崎善治
印刷・製本所	日之出印刷株式会社
発行所	株式会社 ひつじ書房

〒112-0011 東京都文京区千石 2-1-2 大和ビル 2 階
Tel.03-5319-4916 Fax.03-5319-4917
郵便振替 00120-8-142852
toiawase@hituzi.co.jp　https://www.hituzi.co.jp/

ISBN978-4-8234-1266-0

造本には充分注意しておりますが、落丁・乱丁などがございましたら、小社かお買上げ書店にておとりかえいたします。ご意見、ご感想など、小社までお寄せ下されば幸いです。

［刊行書籍のご案内］

ろう理容師たちのライフストーリー

吉岡佳子著　　定価 4,400 円＋税

「耳が聞こえないこと」と「接客を伴う理容業」とは、一見ミスマッチとも捉えられる。本書では、ろう教育界の先人による理容業への優れた着眼を紹介し、高度な技術と強固な結束をもって闊達に生きてきたろう理容師たちの足跡を、当事者による語りを基軸に活写する。また、聴者の客たちとの間で展開される多様な工夫や自然な歩み寄りによるコミュニケーション実践を、日常的な「多言語・多文化共生」の一例として提示する。

[刊行書籍のご案内]

新しい言語心理学

茂呂雄二・伊藤崇・新原将義編　　定価 2,400 円＋税

ことばの実践には、社会や文化を作り出す力がある。実践としてのことばという見方に立ち、言語心理学の新たな方向性を示す。心とことばの関係、社会とことばの関係、ことばの発達プロセス、ことばの障害に関する従来の知識をおさえつつ、この新しい見方をみんなで考えていくための教科書。公認心理師試験「言語心理学」領域にも対応。執筆者：青山征彦、伊藤崇、太田礼穂、城間祥子、新原将義、広瀬拓海、仲嶺真、茂呂雄二

[刊行書籍のご案内]

モビリティとことばをめぐる挑戦
社会言語学の新たな「移動」

三宅和子・新井保裕編　　定価 3,200 円＋税

「移動の時代」といわれる 21 世紀、グローバル化、デジタル化の中で移動する人とことばの関係は多様性・流動性を深めている。従来の人文社会科学のパラダイムでは捉えきれなくなった、ポストモダンを生きる人々の「モビリティ」とことばの現実を把握するにはどのような視点や方法論が求められるのか。この課題に取り組んできた 10 人の研究者が集結。執筆者：新井保裕、岩﨑典子、生越直樹、フロリアン・クルマス(三宅和子訳)、佐藤美奈子、サウクエン・ファン、古川敏明、三宅和子、山下里香、吉田真悟

境界と周縁
社会言語学の新しい地平

三宅和子・新井保裕編　　定価 3,400 円＋税

本書は、21 世紀の言語・コミュニケーションの課題に「境界」と「周縁」の視点から迫る。ジェンダー、翻訳通訳、危機言語、移動する人々、方言やマイノリティ言語、言語実践のリアリティなどをテーマとする 11 の論考は、「境界」と「周縁」の恣意性、曖昧性、政治性、暴力性、潜在するイデオロギーを多様な論点と方法で顕在化させ、新たな研究の地平を照らしだす。執筆者：新井保裕、新垣友子、井上史雄、尾辻恵美、木本幸憲、熊谷慈子、クレア・マリィ、寺尾智史、坪井睦子、滕越、三宅和子